U0846684

“黄达—蒙代尔经济学奖”
获奖作品丛书

搞市场经济并要在国际经济舞台上取得生存空间，不能不学习一直以市场经济为研究对象并在指导市场经济实践中得到验证的西方经济理论、金融理论。问题是如何学？“含英咀华”是我们提倡的方式。

中国的优势在于人才。当然人才不只是说人多，人多这一点谁也不能和中国比，人才要有质量的要求，我们要的是有高素养的人才。就中国目前的发展形势，我感觉到，我们最需要的就是在东西方两个文化平台上，可以无障碍地自由往返、自由漫游的人才，包括我们经济学学者在内。

——黄　达

我们现在处于一个非常独特的阶段,这是个全球化、知识自由流动的时代。经济全球化过程中，大量技术方面的变革随时发生，一些国家在这个过程中领先，另一些国家在这个过程中落后,主要原因是他们教育的程度、方式以及人才培养的理念不同。

中国现代金融教育要取得成功，就必须成为教育国际化的积极倡导者和推动者，并以培养具有国际视野的中国金融学家为己任。

——罗伯特·A.蒙代尔

(Robert A. Mundell)

2005年“黄达—蒙代尔经济学奖”颁奖典礼（居中者为曾诗鸿博士）

“黄达—蒙代尔经济学奖”获奖作品丛书

# 金融脆弱性理论

## ——银行不良贷款生成的监管机制与动态路径

曾诗鸿　著

中国金融出版社

责任编辑：彭元勋　张翠珍

责任校对：张志文

责任印制：程　颖

**图书在版编目（CIP）数据**

金融脆弱性理论（Jinrong Cuiruoxing Lilun）：银行不良贷款生成的监管机制与动态路径/曾诗鸿著．—北京：中国金融出版社，2009．5

（“黄达—蒙代尔经济学奖”获奖作品丛书）

ISBN 978－7－5049－5037－6

Ⅰ．金…　Ⅱ．曾…　Ⅲ．银行信用—信贷监督—研究

Ⅳ．F830．51

中国版本图书馆 CIP 数据核字（2009）第 059982 号

出版
发行　中国金融出版社

社址　北京市广安门外小红庙南里 3 号

市场开发部　（010）63272190，66070804（传真）

网 上 书 店　http：//www.chinafph.com

（010）63286832，63365686（传真）

读者服务部　（010）66070833，82672183

邮编　100055

经销　新华书店

印刷　利兴印刷有限公司

装订　平阳装订厂

尺寸　169 毫米×228 毫米

印张　14．5

插页　4

字数　181 千

版次　2009 年 5 月第 1 版

印次　2009 年 5 月第 1 次印刷

定价　32．00 元

ISBN 978－7－5049－5037－6/F．4597

# “黄达—蒙代尔经济学奖”评选委员会名单

学术顾问：纪宝成　中国人民大学校长、教授
黄　达　中国人民大学教授
罗伯特·A. 蒙代尔（Robert A. Mundell）
哥伦比亚大学教授，中国人民大学名誉博士

主任委员：吴晓灵　中国人民银行副行长、教授
陈　共　中国人民大学教授
王传纶　中国人民大学教授
周升业　中国人民大学教授

副主任委员：袁　卫　中国人民大学常务副校长、教授
林毅夫　北京大学中国经济研究中心主任、教授

委　　员（以姓氏笔画为序）：
王广谦　中央财经大学校长、教授
王松奇　中国社会科学院金融研究所副所长、教授
平新乔　北京大学中国经济研究中心教授

白重恩　清华大学经济管理学院教授

安体富　中国人民大学教授

李　扬　中国社会科学院金融研究所所长、教授

李晓西　北京师范大学经济与资源研究所所长、教授

李俊生　中央财经大学副校长、教授

李稻葵　清华大学经济管理学院教授

余永定　中国社会科学院世界经济与政治研究所所长、教授

宋逢明　清华大学经济管理学院国际贸易与金融系主任、教授

陈雨露　中国人民大学副校长、教授

吴晓求　中国人民大学研究生院常务副院长、教授

张　新　中国人民银行金融稳定局局长、教授

张维迎　北京大学光华管理学院院长、教授

张　馨　厦门大学经济学院院长、教授

张　杰　中国财政金融政策研究中心主任、教授

汪建熙　中央汇金投资有限公司副董事长、教授

汪昌云　中国人民大学财政金融学院教授

邹恒甫　世界银行研究部高级经济学家、教授

杨瑞龙　中国人民大学经济学院院长、教授

杨灿明　中南财经政法大学副校长、教授

郭庆旺　中国人民大学财政金融学院院长、教授

贾　康　财政部财政科学研究所所长、教授

龚六堂　北京大学光华管理学院教授

谢　平　中央汇金投资有限公司总经理、教授

# 出版说明

1978 年的改革开放国策，为中国带来的不仅仅是经济的快速发展和物质的日渐富足，也引发了社会思潮的巨大变革。当探索“理想国”的狂热激情消退之后，平静地去观察身外的世界，我们才猛然意识到，在全球经济体系中，中国已经被严重地边缘化了。古语云，知耻而后勇。如何实现真正的富强文明的现代化之梦，成为中国有识之士的急迫愿望。中国的知识分子开始真正地放眼世界，探求新知。

知识就是力量，寻求先进的理论来指导经济改革实践成为了实现中国经济现代化的必由之路。中国的经济学界自从国门开放的那一天起，便开始了日益高涨的对国外市场经济理论的学习、借鉴、消化与吸收。几十年的探索与追寻，已使我们达成了一项坚定的共识：实现中国的强盛，必须要以市场机制作为资源配置的主导，构建和发展有中国特色的社会主义市场经济体系。

毋庸置疑，近三十年来的经济成就与我国经济学界对西方市场经济理论的系统学习是密不可分的，而未来如何克服困难、继续保持经济发展，仍离不开经济理论的继续探索与推进，这就需要我们继续密切关注西方经济学前沿理论的发展，构建中西方经济学研究与教育的高水平交流平台。更为重要的是，中国近三十年的经济发展已形成了有别于西方市场经济体系的独特的中国市场经济模式，为经济理论的提炼与创新积累了许多新的素材，中国的“故事”已经吸引了不少西方学者的关注，因而构建这样一个平台，也为中国经济学界走向世界提供了契机。

正是基于这样的考量，“黄达—蒙代尔经济学奖”应运而生。该奖项的前身为“黄达—蒙代尔优秀博士论文奖”，由1999年诺贝尔经济学奖得主、“欧元之父”罗伯特·A. 蒙代尔（Robert A. Mundell）教授和我国著名经济学家、中国金融学会名誉会长、中国人民大学前校长黄达教授共同冠名，2002年12月由教育部人文社会科学重点研究基地——中国人民大学中国财政金融政策研究中心创设。为了进一步扩大该奖项的知名度和影响力，使评选结果更加公开、公正、透明，2005年该奖项正式更名为“黄达—蒙代尔经济学奖”（Mundell-Huang Prize）。

设立“黄达—蒙代尔经济学奖”的宗旨是推动中国经济学教育事业的发展和繁荣经济学科研究，搭建中国经济学特别是财政金融学科领域博士培养的国际交流平台，倡导兼容并蓄、学贯中西、严谨求实的学术品格，激励更多的杰出青年学者为新世纪中国的现代化建设贡献聪明才智。为了实现这一宗旨，体现奖项的严肃性、公正性和权威性，“黄达—蒙代尔经济学奖”设定了严格的标准与评选程序，要求参评论文的选题立足学科前沿，具有重要的理论和现实意义；能够反映该学科及相关领域的发展状况，在本学科领域处于国内领先水平，或接近乃至达到国际先进水平；运用国际通行的研究方法进行探索研究，有新的研究视角和独到见解，并在相应领域取得突破性进展。为了保证该奖项的权威性，中国财政金融政策研究中心聘请国内权威专家组成专门的评选委员会。

“黄达—蒙代尔经济学奖”每两年评选一次，逢单年颁奖。所有获奖者都娴熟地运用了现代经济学研究方法，探索重要的基础理论问题或我国经济发展中重大的现实问题。获奖论文体现出作者在各自学科及相关领域坚实广阔的理论基础与系统深入的专门知识，得到了参评专家的一致好评和高度认可。现将尚未出版的获奖论文陆续编辑出版，以便让更多的国内外经济学人来分享“黄达—蒙代尔经济学奖”的获奖成果，互相学习、借鉴和交流。同时希望通过该丛书的出版不断扩大“黄达—蒙代尔经济学奖”的影响力，倡导摒弃浮华、注重基础的研究风气，激励青年学者关注中国经济改革与发展现实，推动中国经济学的现代化。我们相信，这套丛书将伴随该奖项的陆续评选而不断推陈出新，从而为中国的经济学研究与教育以及中华民族的富强繁荣贡献一份绵薄之力。

# 序　　言

曾诗鸿博士的《金融脆弱性理论——银行不良贷款生成的监管机制与动态路径》写作规范，被专家认为具有原创性；2003 年在“第三届海峡两岸博士工作坊”中获得最佳优秀论文表达奖。该专著有如下几个特点：

1. 选题具有理论意义与现实意义。金融脆弱性是金融系统的一种特性，其中银行不良贷款能强化这种性能，所以深入研究银行不良贷款生成的监管机制与最优动态路径显得具有理论意义。

据国际货币基金组织统计，自 1980 年以来在 181 个成员国中，有 133 个国家都发生过严重的金融问题或危机，占全部成员国的 74%。发生金融问题的有 108 例，其中，由银行不良资产引发的有 72 例，占 67%。可见研究银行不良贷款生成的监管机制与最优动态路径也具有重要的现实意义。

2. 论文结构严谨，体系完善与规范。曾诗鸿博士构建了银行不良贷款生成的监管机制与最优动态路径的理论框架，从选题、文献综述、提出问题、建立模型、分析模型、运用模型来解释中国与日本的不良贷款，从建立理论框架到分析具体问题，研究方法规范，思路明确，数学分析扎实，文笔流畅，结构清晰，论据充分。

3. 采用了建立经济学模型然后演绎推理的方法。国内外的专著大多采用现有的、成熟的模型做经验研究，这种方法成功率较高，总是能写出来的。建立经济学模型然后演绎推理的方法是标准的实证分析方法，难度高，一般的人不愿意采用这种方法。曾诗鸿博士能大胆地挑选这种方式并能够做出来，一方面说明具有创新精神，另一方面说明具有坚实的经济学理论基础。

4. 根据演绎推导的结论提出了政策建议。曾诗鸿博士提出降低银行不良贷款不仅要加强法制而且要加快完善市场经济体制，特别要完善信贷市场体系，防止道德危害的产生；银行不良贷款是一种“金融污染”，会对一个国家的福利产生负面影响，所以不仅要从微观机制（比如加强监管与加强企业的投资决策研究）入手，也要从宏观政策入手，防止经济大幅波动，使一个国家的经济对内、对外都达到平衡，降低银行不良贷款这种“金融污染”，增进社会总福利。

汪同三

**2004 年 8 月**

# 前　言

本书是在过去多年研究工作积累的基础上锤炼而成的。

中国银行业要“走出去”、在海外求发展最关键的问题之一就是要降低银行不良贷款，其中找出银行不良贷款的生成原因与动态路径更为根本，因为只有找出了原因才能根治银行不良贷款。

中国银行业海外求发展（包括海外上市）会遇到国外的金融服务贸易技术壁垒，其关键问题之一也是要降低银行不良贷款，所以深入研究银行不良贷款的生成原因与动态路径具有实质性的意义。本书作者曾在美国麻省理工学院举行的国际会议论文中第一次提出了“金融服务贸易技术壁垒”的概念框架，同时第一次在世界上提出了“金融污染”的概念框架，并且得到了论文评阅专家的认可。

本书在写作、修改与出版的过程中先后得到下列基金的支持与鼓励，特表谢意：何帆主持的福特基金与中国社会科学院国际金融研究中心研究项目：资本自由化的次序；李婧主持的北京市优秀人才基金：中国国际收支双顺差之谜与外部平衡目标选择（北京市优秀人才D类）；北京工业大学引进博士基金：曾诗鸿主持的银行不良贷款生成的机制（KZ1103200098）；北京市教委基金：李婧主持的中国在亚洲货币与金融合作中的作用（SM200310038077）；曾诗鸿主持的北京市教委基金［125(KY)－00002］与北京工业大学青年研究基金［137(VK)－00196］；蒋国瑞主持的北京市自然科学基金（9042001）与国家社科基金（04BJY061）；吴国蔚主持的国家社科基金："走出去"战略（03BJL044）；北京市重点建设学科基金：国际经济与贸易。

**曾诗鸿**

**2004 年 12 月于北京**

# 摘　　要

脆弱性（fragility）是fragile的名词形式，英文解释是easily damaged or broken，delicate，not strong and healthy，weak。在西方的文献里“金融脆弱性”一词一般使用financial fragility。由Minsky，Hyman P.（1964，1995）等文献，我们可以总结出金融脆弱性一词的定义：金融业固有的高负债经营特征使金融业易受到监管的疏漏、道德风险、经济周期波动、国内外经济环境变化的冲击，进而导致金融危机、债务危机、企业破产、物价飞涨或通货紧缩、失业等的一种性状。

银行不良贷款是产生金融体系脆弱性和银行危机的主要原因，高不良资产对银行和经济有重要影响。据国际货币基金组织统计，自1980年以来在181个成员国中，有133个国家经历过严重的金融问题或危机，占全部成员国的74%。发生金融问题的有108例，其中，由银行不良资产引发的有72例，占67%；发生金融危机的有31个国家，共41起，其中因金融不良资产引起的有24起，占59%。银行脆弱度与不良贷款的关系可以表示为：银行体系的脆弱度＝（不良贷款－资本－贷款准备金）/总资产。

大量积聚的不良资产，成为银行经营与发展的沉重负担，影响银行功能的正常发挥，威胁整个金融体系的安全。同时，不良资产的存在和增加，又通过银行与企业，放大作用于整个国民经济，破坏国民经济的健康发展。关于银行不良贷款，现有文献还有许多理论问题没有弄清楚，所以弄清银行不良贷款的生成机制不仅有理论意义，而且对银行监管、银行体系的健康发展、金融体系与整个国民经济的健康发展也有重要的现实意义。

我们想从现有文献的不足之处出发，试图回答以下几方面的问题并且作出有创新的研究。

第一，国内外的文献对银行不良资产生成的监管机制阐述不够，即对银行不良资产生成的金融监管部门、商业银行、企业（以企业代表所有的借款人）的行为分析不够。我们将证明，假设国有商业银行将贷的一笔款已知是不良贷款，在不考虑市场风险和预算软约束的情况下，国有商业银行可以选择贷款，也可以选择不贷款，此时金融监管部门企图通过对商业银行罚款来降低这一笔不良贷款的概率并不总是有效的。

第二，现有文献对“监管”一词的论述过于简单，“监管”一词应该包含对被监管者的行为参数的考查（要进一步分析行为参数的相互作用）。

第三，本书研究了企业（借款者）逃债概率对企业（借款者）与商业银行的行为参数的边际值，即企业（借款者）逃债概率对企业（借款者）与商业银行的行为参数的敏感度。

第四，本书研究了商业银行监督检查的概率对企业（借款者）与商业银行的行为参数的边际值，即商业银行监督检查的概率对企业（借款者）与商业银行的行为参数的敏感度。

第五，本书研究了企业（借款者）与商业银行合作与不合作两种情况对银行不良贷款生成的影响。比如：企业（借款者）与商业银行合作时，银行不良贷款更容易生成吗？企业（借款者）与商业银行不合作时，银行不良贷款不容易生成吗？答案是否定的。

第六，本书第一次提出银行不良贷款是一种"金融污染"，会对一个国家的福利产生负面的影响，本书设计了一个含有贷款、银行不良贷款的社会福利函数。

第七，现有文献没有从最优控制论的角度求出银行不良贷款的鞍点均衡值的变化轨迹。本书从最优控制论的角度研究银行不良贷款对社会福利的影响，求出银行不良贷款的鞍点均衡值与鞍径。

第八，本书从最优控制论的角度从假设开始演绎发现了哈密尔乘子（影子价格）是银行不良贷款的边际负效用的倍数，倍数是由参数决定的，因为在不同的模型中，影子价格的经济学意义是不一样的。

第九，本书从最优控制论的角度对中国与日本银行机构的不良贷款（金融脆弱性）予以解释与预测。

本书试图从理论上来回答上述问题。本书第 3 章试图回答上述问题之第一至之第五；本书第 4 章试图回答上述问题之第六、之第七、之第八；本书第 5 章试图回答上述问题之第九。

本书由 6 章构成，其结构和主要内容如下：

第 1 章利用所能获得的文献对若干概念（金融脆弱性的概念、不良贷款与动态路径的概念等）进行了解释，并且对研究金融体系脆弱性与银行不良贷款的紧迫性（选题的国际与国内背景）、意义（研究金融体系脆弱性、研究银行不良贷款率的动态路径的意义）作了论述，有利于引起管理部门与学术界的进一步重视。

第 2 章系统地回顾了国外与国内有关金融体系脆弱性的理论文献，总结了国外与国内有关金融体系脆弱性的理论文献与不良贷款的关系，发现银行不良资产与金融脆弱性间的关系紧密。发现国内外的文献对银行不良资产生成的微观机制阐述不够，即对银行不良资产生成的金融监管部门、商业银行、企业（以企业代表所有的借款人）的行为分析不够。银行不良资产的最优动态路径没有讨论，本书试图对以上问题进行理论分析。

第3章研究了银行不良贷款产生的监管机制。第1节从国有商业银行经理与金融监管部门（如日本的大藏省）关于不良贷款的行为来分析不良贷款的产生，分析建立在金融监管部门与国有商业银行经理对企业的贷款为不良贷款是已知的假定上，且不考虑市场风险和预算软约束的情况下，金融监管部门与国有商业银行经理的行为参数变化对他们效用的影响，进一步影响金融监管部门监督检查的概率与国有商业银行经理逃避监督检查的概率的大小，从而影响到不良贷款的大小。第2节从商业银行经理与企业经理的行为来分析不良贷款的产生，分析建立在商业银行在贷款时并不准确知道是否是不良贷款，论述了第2节的论点（假说）：之所以产生高比例银行不良贷款是因为商业银行经理在贷款前、贷款中与贷款后对企业的调查不严格，同时企业经理有逃债的动机。如果商业银行经理在贷款前、贷款中与贷款后对企业的调查十分严格，同时企业经理没有逃债的动机，就完全可以把不良贷款降低到自然率水平。综合第1节与第2节的结论，我们发现：不考虑市场风险和预算软约束的情况下，银行不良贷款产生的监管机制是委托人监督检查不严格和代理人（借款者）有逃债的动机造成的。

第4章从最优控制论出发，以总的贷款余额（$L$）为控制变量，以不良贷款（$N$）为状态变量，建立了一个含有不良贷款（$N$）与贷款余额（$L$）的效用函数和状态变量的微分方程。在此基础上建立了一个关于不良贷款（$N$）的动态模型，然后分析了模型的动态路径，从假设开始演绎发现了哈密尔乘子（影子价格）是银行不良贷款的边际负效用的倍数，倍数是由参数决定的，因为在不同的模型中，影子价格的经济学意义是不一样的。同时发现存在鞍径与鞍点均衡。当参变量发生变化，鞍点发生变化，进一步会影响总的贷款余额（$L$）与不良贷款($N$)。第4章证明了一个假说：均衡银行不良贷款是在宏观环境下由监管机制与微观经济因素决定的［尽管微观经济因素相同，但是如果宏观环境不同，会造成均衡的银行不良贷款（$N$）的不同。反之，尽管宏观环境相同，但是如果微观机制与微观经济因素不同，会造成均衡的银行不良贷款（$N$）的不同］。

第5章从中国和日本有高不良贷款比例的严重性与隐蔽性事实出发，用第4章开发的模型对中国和日本高不良贷款比例进行了解释，同时用银行不良贷款率动态模型预测了在不同条件下中国和日本金融体系的脆弱性，可以利用此模型解释与预测其他国家的银行不良贷款。

第6章对本书与其他文献的不同之处、学术贡献、不足之处和进一步的研究方向作了总结。

通过对上述问题的研究，我们可以提出降低新增银行不良贷款的政策建议：

第一，因为推导出"假设国有商业银行将贷的一笔款已知是不良贷款，在不考虑市场风险和预算软约束的情况下，国有商业银行可以选择贷款，也可以选择不贷款，企图对商业银行违规行为罚款作为降低银行不良贷款的手段并不是总是有效的"论断，所以降低银行不良贷款不仅要加强法制而且要加快完善市场经济体制，特别要完善信贷市场体系，防止道德危害的产生。

第二，银行不良贷款是一种"金融污染"，会对一个国家的福利产生负面的影响，所以不仅要从微观机制（比如加强监管与加强企业的投资决策研究）入手，而且还要从宏观政策入手，防止经济大幅波动，使一个国家的经济对内、对外都达到平衡，降低银行不良贷款这种"金融污染"，增进社会总福利。

# Abstract

Fragile is easily damaged or broken, delicate, not strong and healthy, weak. Financial fragility is a state that financial industry is easily damaged or broken because of financial industry having high indebtedness, specially, impacted by careless regulation, morality hazard, external factors, which induces financial crisis or indebtedness crisis or enterprise bankruptcy or high inflation or deflation or unemployment.

Non-performing loans are the main cause of crises of bank and financial industry. High Non-performing loans have important influence on bank and a country. 133 countries have suffered from financial problems or financial crises from 181 member countries in IMF from 1980, accounting for 74%. 72 countries have suffered from financial problems because of Non-performing loans from 108 countries, accounting for 67%. 31 countries have suffered from financial crises, 24 financial crises have been produced because of Non-performing loans from 41, accounting for 59%. The relation between bank fragility degree and bank Non-performing loans is that bank fragility degree = (bank Non-performing loans – capital – reserves) / assets.

High Non-performing loans influence functions of bank and whole economy. Because many theoretical problems haven't been solved by literatures about Non-performing loans, study is meaning on microcosmic mechanism and dynamic path of bank Non-performing loans originating.

The paper does some creative research and answer in the following fields stemming from the short of literatures.

**The first creative research field is as follows.**

Literatures don't analyze deeply the supervisory mechanism and dynamic path of bank Non-performing loans originating, that is literatures don't analyze deeply the behavior of the financial supervision department and state-owned commercial bank manager and enterprise manager.

We will prove that it isn't always effective that financial monitor attempt to decrease the probability of the Non-performing loan by penalty when we suppose the loan which state-owned commercial bank will loan must be Non-performing loan (It means that state-owned commercial banks certainly don't loan) and we don't take into account market risk and budget soft restriction.

**The second creative research field is as follows.**

The book analyzes deeply the meaning of "supervision", "supervision" should include analyzing behavior parameters of managers.

**The third creative research field is as follows.**

The book analyzes deeply the influence on the marginal values of probability of enterprise manager weaseling from indebtedness for behavior parameters of commercial bank manager and enterprise manager.

**The fourth creative research field is as follows.**

The book analyzes deeply the influence on the marginal values of probability of commercial bank manager supervising for behavior parameters of commercial bank manager and enterprise manager.

**The fifth creative research field is as follows.**

The book differentiates the different influences on bank Non-performing loans originating under cooperation and non-cooperation between commercial bank manager and enterprise manager.

For example, is Non-performing loans originating easier when commercial bank manager and enterprise manager cooperate than they don't cooperate? The book deduces a proposition that it isn't always easier.

**The sixth creative research field is as follows.**

Bank Non-performing loan is "a financial pollutions", it is put forward at first, it is harmful to social welfare. The book builds up a utility function (loss function) including Loan balance (control variable) and Non-performing loans (state variable).

**The seventh creative research field is as follows.**

The book analyzes deeply the influence of bank Non-performing loans on the social welfare. The book solves the saddle point values and alterable tracks of bank Non-performing loans from optimal control theory.

**The eighth creative research field is as follows.**

Shadow price (Hamiltonian multiplier) can be got by multiplying Non-performing loans marginal negative utility relative and parameter of utility function.

**The ninth creative research field is as follows.**

The book analyzes deeply the causes of bank Non-performing loans originating from optimal control theory in China and Japan, also don't forecast deeply the probability of bank Non-performing loans originating from optimal control theory in China and Japan.

The book tries to answer these questions from economic theory. The third chapter of the book tries to answer these questions from one to five. The fourth chapter of the book tries to answer these questions from six to eight. The fifth chapter of the book tries to answer the ninth question.

The book is made up of six chapters, its structure and content are depicted simply as follows.

Chapter 1 explains many concepts (for example: financial fragility, Non-performing loans, dynamic path) by literatures, discusses the importance and meaning of researching financial fragility and Non-performing loans. The auther hopes more governor and specialist attach importance to the relation about Non-performing loans and financial fragility.

Chapter 2 looks back the literatures about financial fragility theory and Non-performing loans. We find financial system will become fragility, then financial crises and bank crises will take place, if there are many bad loans in a bank or a financial system.

These literatures did not discuss completely behavior of state-owned commercial bank manager (agent) and central bank (constituent or principal) about Non-performing loans; also did not discuss completely behavior of commercial bank manager (constituent or principal) and enterprise manager (agent).

Chapter 3 dissertates supervisory mechanism of bank Non-performing loans originating.

The first section researches special pay off matrix and behavior of state-owned commercial bank manager and financial supervision department; also researches general pay off matrix and behavior of state-owned commercial bank manager and the financial supervision department when we don't take into account market risk and budget soft restriction.

The second section researches special pay off matrix and behavior of commercial bank manager (constituent or principal) and Enterprise manager (agent); also researches general pay off matrix and behavior of commercial bank manager (constituent or principal) and enterprise manager (agent).

Conclusion is drawn from the third chapter. Bank Non-performing loans originating is that principal do not completely supervise and check-up agent and borrower (agent) has motivation to evade liability when we don't take into account market risk and budget soft restriction.

In the fourth chapter we build up a model by optimal control theory, create a utility function (loss function), and a differential equation of state variable. Loan balance (L) is control variable, Non-performing loans is state variable, then we analyze the model and find shadow price (Hamiltonian multiplier) is got by multiplying marginal negative utility relative to the Non-performing loans and parameter of utility function, exist saddle path and saddle point equilibrium.

At last, we analyze the value of saddle point equilibrium varies along with variables and parameters. The fourth chapter proves a hypothesis: Bank Non-performing loans originate from microcosmic factors and macroeconomic factors.

The fifth chapter explains the fact that bank has high Non-performing loans in China and Japan, forecasts financial system fragility in China from different conditions by our model, the model also can explains and forecasts financial system fragility in other country.

The sixth chapter points out differences from other literatures and academic contributes, at last points out disadvantages in my dissertation.

The book puts forward some policy suggestions in order to decrease new increasing bank Non-performing loans originating.

- Financial supervision department (regard as supervisors) amerce to state-owned commercial bank manager if state-owned commercial bank manager get out of line for loans.
  when we suppose the loan which state-owned commercial bank will loan must be Non-performing loan (It means that state-owned commercial banks certainly don not loan) and we don not take into account market risk and budget soft restriction, that is all effective? The answer is not by deduction and analyzing. Do not only tighten the screws by law, but also perfect market economic system, specially, credit market system in order to avoid moral hazard.
- Bank Non-performing loan is "a financial pollution", it is harmful to social welfare. Do not only tighten the screws by law from microeconomic mechanism (for example: tighten the screws to commercial bank manager and enterprise manager, strengthen research on investment decision-making), but also tighten the screws by law from macroeconomic policy in order to avoid big economic waves; also in order to balance for interior and exterior, decrease bank Non-performing loan (a financial pollution), increase social welfare.

# 目　录

# 1 导言：若干概念与选题意义

金融脆弱性的主要因素是银行不良贷款，为了分析银行不良贷款生成的微观机制和建立最优银行不良贷款率动态路径模型并且分析其意义，利用银行不良贷款率动态模型解释与预测中国、日本金融体系的脆弱性，我们有必要首先澄清若干基本概念，分析选题的国内外背景与意义。

## 1.1 若干基本概念

### （一）金融脆弱性的概念

脆弱性（fragility）是 fragile 的名词形式，英文解释是 easily damaged or broken, delicate, not strong and healthy, weak。在西方的文献里"金融脆弱性"一词一般使用 financial fragility。由 Minsky, Hyman P.（1964，1995）[①] 等文献，我们可以总结出金融脆弱性一词的定义：金

---

① Minsky, Hyman P. (1964), "Longer Waves in Financial Relations: Financial Factors in the More Severe Depressions AER", May 1995, pp324 – 335.

Minsky, Hyman P. (1995), "Longer Waves in Financial Relations: Financial Factors in the More Severe Depressions II", *Journal of Economic Issues* v. 29 (Mar. 1995), pp83 – 96.

融业固有的高负债经营特征使金融业易受到监管的疏漏、道德风险、经济周期波动、国内外经济环境变化的冲击，进而导致金融危机、债务危机、企业破产、物价飞涨或通货紧缩、失业等的一种性状。Minsky, Hyman P. 对金融脆弱性提出如下两个假定：加速的产量增长导致企业负债增长，以进一步扩大产量，与此同时，银行提供了信贷扩大的需求性贷款，由于在经济高增长时期，大量的投机性借款增加，金融的强健（robust）性恶化，导致了脆弱性，这是 Minsky, Hyman P.（1964，1995）关于金融脆弱性的第一假定。债务支付的困难与导致不稳定的金融体系进入一个债务紧缩的过程，从而导致一个经济衰退的商业循环。这是 Minsky, Hyman P.（1964，1995）关于金融脆弱性的第二假定。可见 Minsky, Hyman P. 关于导致金融脆弱性的原因主要是从以美国为代表的资本主义经济固有的周期性来解释的，即使是一个封闭的经济也存在金融脆弱性。①

与其他概念一样，金融脆弱性一词的含义也在不断变化，从封闭条件到开放条件，决定金融不稳定的因数越来越多，金融脆弱性一词的外延也自然扩大。正如 Luizfernando R. De Paula, Antonio Jose Alves Jr.（2000）等文章提出了外部金融脆弱性的定义，外部金融脆弱性是指由于国际收支失衡、汇率高估等原因可能导致汇率贬值，从而可能引发货币、银行危机的一种金融状态。②

（二）贷款分类的标准与不良贷款的概念

由我国《贷款风险分类指导原则》的第二章“贷款分类的标准”

① Minsky, Hyman P.（1964），“Longer Waves in Financial Relations: Financial Factors in the More Severe Depressions AER”, May 1995, pp324 – 335.

Minsky, Hyman P.（1995），“Longer Waves in Financial Relations: Financial Factors in the More Severe Depressions II”, *Journal of Economic Issues* v. 29 (Mar. 1995), pp83 – 96.

② Luizfernando R. De Paula; Antonio Jose Alves Jr.（2000），“External Financial Fragility and the 1998—1999 Brazilian Currency Crisis”, *Journal of Post Keynesian Economics*, Summer 2000 v. 22 i4, p589.

的第三条与第四条可知：

评估银行贷款质量，采用以风险为基础的分类方法（简称贷款风险分类法），即把贷款分为正常、关注、次级、可疑和损失五类，后三类合称为不良贷款。

第四条 五类贷款的定义分别为：

正常：借款人能够履行合同，没有足够理由怀疑贷款本息不能按时足额偿还。

关注：尽管借款人目前有能力偿还贷款本息，但存在一些可能对偿还产生不利影响的因素。

次级：借款人的还款能力出现明显问题，完全依靠其正常营业收入无法足额偿还贷款本息，即使执行担保，也可能会造成一定损失。

可疑：借款人无法足额偿还贷款本息，即使执行担保，也肯定要造成较大损失。

损失：在采取所有可能的措施或一切必要的法律程序之后，本息仍然无法收回，或只能收回极少部分。

### （三）银行不良贷款与银行不良资产的关系

银行不良贷款是因为银行贷款过程中产生的银行不良资产，是银行不良资产的主要形式。银行不良资产是一个比银行不良贷款内涵更广的概念，包括银行贷款以外的投资形式。本书论述时把银行不良资产近似看做银行不良贷款。

### （四）动态路径的概念

把动态学这一术语应用于经济分析时，在不同的时间以及对不同的经济学家，都有不同的含义。然而在今天的标准用法中，它是指这样一种分析类型：其目的是探寻和研究变量的具体时间路径，或者是确定在给定的充分长的时间内，这些变量是否会趋向收敛于某一（均衡）值。这方面的研究是非常重要的，因为它可以弥补静态学和比较静态学的严重不足。在比较静态学中，我们武断地假设：经济调节过程不可避免地导致均衡。而在动态分析中，我们直接面对均衡的“可实现性”问题，而不是假设它必然能够实现。

动态分析的一个显著特征是确定变量的时间，这就把时间因素明确纳入分析范围。有两种方式可以做到这一点：我们可以将时间视为连续变量，也可以将其视为离散变量。在前一种情况下，变量在每一时点都要发生某些变化（如在连续计算复利时那样）；而在后一种情况下，变量仅在某一时段内才发生某些变化，如每6个月末才计入利息。这两个不同的时间概念在不同的内容中各具优势。

一般而言，静态模型中的问题是要求出满足某些特定均衡条件的内生变量的值。把静态学应用于最优化模型时，任务变成求使目标函数最大化（或最小化）的选择变量的值——而一阶条件充当均衡条件。与此相对照的是，动态模型涉及的问题是，在已知变化模式的基础上（比如，给定瞬时变化率），描述某些变量的变化时间路径。[①]

## 1.2 研究金融体系脆弱性的紧迫性

### 1.2.1 国际背景

（一）在国际上提高对银行业稳定的重视程度

Jeffrey A. Frankel（1999）[②] 认为：在过去几年里，国际上对银行危机的重视程度已经提高了。和其他许多国际经济现象一样，世界各国抵御金融危机的能力在不断下降，这可以追溯到两个影响深远的趋势：自由化和全球化。这两大趋势已经席卷了整个世界，世界各国的

---

① ［美］蒋中一：《数理经济学的基本方法》，中文版，568～569页，北京，商务印书馆，1999。

② Jeffrey A. Frankel：《防范银行危机》，载 Gerard CaPrio，Jr.，William C. Hunter，George G. Kaufman，Danny M. Leipziger：《银行危机的防范：近期全球银行倒闭风潮的教训》，中文版，7～8页，北京，中国财政经济出版社，1999。

政府都在热烈地拥抱市场自由化，把它当做一条通向快速增长的道路。人们对自由化有如此浓厚的兴趣，是因为大家在以下问题上广泛达成了共识，即中央集权下经济统制的发展模式已经失败了。世界各国的政府已经认识到：要想实现增长，必须依靠市场。McKinnon (1988) 和 Shaw (1988)① 指出了金融压制的弊端，这些弊端不仅抑制了储蓄的积累，而且干预了资金的有效配置。自此以后，经济学家们已经认识到，不受束缚的、以私人为中心的金融制度是成功增长策略的一个关键组成部分。但随着各国对自己的金融体系实施自由化，不受约束的金融机构便有了更大的犯错误的空间，其潜在的代价是相当昂贵的。国际上有的著名经济学家主张金融体系实施自由化应受到约束。② 第二个影响深远的趋势是全球化。全球化使得国内金融危机能在国际上产生更大的影响。在 20 世纪 90 年代，私人资本流动的重要性提高了，而国内银行体系在许多资本流动中充当了媒介作用，这使得整个体系更加经受不住国际冲击，危机因而可以从一个国家传递到另一个国家。③

---

① 爱德华·肖：《经济发展中的金融深化》，中文版，上海，上海三联书店，1988。

② 余永定：《诺奖得主与余永定教授笔谈：发展中国家不应匆忙将其国内金融市场与世界金融市场一体化》，载《国际经济评论》，1997（9～10）。

余永定：《世界金融变革的五大趋势》，载《国际经济评论》，1997（3～4）。

余永定：《中国从亚洲金融危机中汲取教训》，载《金融研究》，2000（12）。

③ 私人资本流动的增长情况：在 1982 年债务危机爆发后的 8 年里，每年流向发展中国家的私人资本净额平均只有 210 亿美元。但从 1991 年起，私人资本流动总额已经攀升到年均 1 460 亿美元。证券资本流动增长得更快，从 60 亿美元增加到 540 亿美元，超过了资本流动总额的 1/3。在 1995 年初墨西哥比索危机后，国际私人资本流动逐渐下降了一些，但在 1996 年又创下了新高。私人证券资本流动具有不稳定的特点，它与自由化后的银行体系交互作用，将有可能增加对外汇的压力。国内货币政策必须面对这些压力作出反应，尤其是在一国试图管理汇率或者钉住汇率的时候。但要做到这一点，货币当局必须能够暂时性地提高利率。如果国内银行体系已经被资产质量问题搞得非常虚弱，提高利率将会付出更高的代价，货币当局就很难果断作出决定。这种迟疑不决的态度将增大对汇率的投机压力，致使形成全面性的投机冲击。在 1994 年墨西哥捍卫比索的过程中，当局所面临的困难之一就是脆弱的银行体系。资料来源：Jeffrey A. Frankel：《防范银行危机》，载 Gerard CaPrio, Jr.，William C. Hunter，George G. Kaufman，Danny M. Leipziger：《银行危机的防范：近期全球银行倒闭风潮的教训》，中文版，7～8 页，北京，中国财政经济出版社，1999。

### （二）近期发生的银行危机

Jeffrey A. Frankel（1999）[①] 介绍了近期发生的银行危机：由最近一轮自由化浪潮所引起的第一个重要的银行危机可能就是20世纪80年代的美国储蓄和贷款机构危机，这是因为一个放松管制的监管制度正好与资本虚弱的金融机构碰在了一起。在一些北欧国家，银行业也同样受到了严重的打击。决策者已经放松了对银行的约束，而相应的监管却没能跟上。当动荡的宏观经济冲击这些国家的时候，银行变得严重地资不抵债，国家不得不马上收购它们。在芬兰，由国家提供的担保和注资的金额高达国内生产总值的8.2%。在西班牙，银行危机的清理费用甚至更多。如以美元计算，从1990年起一直在摧残着日本的银行业问题是近代历史上最大的一起银行危机。在80年代看来是那么有吸引力的银行业务行为，原来是必须以经济的持续增长为前提的。这些业务行为还要依赖于泡沫式的股票市场，但这个泡沫在1990年破灭了，股票价格在两年半的时间内下跌了50%以上。到1996年，日本的不良贷款已经达到了贷款总额的3.3%，这是由主要银行公布的官方数据。1998年10月，官方报道日本银行机构的不良贷款达到6 000亿美元，部分分析家认为日本银行机构的不良贷款达到10 000亿美元，占未回收贷款的20%。

部分分析家认为：即使日本银行机构在获得10万亿~25万亿日元的资本金注入后，日本银行机构的资产净值还是亏损8万亿日元。[②]

有些迹象表明，日本的金融问题最近有所缓和，部分原因是银行开始试图把自己的事情管好。但是，在过去7年里，脆弱的金融体系一直阻碍着日本经济的发展。发展中国家的银行体系同样也是重要

---

① Jeffrey A. Frankel：《防范银行危机》，载 Gerard CaPrio, Jr., William C. Hunter, George G. Kaufman, Danny M. Leipziger：《银行危机的防范：近期全球银行倒闭风潮的教训》，中文版，7~8页，北京，中国财政经济出版社，1999。

② Hesna Genay, "Assessing the Condition of Japanese Banks: How Informative are Accounting Earnings?" Economic Perspectives, Winter 1998 v. 22 i4 p12 (2).

的。1994 年 12 月，墨西哥受到比索危机的打击。在此之后，脆弱的银行体系成为了其金融政策的一个严重的制约因素。在危机发生的前三年里，墨西哥银行体系积聚了大量的有问题贷款，不良贷款占贷款总额的比重由 1991 年的 4% 上升到 1994 年中的 8%，银行体系受到了削弱，在墨西哥危机中出现的传染性问题也引人注目。比索危机像人们喝醉了墨西哥有名的烈酒龙舌兰一样（tequila effect，龙舌兰效应），迅速地蔓延到其他拉美国家（尤其是阿根廷和巴西），甚至一些亚洲国家（包括印度尼西亚、菲律宾和泰国）也感受到外汇压力，其他一些基本宏观经济因素脆弱的工业国也受到了影响。近期以来，其他一些国家的银行问题也已经暴露了出来。在此仅列举几个：在韩宝公司破产后，韩国正在经受着银行业的压力，俄罗斯和其他转轨经济国家因银行管理不善而备受磨难，捷克也面临着压力。①

（三）面对银行危机的政策反应

为了控制银行业风险而进行的国际努力可以追溯到 20 世纪 70 年代的巴塞尔协议。最初的巴塞尔协议制定了国际银行业监管的程序，并针对 1974 年发生的联邦德国赫斯塔特银行倒闭事件作了一些规定。但是在最近，巴塞尔成为了银行监管官员就国际银行的资本准备金要求问题进行协调的论坛。这有助于在不同的工业国之间建立公平竞争的环境，同时还可以促进银行业的稳定。就针对信用风险配置资本问题达成一致意见后，有关市场风险、利率风险和外汇风险的协议也达成了。巴塞尔协议一般而言对参与的工业国有约束力，并不包括发展

---

① 在许多国家，银行危机的代价一直是十分高昂的。据估计，自 1980 年以来，发展中国家和地区与转轨经济国家为解决银行危机所花费的代价接近 2 500 亿美元。根据 Goldstein 所做的研究，自 1980 年以来，已有 67 个银行体系遇到了危机，其中 52 个是在发展中国家。1997—1999 年发生了亚洲金融危机、1998 年发生了俄罗斯金融危机，对上述国家造成了严重的影响。数据来源于：Hesna Genay，“Assessing the Condition of Japanese Banks：How Informative are Accounting Earnings?” Economic Perspectives，Winter 1998 v. 22 i4 p12（2），pp8－10。

中国家和转轨经济国家，但新近发生的事件表明，新兴市场国家和地区如遵循较为严格的规则，将会从中受益。此类规则同时会促进国际金融业的稳定。[①]

### 1.2.2 国内背景

1992 年的英镑危机、1994 年的墨西哥金融危机、1997—1999 年的亚洲金融危机、1998 年的俄罗斯金融危机、我国 20 年来出现的四次金融波动不得不对我国金融体系的脆弱性进行思考。

回顾我国 20 年来出现的四次金融波动，其表象各不相同，1984 年主要表现为货币投放过猛，信贷规模失控；1988 年主要表现为居民大量挤兑储蓄存款，银行存款滑坡，资金实力削弱，信贷收支失衡，部分基层行处支付告急；1993 年则主要是金融行为扭曲、金融秩序混乱、资金运行越轨，具体表现为金融机构逃避规模监督，擅自变更利率，堵塞结算渠道，放弃监督管理，违章拆借资金，大搞直接投资等；1997—1999 年我国物价下降，出现通货紧缩。此外，诱发四次金融波动的导火线也各不相同，1984 年主要是改革信贷资金管理体制，各专业银行为争规模、争基数，年终突击放款；1988 年主要是全社会范围的物价轮番上涨，居民为保值而纷纷挤兑存款、抢购商品；1993 年则主要是开发区热、公司热、房地产热、股票热为特征的泡沫经济引起大规模的社会集资和资金南流；1997—1999 年主要是受亚洲金融危机的影响。此外，这四次金融波动所波及的范围越来越广，波动的

---

① 1997 年，三十人小组提出了另一项建议。该项建议基于这样一个观点，即活跃在国际舞台的金融机构应该联合起来，共同制一些能够确保它们安全地开展业务的标准。这种国际性的自我监管举措，对近期进行的旨在加强各国监管机构相互协调的努力是一个有益的补充。与此相关联的还有：国际金融研究所的一个课题小组最近发表了一份报告。我们姑且不提国际货币基金组织、国际清算银行及其他国际组织所做的重要工作，单就私人部门所作的此类开创性工作而言，也是值得欢迎的。数据来源于：Hesna Genay，“Assessing the Condition of Japanese Banks：How Informative are Accounting Earnings?” Economic Perspectives，Winter 1998 v. 22 i4 p12（2），pp10－12。

程度一次比一次深，对经济金融生活的影响越来越大，后果越来越严重。1984 年主要限于金融领域，对整个经济环境的影响不很明显；1988 年主要是造成银行超负荷、紧运行，面临信用危机，加剧了信贷资金的供求矛盾；1993 年涉及的范围则是全方位的，诱发了一系列矛盾和问题，恶化了整个经济金融运行环境；1997—1999 年大量的企业因为通货紧缩出现亏损，企业的资产负债恶化，银行坏账增加，居民收入减少，需求减少，供给相对增加，银行惜贷，出现了通货紧缩的恶性循环。1995 年以来个别金融机构倒闭，2001 年个别证券公司面临流动性困难，但是都没有发生实质意义上的金融危机，过去 50 年中没有发生实质意义上的金融危机，并不等于今后不发生，所以研究中国金融体系的脆弱性并发现中国金融体系的脆弱性的变化趋势十分重要。

1999 年 1 月，江泽民在中共中央举办的省部级主要领导干部金融研究班上指出：一个国家，金融如果出了问题，就会给整个经济建设和社会稳定带来灾难性的后果①。这充分显示了党和政府对金融危机的深刻认识，也表明了党和政府致力于建立稳健的银行体系的决心。

众多国家尤其是东南亚国家银行危机的经验教训为我们提供了宝贵的借鉴，我们要利用当前宏观经济形势较为有利的时机，采取切实可行的措施，防范与化解金融风险，做到防患于未然。这是因为，事前采取必要的预防措施，抵得上事后大量的补救工作。

## 1.3 研究金融体系脆弱性和银行不良贷款的意义

### 1.3.1 研究金融体系脆弱性的意义

上述发生银行危机的国家，人民生活受到严重影响，有的国家出

① 《人民日报》，1999－01－12（1）。

现了政治上的动荡。

在理论上，探究金融体系脆弱性的内生机制，从不同侧面探究金融体系脆弱性产生的原因，对经济学是一个贡献。在实践上，解释与预测中国金融体系的脆弱性对中国金融体系和中国经济的健康发展具有现实意义。过去50年，中国没有发生实质意义上的金融危机，并不等于今后不发生，所以研究金融体系的脆弱性对中国有现实意义。

因为理论应该具有普适性，解释与预测日本等世界其他国家金融体系的脆弱性，对世界经济、国际金融的稳定都有现实意义。

### 1.3.2 研究银行不良贷款率的动态路径的意义

上面探讨了研究金融体系脆弱性的意义，因为银行不良贷款是产生金融体系脆弱性和银行危机的主要原因，高不良资产对银行和经济有重要影响。

（一）银行脆弱度与不良贷款的关系

银行脆弱度与不良贷款的关系可以由 Brenda Gonzales-Hermosillo (1999)[①] 得出。

银行体系的脆弱度根椐 Brenda Gonzales-Hermosillo（1999）等的研究可表示为：

$$\text{银行体系的脆弱度}^{②} = \frac{\text{不良贷款} - \text{资本} - \text{贷款准备金}}{\text{总资产}}$$

大量积聚的不良资产，成为银行经营与发展的沉重负担，影响银行功能的正常发挥，威胁整个金融体系的安全。同时，不良资产的存

---

① Brenda Gonzales-Hermosillo, "Developing Indicators to Provide Early Warnings of Banking Crises" (Financial Markets), Finance & Development, June 1999 v36 i2 p36 (4).

② Brenda Gonzales-Hermosillo 对银行体系的脆弱度的定义是：银行体系的脆弱度 =（资本 + 贷款准备金 - 不良贷款）/总资产。我们为了与中文的习惯一致，在正文中做了修改。资料来源：Brenda Gonzales-Hermosillo, "Developing Indicators to Provide Early Warnings of Banking Crises" (Financial Markets), Finance & Development, June 1999 v36 i2 p36 (4).

在和增加，又通过银行与企业，放大作用于整个国民经济，破坏国民经济的健康发展。以下从宏观和微观两个角度具体阐述不良资产的影响。

（二）不良资产对银行的影响

表现在四个方面：（1）加剧银行资产业务与负债业务流动性的非对称性。（2）直接影响银行收益能力。（3）影响银行自身的稳定。（4）导致银行资信下降。

（三）不良资产对国民经济的影响

1. 引发金融危机。当银行不良资产积聚到一定程度，银行就会出现支付困难，就可能发生挤兑现象，迫使银行倒闭。

据国际货币基金组织统计，自 1980 年以来在 181 个成员国中，有 133 个国家都经历过严重的金融问题或危机，占全部成员国的 74%。发生金融问题的有 108 例，其中，由银行不良资产引发的有 72 例，占 67%；发生金融危机的有 31 个国家，共 41 起，其中因金融不良资产引起的有 24 起，占 59%。①

2. 影响社会经济信用制度。银行产生不良资产，意味着借款人不能按事先签订的合约履行应尽的义务，这本身就是对信用制度的破坏；另外，银行因不良资产增多，支付能力下降，即银行作为债务人按合约履行义务的能力下降，从而对社会信用机制产生冲击。

3. 对国民经济运行产生不利影响。金融是国民经济的大动脉，银行是金融的主体，银行不良资产增加，经营状况恶化，必然影响金融在国民经济中作用的发挥，导致国民经济运行不畅，使按市场机制配置资源、提高效益的目的难以实现，甚至出现重大经济动荡。

4. 减少国家赋税收入。银行是国家赋税收入的主要来源之一，不良资产增加，银行盈利下降，甚至出现亏损，国家赋税收入就会

① 《金融时报》，1999－09－08。

减少。

5. 诱发通货膨胀。银行不良资产增加，贷款周转速度减慢，使生产一定供给品所需的货币增多，社会货币总需求的压力增大。同时，不良资产意味着，借款人运用信用资金未能形成有效的供给，产生过多的消费需求，相应增加了通货膨胀压力。因此，银行不良资产积累到一定程度，有可能诱发通货膨胀。①

## 1.4 本章小结

本章利用所能获得的文献对若干概念（金融脆弱性的概念、不良贷款与动态路径的概念等）进行了解释，并且对研究金融体系脆弱性与银行不良贷款的紧迫性（选题的国际背景与国内背景）、意义（研究金融体系脆弱性、研究银行不良贷款率的动态路径的意义）作了论述，有利于引起管理部门与学术界的进一步重视。

本书其余的部分如下安排：第 2 章 分析金融体系脆弱性理论与银行不良贷款研究进展（文献综述）；第 3 章 分析银行不良贷款产生的微观机制；第 4 章 建立最优银行不良贷款率动态路径模型并且分析其意义；第 5 章 分析模型的应用，即利用银行不良贷款率动态模型解释与预测中国、日本的金融体系的脆弱性；第 6 章 总结学术贡献与进一步的研究方向。

① 详细内容请参见：余永定：《中国从亚洲金融危机中汲取教训》，载《金融研究》，2000（12）；李扬：《韩国金融危机的微观基础：大企业发展战略的影响》，载《改革》，1998（6）；戴相龙主编：《商业银行经营管理》，北京，中国金融出版社，1998；何仕彬：《银行不良资产重组的国际比较》，北京，中国金融出版社，1998；厉以宁主编：《中国资本市场发展的理论与实践》，北京，北京大学出版社，1998；林义相：《金融资产管理》，北京，北京大学出版社，1996；王开国等编：《资产证券化论》，上海，上海财经大学出版社，1999；吴德礼：《银行不良资产化解方式方法》，北京，中国金融出版社，2001；中国人民银行政策研究室：《银行与企业债务重组问题研究》，北京，中国经济出版社，1995；周小川主编：《重建与再生：化解银行不良资产的国际经验》，北京，中国金融出版社，1999。

# 2　金融体系脆弱性理论与银行不良贷款的研究进展

为了进一步研究金融体系脆弱性与银行不良贷款，我们首先介绍国内外关于金融体系脆弱性与不良贷款的文献资料。本章如下安排：第 1 节介绍国外有关金融脆弱性理论与银行不良贷款的研究状况；第 2 节介绍国内有关金融脆弱性的文献与研究状况；第 3 节指出文献的不足；第 4 节是小结。

## 2.1　国外有关金融脆弱性与银行不良贷款的研究状况简述

国外有关银行不良贷款的讨论一般在金融脆弱性与金融危机的文献中。

（一）马克思关于货币经济不稳定性的论述①

在古典学派的论著中，资本主义经济代表着一个自然与和谐的社

---

① 参见 Makoto Itoh and Costas Lapavitsas：《货币金融政治经济学》，中文版，155 ~ 158 页，北京，经济科学出版社，2001。

会秩序。相反，对于马克思来说，资本主义经济是内在不稳定的。经济不稳定性有一些货币与金融方面的问题。下面是在马克思对货币与金融不稳定性的分析中可以确认的三个层次。

第一，在简单商品流通条件下，经济不稳定的可能性纯粹产生于货币的社会功能。马克思在这方面的论点同他对于货币与其他商品直接的交换能力垄断性的解释是非常一致的。因此，货币作为流通手段的功能必须意味着，“没有人买，也就没有人能卖。但谁也不会因为自己已经卖，就得马上买”。[①] 萨伊定律的原始形式断言，商品的供给总能产生一个相等的需求（隐含商品间进行直接交换的假设），而这对于货币经济来讲完全是错误的。的确，在货币经济中，销售和购买本身的对立形式“意味着危机的可能性”。

货币在简单流通中充当支付手段的功能，也能造成货币危机（这里实质为信用危机）的可能性。只要因为某一特殊支付的违约而导致一连串的反应，并造成“不论由什么引起的机制的总失调”的时候，一系列的互相联系的支付承诺以及“对它们进行清算的人为制度”就会中断（马克思，1867）。在这样的情况下，商品必须以“亏本”的价格出售，以便获得作为支付手段的货币，对于商品的所有者来说，这是艰难的时期；“他们的灵魂渴求货币这惟一的财富，就像鹿渴求清水一样”。[②] 因此，商品市场的灾难必然导致“信用体系突然转变成货币体系”。

第二，在一个具有由先进信用与金融支持的发达交换过程的经济中，影响范围与复杂性次序各不相同的金融危机的爆发成为可能。货币危机（这里实质为信用危机）可能会由某一特定国家普通的工业与商业交换的链条的完全断裂而引起。货币危机同样还会由于贯穿工业与贸易领域的信用链条的冲击而加剧。

① 马克思：《资本论》，中文2版，第一卷，135页，北京，人民出版社，2004。
② 马克思：《资本论》，中文2版，第一卷，162页，北京，人民出版社，2004。

第三，在资本主义经济中，资本主义积累的实质运动会不可避免地导致金融危机。马克思（特别是在1894年，在《资本论》第5章中）提出了几个关于这种危机逻辑必然性的观点，其中一些将在下文进行讨论。这里关键性的一点是，在工业资本主义积累基础上建立起来的货币经济中，从抽象角度来看，货币危机（这里实质为信用危机）的内在可能性成为了必然性。特别在构成资本主义积累特征的周期危机中，这一必然性会得到证实。①

（二）明斯基等人的论述

明斯基（Minsky，Hyman P.）、金德尔伯格曾经对资本主义的金融危机、金融体系的内在不稳定性假说（financial instability hypothesis）做过有影响的论述，他们的理论以欧文·费雪的“债务—通货紧缩理论”为基础。

欧文·费雪的“债务—通货紧缩理论”的核心思想是：经济繁荣时期为追逐利润“过度负债”，当经济不景气，没有足够的“头寸”去清偿债务时，引起连锁反应，导致货币紧缩。其传导机制是：为清偿债务廉价销售商品（导致）→廉价销售商品→存货减少、货币流通速度降低→总体物价水平下降→企业债务负担加重、净值减少→破产、失业→社会成员悲观和丧失信心→人们追求更多的货币储藏、积蓄→名义利率下降、实际利率上升→资金盈余者不愿贷出、资金短缺

---

① 马克思在一个关于作为支付手段货币的功能的注释中，提出：

“本文所谈的货币危机是任何普遍的生产危机和商业危机的一个特殊阶段，应同那种也称为货币危机的特种危机区分开来。后一种货币危机可以单独地产生，只是对工业和商业发生反作用。这些危机的运动中心是货币资本，因此它的直接范围是银行、交易所和金融。”（《资本论》，第一卷，162页，注（99））

该注释区分了两种货币危机：形成工业与商业总危机一个特殊阶段的货币危机（第1种类型）和独立于工业与商业总危机的货币危机（第2种类型）。根据该注释，《资本论》中对于支付手段与货币危机之间关系的分析专指第1种类型的危机。然而对于《资本论》的仔细阅读没有发现为什么该分析不适用于第2种危机的理由（后者被包含在《资本论》的注释中意味着已经认识到了这一点）。毕竟，如同上面已经引用的，《资本论》认为，对支持承诺链条的干扰，“不管是由何原因造成的”，都将会导致货币危机。

者不愿借入→通货紧缩。对于欧文·费雪的“债务—通货紧缩理论”，后来的经济学家有了丰富和发展，主要有明斯基的“金融不稳定假说”、金德尔伯格的“过度交易理论”，以及沃尔芬森的“资产价格下降理论”、托宾的“银行体系关键论”。①

金德尔伯格的理论与目前流行的行为金融理论（含羊群行为）有一个最大的相同点是强调人的行为的非理性。心理学家认为这是人类的从众心理，社会学家认为是人类的集体无意识，而经济学家则从投资者之间的信息不对称性（Rajan，1994）、机构投资者运作中的委托—代理关系以及经济主体的有限理性（Devenow 和 Welch，1996）等角度来探讨羊群行为的内在产生机制。②

（三）克鲁格曼等人的危机模型

以克鲁格曼（Krugman，P. S.）、奥伯斯菲尔德（Obstfeld，Maurice）为主的经济学家创建了第一代、第二代、第三代、第四代危机模型，其中每一代危机模型又有许多版本。

不良贷款增加，可能导致中央财政赤字，为了解决财政问题和避免财政危机，政府新增货币的发行并且收取铸币税，导致影子汇率向上攀升，这正是第一代危机模型所论述的内容。危机的根本原因是无能的政府政策。由于政府采取的矛盾政策——持续的赤字加上汇率钉住，为投机者提供了袭击目标。因此，这些模型实际喻示着政府得到了它们应得的危机的惩罚。这正是第一代危机模型所论述的内容。③

---

① 曾康霖：《金融危机理论及其研究方法》，载《财经科学》，2000（4）。

② Rajan（1994），“Why Credit Policies Fluctuate：A Theory and Some Evidence”，Quaterly Journal of Economics，436.

Devenow & Welch（1996），“Rational Herding in Financial Economics ”，European Economic Review，40.

③ Obstfeld，Maurice and Rogoff，Kenneth，“Foundations Of International Macroeconomics”，pp 561 –562. Cambridge，Mass MIT Press，1996.

第二代危机模型以“博弈论”为核心，是由奥伯斯菲尔德①等人提出的。他们认为在资本市场上对于外汇的买卖有持有者，有卖出者，他们在买卖过程中形成“博弈”，参与这样“博弈”的既有广大投资者，又有中央银行，由于他们各自掌握的信息不同，在“博弈”中有不同的行为选择，会形成“多重的均衡”。如果投资者的情绪、预期发生变化，就会发生“从众行为”和“羊群效应”，推动着危机爆发。这一类理论适用于1992年英镑退出欧洲汇率机制的解释，当时英国面临着失业与汇率之间的政策两难选择，结果放弃了有浮动的固定汇率制。

第三代危机模型②以“脆弱论”为核心，即认为金融体系本身是脆弱的，如果再加上人为的因素，如“道德风险”、“隐性赤字”、“负担过重”，则会使金融体系本身更脆弱。在这种状况下，使得一国的经济容易遭受“自促成”式的冲击。比如投资者对投资的前景失去信心，大量的投资被撤出，同时向银行挤兑，货币不得不贬值；再如，企业的财务状况很困难，限制了企业的发展，为了寻求出路不得不抛售资产，迫使本币贬值等。这一理论假设的前提条件和研究的着力点与上述两类一样。不同的是从金融系统本身寻找。这类理论用来解释亚洲金融危机的产生是适合的。因为东南亚国家除泰国外，财政收支基本平衡，外贸赤字并不大，也不像英国那样面临就业与外汇政策的两难选择。东南亚国家的问题主要是出在金融体系本身，在那里金融机构大量投资，呆账、坏账很多，难以为继。③

正如克鲁格曼（2001）所说，“一些第三代模型实质上非常像伯南克（Bernanke）和格特勒（Gertler，1989）提出的封闭经济条件下

① Obstfeld, Maurice (1996), “Models of Currency Crises with Self—Fulfilling Features”, European Economic Review 40 (April): 1037 - 1048.

② Krugman, Paul R. (1998), “What Happened to Asia?” Mimeo, Cambridge, MA, MIT. Krugman, Paul R., “What Happened to Asia?” www.yahoo.com/ Krugman, Paul R.

③ 曾康霖：《金融危机理论及其研究方法》，载《财经科学》，2000（4）。

金融脆弱性模型。本文提出的金融危机模型（第四代危机模型）可能根本不会是货币危机模型，它将是一个更一般的金融危机模型，其中，其他资产价格起了重要作用。”①

第四代危机模型也是以“脆弱论”核心，这一理论假设的前提条件和研究的着力点与上述三类不一样，在第四代危机模型中，经济可以是开放的，也可以封闭的，汇率不必是固定的，它是以资产的价格变化为核心。

（四）斯蒂格利茨等人的模型

斯蒂格利茨和魏茨（Stiglitz 和 Weiss，1981）、Bernanke 和 Gertler（1990）、Mankiw（1986）理论模型。②

第一篇文章内容是关于信贷配给的，后两篇文章内容是有关经济出现严重信贷紧缩及作为其结果出现的经济紧缩的状况。这种现象在每种情况下都与不对称信息相联系。在 Mankiw（1986）模型中，由于逆向选择，信贷市场可能在货币市场利率（银行的再融资成本）小幅升高之后出现崩溃。Bernanke 和 Gertler（1990）的模型表明由于道德风险的存在，总体金融状况（借款人的信贷价值，或银行的支付能力）能够影响宏观经济运行。

（五）行为金融（以羊群行为为代表）与有效银行挤兑（efficient bank runs）理论

行为金融理论不仅用来解释股票市场同向买卖、银行挤兑等微观现象，而且用来解释市场同向买卖、银行挤兑等微观现象引起的金融危机。羊群行为（herd behavior）理论是行为金融理论的代表。羊群行为是信息连锁反应（information cascade）导致的一种行为方式，当个体依据其他行为主体的行为而选择采取类似的行为时就会产生羊群

① 克鲁格曼：《论新一代危机模型》，载《国际金融研究》，2001（10）。

② Xavier Freixas and Jean-Charles（1998），“Microeconomics of Banking”，pp169－171，Cambridge：The MIT Press.

行为。

Banerjee（1992）、Bikchandani（1992）、Caplin 和 Leahy（1994）、Lee（1997）、Chari 和 Kehoe（1998）等人认为，宏观经济基础和金融资产价格之间之所以缺乏唯一的对应关系产生多重均衡，原因是投资者在信息不完备或信息不对称环境下的预期形式模式所导致的羊群行为。他们的模型解释了投资者在这样的环境下产生羊群行为为什么可能是理性的。如果每个投资者拥有一些私人信息而且也知道其他投资者也拥有私人信息，那么在不能有效地分享他人信息的情况下观察他人的行动便可以获得他人拥有信息的有用线索，从而使得模仿他人的行为成为一种理性的行为。依据接收到的市场信号顺序的不同金融资产的价格可以表现为几个均衡价格中的一个。如果一个新的市场信号使投资者的总体情绪由乐观转向悲观，那么就有可能导致投资者抛售金融资产，从而导致完全与实际经济基础无关，具有多重均衡特征的资产价格崩溃。[①]

羊群行为理论与由奥伯斯菲尔德等人提出的第二代危机模型有很多相似的地方，即都是由于部分人先失去信心，然后出现的从众行为，实际的宏观经济状况和微观经济主体（如银行等金融机构）可能是健康的。

羊群行为理论与由奥伯斯菲尔德等人提出的第二代危机模型的差别是：奥伯斯菲尔德等人提出的第二代危机模型主要是针对汇率的，羊群行为理论主要是针对资产市场价格与收益波动的。即奥伯斯菲尔德等人提出的第二代危机模型是羊群行为理论的一种特殊情况。

有效银行挤兑理论认为引发银行挤兑的原因是银行贷款组合的不良运营所导致的漏损，银行挤兑的经验证据似乎也标明了这一方向。因此，银行挤兑又有一个基本起因，即来自于对银行经营状况的悲观

① 刘明心、罗俊伟：《金融危机理论综述》，载《经济科学》，2000（4）。

预期，直接与不良贷款息息相关。[①]

（六）《巴塞尔新资本协议》对风险的分析

《巴塞尔新资本协议》把资本充足率、监管当局的监督检查、市场纪律列为三大支柱。其中：资本充足率 = 资本/（信用风险加权资产 + 12.5 × 市场风险资本要求 + 12.5 × 操作风险资本要求）。

《巴塞尔新资本协议》[②] 中的信用风险是指由于借款人和市场交易对手违约而导致损失的风险；操作风险是指由于不正确的内部操作流程、人员、系统或外部事件导致损失的风险；市场风险是指由于利率、汇率、证券和商品价格发生变动导致损失的风险。监管当局的监督检查既监督银行的资本金与其风险数量相匹配，也监督银行的资本金与风险管理水平相匹配，以鼓励银行开发和采用更好的风险管理技术来监测和管理它们的风险，是对银行全面风险进行的行业监管。市场纪律对银行的公开信息披露提出了一整套强制规定要求和建议，是对银行全面风险进行的社会监管。

《巴塞尔新资本协议》强调如何测算贷款风险（信用风险、操作风险和市场风险），缺少对银行不良贷款生成机理的分析。

## 2.2 国内有关金融脆弱性与不良贷款的研究状况

### 2.2.1 国内有关金融脆弱性的研究状况

余永定（1997a、1997b、1997c、1997d、1997e、1998a、1998b、2000a、2000b），李向阳（1999），易纲（1998a、1998b、1998c、

① Xavier Freixas and Jean-Charles (1998), "Microeconomics of Banking", pp200 – 202, Cambridge: The MIT Press.

② Basle Committee on Banking Supervision, "The New Basle Capital Accord, Consultative Document", Bank for International Settlements, January 2001；赵银祥等：《新巴塞尔资本协议及国外商业银行内部评级体系研究》，载《金融论坛》，2003（2）；陈卫东：《新巴塞尔资本协议评析》，载《国际金融研究》，2001（3）。

1999)，陈虹（1995a、1995b、1996a、1997、1998a、1998b、1999a、1999b)，孙杰（1998），高海红（1998），李扬（1998），宋逢明（1998、2000、2001a、2001b）等，对财政风险、货币风险、股票市场风险、银行风险、汇率风险、企业金融风险、风险管理等分别作了论述。但他们都没有从银行不良贷款为切入点分析银行不良贷款的动态路径。

张礼卿（1998）、王广谦（1999）、刘明兴（2000a、2000b、2000c、2001a 、2001b)、钱颖一（2001）对危机的原因和稳定政策从不同的侧面进行了分析。但是也没有从银行不良贷款为切入点深入分析银行不良贷款的动态路径。殷孟波（1999）结合中国的实际，并且是以“中国信用基础脆弱性分析”为题分析中国信用基础脆弱性的原因、危害和提出解决中国信用基础脆弱性的方案。殷孟波认为这是由于中国信用基础的脆弱性造成的，信用基础的脆弱性既包括久远的历史根源，又隐含深刻的制度性因素。[①]

黄金老（2001a、2001b、1998a、1998b）对金融脆弱性有所论述，在对西方关于金融脆弱性研究的文献综述上下了一定的工夫，在当时的条件下是比较成功的，但对金融体系脆弱性的研究有待进一步从许多影响金融体系脆弱性的因素中选择一个因素作为切入点深入研究。黄金老（2001a）属于文献综述，对传统信贷市场和金融市场上的脆弱性和演化机制作了一个西方文献综述。黄金老（2001b）主要从金融自由化的各个方面论述了金融脆弱性，比如：利率自由与金融脆弱；合业经营与金融脆弱；金融创新与金融脆弱；机构准入自由与金融脆弱；资本自由流动与金融脆弱。可以说，这篇文章是以金融自由化为主线去研究金融脆弱性的，这是黄金老（2001b）一文的特点。

① 殷孟波：《中国信用基础脆弱性分析》，载《四川金融》，1999（3）。

赵旭（2000）介绍了银行体系内在脆弱性理论和预算约束理论，并对其进行分析评价，最后简要探讨了这两个理论对解决我国银行风险的启示。从这篇文章的布局来看，也是属于文献综述。张荔（2001）论述了过度的金融自由化对金融体系脆弱性的助推作用，文章指出了过度的金融自由化的内涵与衡量标准[①]，钟伟（1998）的要点是“亚洲金融危机是通过国际性金融深化导入亚洲的外部危机，并不完全取决于东亚国家金融体制本身的不稳健性或东亚政府的危机解救措施，它反映了东亚国家在推行金融自由化以融入国际金融体系时的转轨风险；而危机的实质则暴露了当代国际金融体系的内在脆弱性，是在金融资本全球化及其风险具有高度传染性时，缺乏相应的全球监管机制所造成的区域性危机”[②]，即钟伟（1998）事实上是强调金融自由化对金融体系脆弱性的助推作用。

刘明心、罗俊伟（2000b）的要点是：东亚国家企业和银行部门资产质量的下降，风险暴露的增加，以及融资结构的恶化和日趋脆弱的财务状况，为引发全面危机埋下了隐患。该文利用东亚国家在危机发生前的详尽数据资料，一方面提供翔实的证据，另一方面试图说明这些国家的企业部门的投资质量下降和金融结构日趋脆弱的基本原因。刘明心、罗俊伟（2000b）事实上是强调一个国家内部的金融脆弱性，与明斯基所讲的脆弱性的概念一致，他的研究对象是东亚国家。马文秀、王祯军（1999）事实上也是强调一个国家内部的金融脆弱性，与刘明心、罗俊伟（2000b）所讲的脆弱性的概念一致，其研究对象是东亚国家。孙伍琴（2001）事实上是对金融危机理论与金融脆弱性理论的一个文献综述，但有待从一个切入点深入研究。邢福

---

① 张荔：《论过度的金融自由化对金融体系脆弱性的助推作用》，载《经济评论》，2001（1）。

② 钟伟：《从亚洲金融危机看当代国际金融体系的内在脆弱性》，载《北京师范大学学报（社会科学版）》，1998（5）。

俊、成吉（1998）事实上也是强调一个国家内部的金融脆弱性，与刘明心、罗俊伟（2000b）和马文秀、王祯军（1999）所讲的脆弱性的概念一致，其研究对象是日本。

因为银行脆弱度与不良贷款的关系密切，即银行体系的脆弱度 =（不良贷款 - 资本 - 贷款准备金）/总资产。[①] 所以我们必须考查有关银行不良贷款的研究状况。

### 2.2.2　国内有关不良贷款的研究状况

吴晓灵（1995）把不良贷款产生的主要因素归因于企业的过度负债。银行的不良贷款与国有企业的过度负债是一个问题的两个方面。[②] 吴晓灵、谢平（1995）等认为过度负债有以下几个原因，一是“拨改贷”，本应该由国家作为所有者权益注入的资金改为由银行贷款；二是国有企业负担过重；三是国有企业的折旧率过低；四是宏观经济体制不合理，政府部门控制企业的投资和银行的贷款决策；五是企业行为不合理，经营绩效差，还债能力低。[③]

张维迎（1995）不同意吴晓灵、谢平（1995）认为过度负债的原因的论点，认为国有企业负债率过高的主要原因是居民储蓄的高增长、高储蓄，并认为居民的储蓄分流到股票市场就可以解决国有企业负债率过高的问题。但近 10 年时间过去了，企图分流居民的储蓄到

---

① Brenda Gonzales-Hermosillo 对银行体系的脆弱度的定义是：银行体系的脆弱度 =（资本 + 贷款准备金 - 不良贷款）/总资产。我们为了与中文的习惯一致，在正文中作了修改。资料来源：Brenda Gonzales-Hermosillo，“Developing Indicators to Provide Early Warnings of Banking Crises”（Financial Markets），Finance & Development，June 1999 v 36 i2 p36（4）.

② 中国人民银行政策研究室：《银行与企业债务重组问题研究》，263 页，北京，中国经济出版社，1995。

③ 中国人民银行政策研究室：《银行与企业债务重组问题研究》，2 ~ 3 页，北京，中国经济出版社，1995；周小川主编：《重建与再生：化解银行不良资产的国际经验》，北京，中国金融出版社，1999。

股票市场以避免高储蓄、企业高负债①。从而避免不良贷款的产生是不现实的。吴晓灵、谢平（1995）以及张维迎（1995）等关于避免国有企业负债率过高的原因的分析我们不完全否定，但上述原因都是间接原因，从而对不良贷款的产生来说也只是间接原因。

上述原因之所以是间接原因，从而对银行不良贷款的产生来说也只是间接原因是因为国家并没有说“国有企业借了钱可以不还”，从“拨改贷”一开始就表明政府的立场是“国有企业借了钱是要还钱的”，对政策性贷款国家先后建立了政策性银行，所以我们必须从直接发生借贷关系的中央银行、商业银行经理与企业经理的行为来研究产生高比例银行不良贷款的直接原因。

于为群（2001）② 主要是从制度经济学的角度分析了不良贷款的成因，是目前比较系统地研究中国不良贷款的文献。樊会文（1998）③从利率、汇率、银行信用、证券、金融衍生工具、宏观金融风险等方面研究了金融风险及其管理。刘海啸（1999）④ 从银行信用与风险、证券市场、汇率等方面研究了金融风险。杜佳（2001）⑤ 主要是从金融不稳定的累积效应、测评指标、演变效应来研究金融的不稳定，对中国金融的不稳定只是评析。韩平（2001）⑥ 主要从商业银行的信贷风险生成、识别与管理来研究。苏同华（1999）⑦ 主要从银行危机的

---

① 张维迎：《企业的企业家——契约理论》，309 页，上海，上海人民出版社，1995。

② 于为群：《中国金融不良资产生成的制度因素分析》，中国国家图书馆博士学位论文库，索书号：2001/F832./88。

③ 樊会文：《金融风险及其管理》，中国国家图书馆学位论文库，索书号：Z/F830.9/33。

④ 刘海啸：《基于宏观视角的金融风险研究》，中国国家图书馆博士学位论文库，索书号：Z/F830./32。

⑤ 杜佳：《新兴市场国家金融不稳定性研究》，中国国家图书馆博士学位论文库，索书号：2001/F831/61。

⑥ 韩平：《国有商业银行的信贷风险生成机理与管理系统研究》，中国国家图书馆博士学位论文库，索书号：2001/F832.3/8。

⑦ 苏同华：《银行危机论》，中国国家图书馆博士学位论文库，索书号：Z/F830./38。

成因、传染、金融效率与安全来研究。张陶伟（2001）[①] 主要从虚拟经济、信用、金融机构的不稳定性、金融创新与金融自由化等方面研究了金融的不稳定性。宋清华（2000）[②] 主要从银行危机的发生、传染、救助、接管、并购、预警与预防等方面研究了银行危机及其管理。陈学彬（1997）[③] 主要研究了银行不良资产与金融风险、通货膨胀间的关系。张亦春 、余运九（1998）[④] 研究了制度变迁中的银行风险分析及内部控制，不是以不良贷款为切入点。谢平（1992）、易纲（1996）[⑤] 从中国金融资产结构分析了企业负债的情况。

樊纲（1996）[⑥] 主要论述了企业间债务的生成机制与经济波动间的关系；另外，还提出了“国家综合负债”和“国家综合金融风险”的概念[⑦]。袁钢明（2000）[⑧] 主要对中国国有企业负债进行了实证分析。林毅夫（2000）[⑨] 主要从按照比较优势调整产业结构来研究如何减少金融风险。

除了上述文献外，还有众多的文章，其特点大多与上述文献相似，在此不一一评述。

---

① 张陶伟：《现代金融不稳定论》，中国国家图书馆博士学位论文库，索书号：2001/F830./109。

② 宋清华：《银行危机论》，北京，经济科学出版社，2001。

③ 陈学彬：《银行不良资产与金融风险、通货膨胀间的博弈分析》，载《经济研究》，1997（7）。

④ 张亦春 、余运九：《制度变迁中的银行风险分析及内部控制》，载《经济研究》，1998（4）。

⑤ 谢平：《中国金融资产结构分析》，载《经济研究》，1992（11）；易纲：《中国金融资产结构分析及政策含义》，载《经济研究》，1996（12）。

⑥ 樊纲：《企业间债务与宏观经济波动》，载《经济研究》，1996（3－4）。

⑦ 樊纲：《论“国家综合负债”——兼论如何处理不良资产》，载《经济研究》，1999（5）。

⑧ 袁钢明：《中国国有企业负债的实证分析》，载《经济研究》，2000（5）。

⑨ 林毅夫：《按照比较优势调整产业结构、减少金融风险》，北京大学中国经济研究中心讨论稿系列（CEER Working Paper Series）No. C2000017.

## 2.3 金融脆弱性理论与不良贷款的关系和现有文献的不足之处

### 2.3.1 金融脆弱性理论与不良贷款的关系

如果中央银行充当最后贷款人，为了解决不良贷款，可能向银行注资，进而增加货币供应量，货币贬值，产生克鲁格曼所称的第一代金融危机。

如果是财政解决不良贷款，造成财政赤字，如果财政赤字货币化，则增加货币供应量，货币贬值，也产生克鲁格曼所称的第一代金融危机。

如果是预期不良贷款增加，公众发现银行经营不善，则发生有效银行挤兑。

如果是流动性原因而非银行经营不善，即使只有轻度的、不影响银行的稳健性的不良贷款，加上信息的不对称和羊群效应，也会产生投机性的银行挤兑，类似于奥伯斯菲尔德为主的经济学家所称的第二代金融危机。不是由实际的经济基础决定的。

如果有政府或中央银行充当最后贷款人，存贷款都受到保险，则易产生道德危害，一方面产生大量的外债（包括银行与企业），另一方面产生大量的内债。当产生大量的外债（包括银行与企业），外债过度增长则产生克鲁格曼等所称的第三代金融危机（资产负债表效应）。当产生大量的内债时，银行不良贷款增加，则易产生克鲁格曼等所称的第四代金融危机（资产价格变化引起的危机）与马克思、明斯基、金德尔伯格所称的金融脆弱性。

总之，银行不良资产与金融脆弱性间的关系紧密，按照前面的文献可知：银行体系的脆弱度 =（不良贷款 - 资本 - 贷款准备金）/总资产。

### 2.3.2 现有文献的不足之处

第一，国内外文献对银行不良资产生成的监管机制阐述不够，即对银行不良资产生成的中央银行、商业银行、企业（以企业代表所有的借款人）的行为分析不够。比如，假设在国有商业银行已知将贷的一笔款是不良贷款的情况下，此时金融监管部门企图对商业银行罚款来降低这一笔不良贷款的概率总是有效吗？

第二，现有文献对“监管”一词的论述过于简单，“监管”一词应该包含对被监管者的行为参数的考查。

第三，现有文献没有研究企业（借款者）逃债概率对企业（借款者）与商业银行的行为参数的边际值。

第四，现有文献没有研究商业银行监督检查的概率对企业（借款者）与商业银行的行为参数的边际值。

第五，现有文献没有研究企业（借款者）与商业银行合作与不合作两种情况对银行不良贷款生成的影响。比如：企业（借款者）与商业银行合作时，银行不良贷款更容易生成吗？企业（借款者）与商业银行不合作时，银行不良贷款不容易生成吗？现有的文献没有从理论上回答。

第六，银行不良贷款是一种“金融污染”，会对一个国家的福利产生负面的影响，现有国内外文献没有发现一个含有贷款、银行不良贷款的社会福利函数。

第七，现有文献没有从最优控制论的角度研究银行不良贷款对社会福利的影响。

第八，现有文献没有从最优控制论的角度求出银行不良贷款的鞍点均衡值与鞍径；现有文献没有从最优控制论的角度求出银行不良贷款的鞍点均衡值的变化轨迹。

第九，现有文献没有从最优控制论的角度对中国与日本银行机构不良贷款（金融脆弱性）予以解释与预测。

本书试图从理论上研究上面的不足之处。本书第3章试图回答现有文献的不足之处第一至第五，即《巴塞尔新资本协议》所称的信用风险和操作风险。本书第4章试图回答现有文献的不足之处之第六、第七、第八，即《巴塞尔新资本协议》所称的市场风险。本书第5章试图回答现有文献的不足之处之第九。

## 2.4 本章小结

本章系统地回顾了国内外有关金融体系脆弱性、银行不良贷款的理论文献，国外研究银行不良贷款的文献一部分是在研究银行危机的文献中同时讨论，如：Krugman，Paul R.（1998，2001）；Brenda Gonzales-Hermosillo（1999）；Hesna Genay（1998）；Jenny Corbett、Janet Mitchell、Andrew Winton（2000）；Joe Peek、Eric S. Rosengren（1999）；Victoria Miller（1998）；《巴塞尔新资本协议》等。另一部分是在研究金融脆弱性的文献中讨论，如：Marx，K.（1867，1894）；Minsky，Hyman P.（1964，1982，1986，1995）；Stiglitz 和 Weiss（1981）；Bernanke 和 Gertler（1990）；Mankiw（1986）等。国内研究银行不良贷款的文献一部分是专门以“银行不良贷款”为题目的，如：于为群（2001），李玲（1999），林永平、袁桂祥、蔡友才（1998），刘文庆（2001），毛瑞宁（2002），孟猛（2000），彭歆（2000），史建平（1997），薛峰（1997），中国人民银行天水市中心支行课题组（2002）等。另一部分是在研究金融与信贷风险、企业的高负债时作为研究的组成部分，如：余永定（2001），张维迎（1995），谢平（1992），易纲（1996），袁钢明（2000），林毅夫（2000），樊会文（1998），杜佳（2001），韩平（2001），苏同华（1999），张陶伟（2001），陈学彬（1997），张亦春、余运九（1998）等。

本章除系统回顾了国内外有关金融体系脆弱性、银行不良贷款的理论文献外，还总结了国外与国内有关金融体系脆弱性的理论文献与不良贷款的关系，分析了现有文献的不足之处。

# 3 银行不良贷款产生的监管机制[①]

银行不良贷款是世界各国银行机构、政府面临的理论与现实问题，第2章对现有文献作了综述，上述文献一方面对金融监管部门（代表政府，属于委托人）与国有商业银行各分支机构的经理人员（代理人）行为的研究不够；另一方面对商业银行（监管者）与企业经理人员（代理人）行为的研究也不够。除了上述文献外，还有众多的文章，其特点大多与上述文献相似。所以完全有必要进一步地研究，特别是研究金融监管部门、国有商业银行各分支机构的经理人员、企业经理人员的行为，上述三者间利益冲突可以用便士博弈模型[②]的变种（监管模型）去研究，即用扩展的监管模型[③]研究金融监

---

① 本章内容的原始稿件已经被《经济研究》、北京大学光华管理学院、武汉大学高级研究中心等研究机构联合举办的“第二届中国青年经济学者论坛”录用，本章内容是在原始稿件基础上修订而成的。

② Hal R. Varian：《高级微观经济分析》，中文版，276、283页，北京，经济科学出版社，1997。

③ 张维迎：《博弈论与信息经济学》，109页，上海，上海三联书店、上海人民出版社，1996。监管模型中委托人选择检查与代理人选择逃避检查的概率的方法应该以Hal R. Varian的《高级微观经济分析》（经济科学出版社，1997）第283页的方法为准。

管部门、国有商业银行各分支机构的经理人员、企业经理人员的行为。

我们提出本章的论点：在不考虑市场风险和预算软约束的情况下，银行不良贷款的产生是委托人监督检查[①]不严格和代理人有逃避贷款的动机造成的。

本章作如下安排：第 1 节从国有商业银行经理与金融监管部门关于不良贷款的行为来分析不良贷款的产生。第 2 节从商业银行经理与企业经理的行为来分析不良贷款的产生。第 3 节对本章作出总结。

## 3.1 国有商业银行与金融监管部门关于不良贷款的行为分析

### 3.1.1 研究金融监管部门和国有商业银行经理行为的必要性

如前所述，第 2 章的文献对金融监管部门（代表政府，属于委托人）与国有商业银行各分支机构的经理人员（代理人）行为的研究不够。所以完全有必要进一步地研究金融监管部门（代表政府，属于委托人）与国有商业银行各分支机构的经理人员（代理人）行为。

金融监管部门（代表政府）各分支机构[②]与国有商业银行各分支机构的经理人员之间属于委托—代理关系，国有商业银行各分支机构的经理人员（代理人）对明知将成为不良贷款的企业借款贷款与不贷款的选择，金融监管部门（代表政府，属于委托人）对明知将成为不良贷款的国有商业银行各分支机构的经理人员检查还是不检查，取决

① 监督检查包括中央银行对国有商业银行各分支机构的经理人员的行为参数的分析和商业银行各分支机构的经理人员对企业经理人员的行为参数的分析。

② 需要说明的是：本章的中央银行是指中央银行的任意一个分支机构，一方面不同的中央银行分支机构的行为参数才不一样，另一方面相同的中央银行分支机构的行为参数在不同的时间不一样，为了简洁，本章将中央银行分支机构一律简化为中央银行。

于委托人与代理人间的利益冲突，这种利益冲突可以用便士博弈模型的变种（监管模型）去研究，即用扩展的监管模型进一步地研究金融监管部门与商业银行各分支机构的经理人员的行为参数，他们的行为参数决定了国有商业银行各分支机构的经理人员（代理人）对明知将成为不良贷款的企业借款选择贷款与不贷款、金融监管部门（代表政府，属于委托人）对明知将成为不良贷款的国有商业银行各分支机构的经理人员选择检查还是不检查的概率的大小。

本节的论点是：在不考虑市场风险和预算软约束的情况下，对明知将成为不良贷款的国有商业银行分支机构的经理人员选择检查还是不检查的概率的大小依赖于国有商业银行各分支机构的经理人员与金融监管部门的行为参数，银行不良贷款的产生是委托人监督检查①不严格造成的。

### 3.1.2 建立金融监管部门与商业银行②信贷部经理博弈的特殊模型

（一）基本假设

假设有一个企业向一国有商业银行申请贷款 50 万元，信贷部经理人员决定是否发放这一笔贷款，经过调查，这个企业不具备还款的能力，这一笔 50 万元的贷款将成为不良贷款（为了简化分析，假定分文不能回收），这个企业向信贷部的经理人表示，如果这一笔 50 万元的贷款到账后将用 10 万元作为回扣，若金融监管部门检查这一笔 50 万元的违规贷款，则检查成本为 10 万元，金融监管部门可以挽回 40 万元的违规贷款损失，并且对商业银行信贷部经理处以 20 万元的罚款。当商业银行信贷部经理不发放贷款给这个企业，同时金融监管部门没有检查，商业银行信贷部经理得到 5 万元的负效用。

---

① 监督检查包括中央银行对国有商业银行各分支机构的经理人员的行为参数的分析。

② 本节“商业银行”均指“国有商业银行”。

显然从上面的假定可知，上述博弈不存在纳什均衡。假如金融监管部门检查，则商业银行信贷部经理的最优策略是不贷款；假如金融监管部门没有检查，则商业银行信贷部经理的最优策略是贷款；假如商业银行信贷部经理贷款，则金融监管部门的最优策略是检查；假如商业银行信贷部经理不贷款，则金融监管部门的最优策略是不检查。

假设金融监管部门与商业银行信贷部经理以各自的概率选择自己的行动，构成混合战略。假定商业银行信贷部经理的混合战略为 $\alpha m = (p, 1-p)$（即商业银行信贷部经理以 $p$ 的概率选择贷款，以 $1-p$ 的概率选择不贷款）；假定金融监管部门的混合战略为 $\alpha g = (\gamma, 1-\gamma)$（即金融监管部门以 $\gamma$ 的概率选择检查，以 $1-\gamma$ 的概率选择不检查）。

由上面的假设可以写出金融监管部门与商业银行信贷部经理关于不良贷款博弈的支付矩阵（见表 3.1）。

**表 3.1 金融监管部门与商业银行信贷部经理关于不良贷款博弈的支付矩阵（1）**

| | | 金融监管部门（代表政府） | | | |
|---|---|---|---|---|---|
| | | γ的概率选择检查 | | 以1- γ的概率选择不检查 | |
| 商业银行信贷部经理 | $p$ | -20 | 40 | 10 | -50 |
| | $1-p$ | 0 | -10 | -5 | 0 |

（二）商业银行信贷部经理的最大效用与贷款概率的选择

1. 据前面的基本假设，商业银行信贷部经理行为是最大化效用函数 $Um1$，表示为

$$
\begin{aligned}
\max Um1 &= \gamma[-20p + 0(1-p)] + (1-\gamma)[10p - 5(1-p)] \\
&= \gamma(-35p + 5) + 15p - 5
\end{aligned}
$$

$$\frac{\partial Um1}{\partial \gamma} = -35p + 5 = 0 \quad \text{推导出} \quad p = 1/7$$

$$\frac{\partial Um1}{\partial p} = -35\gamma + 15 = 0 \quad \text{推导出} \quad \gamma = 3/7$$

计算知：据前面的假设，当商业银行信贷部经理行为是最大化效用函数 $Um1$ 时，他选择的贷款概率为 1/7，金融监管部门选择检查这一笔不良贷款的概率为 3/7。

2. 当对商业银行信贷部经理处以 40 万元的罚款时，基本假设中的其他假设不变，则有金融监管部门与商业银行信贷部经理关于不良贷款博弈的支付矩阵（见表 3.2）。

**表 3.2 金融监管部门与商业银行信贷部经理关于不良贷款博弈的支付矩阵（2）**

| 商业银行信贷部经理 \ 金融监管部门（代表政府） | $\gamma$的概率选择检查 | 以1− $\gamma$的概率选择不检查 |
|---|---|---|
| $p$ | −40　40 | 10　−50 |
| $1-p$ | 0　−10 | −5　0 |

商业银行信贷部经理行为是最大化效用函数 $Um2$，表示为

$$\begin{aligned} \max Um2 &= \gamma[-40p + 0(1-p)] + (1-\gamma)[10p - 5(1-p)] \\ &= \gamma(-55p + 5) + 15p - 5 \end{aligned}$$

$$\frac{\partial Um2}{\partial \gamma} = -55p + 5 = 0 \quad \text{推导出} \quad p = 1/11$$

$$\frac{\partial Um2}{\partial p} = -55\gamma + 15 = 0 \quad \text{推导出} \quad \gamma = 27.2\%$$

计算可知：当对商业银行信贷部经理处以 40 万元的罚款时，其他假设不变，为了实现商业银行信贷部经理的最大效用，贷款概率的

选择从初始状况的 1/7 降为 1/11。金融监管部门检查的概率从 3/7 降为 3/11。

3. 当商业银行信贷部经理在金融监管部门不检查时不贷款产生的负效用为 10 万元时，基本假设中的其他假设不变，则有金融监管部门与商业银行信贷部经理关于不良贷款博弈的支付矩阵（见表 3.3）。

**表 3.3　金融监管部门与商业银行信贷部经理关于不良贷款博弈的支付矩阵（3）**

| 商业银行信贷部经理 | 金融监管部门（代表政府）<br>$\gamma$的概率选择检查 | 以$1-\gamma$的概率选择不检查 |
|---|---|---|
| $p$ | −20　　40 | 10　　−50 |
| $1-p$ | 0　　−10 | −10　　0 |

商业银行信贷部经理行为是最大化效用函数 $Um3$，表示为

$$\max Um3 = \gamma[-20p + 0(1-p)] + (1-\gamma)[10p - 10(1-p)]$$

$$= \gamma(-40p + 10) + 20p - 10$$

$$\frac{\partial Um3}{\partial \gamma} = -40p + 10 = 0 \quad \text{推导出} \quad p = 25\%$$

$$\frac{\partial Um3}{\partial p} = -40\gamma + 20 = 0 \quad \text{推导出} \quad \gamma = 50\%$$

计算可知：当商业银行信贷部经理在金融监管部门不检查时不贷款产生的负效用为 10 万元时，其他假设不变，为了实现商业银行信贷部经理的最大效用，贷款概率的选择从初始状况（基本假设）的 1/7 增为 1/4，金融监管部门检查的概率从 3/7 增为 50%。

（三）金融监管部门的最大效用与贷款概率的选择

1. 根据前面的基本假设，金融监管部门的行为是最大化效用函数 $Ug1$，表示为

$$\max Ug1 = \gamma[40p - 10(1-p)] + (1-\gamma)[-50p + 0(1-p)]$$
$$= \gamma(100p - 10) - 50p$$

$$\frac{\partial Ug1}{\partial \gamma} = 100p - 10 = 0 \quad 推导出 \quad p = 10\%$$

$$\frac{\partial Ug1}{\partial p} = 100\gamma - 50 = 0 \quad 推导出 \quad \gamma = 50\%$$

计算可知：根据前面的基本假设，当金融监管部门最大化效用函数为 $Ug1$ 时，商业银行信贷部经理选择的贷款概率为1/10，金融监管部门选择检查这一笔不良贷款概率为50%。

2. 当金融监管部门的检查成本增加到30万元时，基本假设中的其他假设不变，可以写出金融监管部门与商业银行信贷部经理关于不良贷款博弈的支付矩阵（见表3.4）。

**表3.4 金融监管部门与商业银行信贷部经理关于不良贷款博弈的支付矩阵（4）**

| | | 金融监管部门（代表政府）<br>γ的概率选择检查 | | 以1-γ的概率选择不检查 | |
|---|---|---|---|---|---|
| 商业银行信贷部经理 | $p$ | -20 | 20 | 10 | -50 |
| | $1-p$ | 0 | -30 | -5 | 0 |

金融监管部门的行为是最大化效用函数 $Ug2$，表示为

$$\max Ug2 = \gamma[20p - 30(1-p)] + (1-\gamma)[-50p + 0(1-p)]$$
$$= \gamma(100p - 30) - 50p$$

$$\frac{\partial Ug2}{\partial \gamma} = 100p - 30 = 0 \quad 推导出 \quad p = 30\%$$

$$\frac{\partial Ug2}{\partial p} = 100\gamma - 50 = 0 \quad 推导出 \quad \gamma = 50\%$$

计算可知：当金融监管部门的检查成本增加到 30 万元时，基本假设中的其他假设不变，金融监管部门最大化其效用函数所得到的商业银行信贷部经理的贷款概率的选择从初始状况（基本假设）的 10% 增为 30%。而金融监管部门选择检查的概率不变，为 50%。

3. 当对商业银行信贷部经理处以 40 万元的罚款时，基本假设中的其他假设不变，则有金融监管部门与商业银行信贷部经理关于不良贷款博弈的支付矩阵（见表 3.5）。

**表 3.5　金融监管部门与商业银行信贷部经理关于不良贷款博弈的支付矩阵（5）**

| | | 金融监管部门（代表政府）<br>γ的概率选择检查 | | 金融监管部门（代表政府）<br>以1-γ的概率选择不检查 | |
|---|---|---|---|---|---|
| 商业银行信贷部经理 | $p$ | −40 | 40 | 10 | −50 |
| 商业银行信贷部经理 | $1-p$ | 0 | −10 | −5 | 0 |

金融监管部门的行为是最大化效用函数 $Ug3$，表示为

$$\max Ug3 = \gamma[40p - 10(1-p)] + (1-\gamma)[-50p + 0(1-p)]$$

$$= \gamma(100p - 10) - 50p$$

$$\frac{\partial Ug3}{\partial \gamma} = 100p - 10 = 0 \quad 推导出 \quad p = 10\%$$

$$\frac{\partial Ug3}{\partial p} = 100\gamma - 50 = 0 \quad 推导出 \quad \gamma = 50\%$$

计算可知：当对商业银行信贷部经理处以 40 万元的罚款时，基本假设中的其他假设不变，最大化金融监管部门的效用函数得出的结果与基本假设时的结果完全一样。即金融监管部门的最大化效用与对商业银行信贷部经理处以的罚款数量无关，这是很有意义的结果。

4. 当商业银行信贷部经理在金融监管部门不检查时不贷款产生的负效用为10万元时，基本假设中的其他假设不变，则有金融监管部门与商业银行信贷部经理关于不良贷款博弈的支付矩阵（见表3.6）。

**表3.6 金融监管部门与商业银行信贷部经理关于不良贷款博弈的支付矩阵（6）**

| | | 金融监管部门（代表政府） | | | |
|---|---|---|---|---|---|
| | | γ的概率选择检查 | | 以1- γ的概率选择不检查 | |
| 商业银行信贷部经理 | $p$ | -20 | 40 | 10 | -50 |
| | $1-p$ | 0 | -10 | -10 | 0 |

金融监管部门的行为是最大化效用函数 $Ug4$，表示为

$$\max Ug4 = \gamma[40p - 10(1-p)] + (1-\gamma)[-50p + 0(1-p)]$$
$$= \gamma(100p - 10) - 50p$$

$$\frac{\partial Ug4}{\partial \gamma} = 100p - 10 = 0 \quad 推导出 \quad p = 10\%$$

$$\frac{\partial Ug4}{\partial p} = 100\gamma - 50 = 0 \quad 推导出 \quad \gamma = 50\%$$

计算可知：当商业银行信贷部经理在金融监管部门不检查时不贷款产生的负效用为10万元时，基本假设中的其他假设不变，最大化金融监管部门的效用函数得出的结果与基本假设时的结果完全一样。即金融监管部门的最大化效用与对商业银行信贷部经理处以的罚款数量无关，这又是很有意义的结果（因为金融监管部门不参与罚款的分配，尽管增加罚款，但是不会增加监管的积极性）。

### 3.1.3 金融监管部门与商业银行信贷部经理博弈一般模型的建立及分析

（一）建立金融监管部门与商业银行信贷部经理博弈的一般模型

1. 假设

（1）假设有一个企业向一国有商业银行申请贷款 $L$ 万元，信贷部经理决定是否发放这一笔贷款，经过调查，这个企业不具备还款的能力，这一笔 $L$ 万元的贷款将成为不良贷款（为了简化分析，假定一笔 $L$ 万元的贷款分文不能回收）。

（2）这个企业向信贷部经理表示，如果这一笔 $L$ 万元的贷款到账后将用 $RL$ 万元作为回扣，$R$ 为每一元贷款的回扣。

（3）若金融监管部门检查这一笔 $L$ 万元的违规贷款，则检查成本为 $CL$ 万元，$C$ 为每一元贷款的检查成本。金融监管部门可以挽回 $(L-CL)$ 万元的违规贷款损失，并且对商业银行信贷部经理处以 $SL$ 万元的罚款，$S$ 为每一元贷款的罚款。

（4）当商业银行信贷部经理不发放贷款给这个企业，同时金融监管部门没有检查，商业银行信贷部经理得到 $BL$ 万元的负效用，$B$ 为每一元可贷款但是未贷款的负效用。

（5）假设 $C$、$S$、$R$、$B$ 均大于等于零。

显然从上面的假定可知，上述博弈不存在纳什均衡。假如金融监管部门检查，则商业银行信贷部经理的最优策略是不贷款；假如金融监管部门没有检查，则商业银行信贷部经理的最优策略是贷款；假如商业银行信贷部经理贷款，则金融监管部门的最优策略是检查；假如商业银行信贷部经理不贷款，则金融监管部门的最优策略是不检查。

（6）假设金融监管部门与商业银行信贷部经理以各自的概率选择自己的行动，构成混合战略。假定商业银行信贷部经理的混合战略为 $\alpha m=(p,1-p)$（即商业银行信贷部经理以 $p$ 的概率选择贷款，以

$1-p$的概率选择不贷款）；假定金融监管部门的混合战略为 $\alpha g = (\gamma, 1-\gamma)$（即金融监管部门以 $\gamma$ 的概率选择检查，以 $1-\gamma$ 的概率选择不检查）。

由上面的假设可以写出金融监管部门与商业银行信贷部经理关于不良贷款博弈的支付矩阵（见表 3.7）。

**表 3.7　金融监管部门与商业银行信贷部经理关于不良贷款博弈的支付矩阵（7）**

| | | 金融监管部门（代表政府） | |
|---|---|---|---|
| | | $\gamma$的概率选择检查 | 以$1-\gamma$的概率选择不检查 |
| 商业银行信贷部经理 | $p$ | $-SL$　　$L-CL$ | $RL$　　$-L$ |
| | $1-p$ | $0$　　$-CL$ | $-BL$　　$0$ |

2. 根据前面的假设，商业银行信贷部经理行为是最大化效用函数 $Um$，表示为

$$
\begin{aligned}
\max Um &= \gamma[-SLp + 0(1-p)] + (1-\gamma)[RLp - BL(1-p)] \\
&= \gamma[p(-SL-RL-BL) + BL] + pRL - (1-p)BL \\
&= p[(-SL-RL-BL)\gamma + RL + BL] + BL\gamma - BL
\end{aligned}
$$

$$\frac{\partial Um}{\partial \gamma} = p(-SL-RL-BL) + BL = 0 \quad 推导出 \quad p = \frac{B}{S+R+B}$$

$$\frac{\partial Um}{\partial p} = (-SL-RL-BL)\gamma + RL + BL = 0 \quad 推导出 \quad \gamma = \frac{R+B}{S+R+B}$$

计算可知：根据前面的假设，当商业银行信贷部经理行为是最大化效用函数 $Um$ 时，商业银行信贷部经理选择的贷款概率为 $p = \frac{B}{S+R+B}$，金融监管部门选择检查这一笔不良贷款的概率为

$\gamma = \dfrac{R+B}{S+R+B}$。

3. 根据前面的假设，金融监管部门的行为是最大化效用函数 $Ug$，表示为

$$\begin{aligned}\max Ug &= \gamma[p(L-CL)-(1-p)CL]+(1-\gamma)[p(-L)-(1-p)0] \\ &= p(2\gamma L-L)-CL\gamma = \gamma(2pL-CL)-pL\end{aligned}$$

$$\frac{\partial Ug}{\partial \gamma} = 2pL - CL = 0 \quad \text{推导出} \quad p = C/2$$

$$\frac{\partial Ug}{\partial p} = (2\gamma L - L) = 0 \quad \text{推导出} \quad \gamma = 1/2$$

计算可知：根据前面的假设，当金融监管部门的行为是最大化效用函数 $Ug$ 时，商业银行信贷部经理选择的贷款概率为 $p=C/2$，金融监管部门选择检查这一笔不良贷款的概率为 $\gamma=1/2$。

（二）对金融监管部门与商业银行信贷部经理博弈的一般模型进行分析

1. 商业银行信贷部经理最大化其效用函数 $Um$ 时，对商业银行信贷部经理选择的贷款概率进行分析。

商业银行信贷部经理选择的贷款概率为 $p=\dfrac{B}{S+R+B}$，易从这一表达式得出结论：

（1）商业银行信贷部经理选择贷款的概率与罚款率 $S$ 负相关。这一结论容易理解，因为罚款率 $S$ 越高，商业银行信贷部经理损失越大，所以商业银行信贷部经理越不愿意贷款。

（2）商业银行信贷部经理选择贷款的概率与回扣率 $R$ 负相关。虽然回扣率 $R$ 能使商业银行信贷部经理有所收益，但是从前面的模型设定和商业银行信贷部经理最大化其效用函数 $Um$ 的行为来看，回扣率 $R$ 越高，商业银行信贷部经理越不愿意贷款。这一结论很难从直观的分析得出，通过前面的模型设定和商业银行信贷部经理最大化其效用

函数 $Um$ 的演绎得出这一明确的结论（因为虽然回扣越高可以增加商业银行的收益，但是罚款导致的损失更大，所以回扣越高，商业银行越不愿意贷款）。

（3）商业银行信贷部经理选择贷款的概率与商业银行信贷部经理不贷款（当金融监管部门不检查时）获得的负效用倍率 $B$ 正相关或不相关。

证明：因为商业银行信贷部经理选择的贷款概率为 $p=\dfrac{B}{S+R+B}$

求贷款概率函数 $p=\dfrac{B}{S+R+B}$ 对变量 $B$ 的偏导数，得

$$\frac{\partial p}{\partial B}=\frac{(S+R+B)-B}{(S+R+B)^2}=\frac{S+R}{(S+R+B)^2}>0$$

当且仅当 $S+R=0$ 时，即当罚款率 $S$ 与回扣率 $R$ 之和为零时，商业银行信贷部经理选择贷款的概率才与商业银行信贷部经理不贷款（当金融监管部门不检查时）获得的负效用倍率 $B$ 不相关。

如果 $S+R>0$，则商业银行信贷部经理选择贷款的概率与商业银行信贷部经理不贷款（当金融监管部门不检查时）获得的负效用倍率 $B$ 正相关。

2. 金融监管部门的行为是最大化效用函数 $Ug$ 时，对金融监管部门选择检查这一笔不良贷款概率的分析。

（1）金融监管部门选择检查这一笔不良贷款的概率为 $\gamma=1/2$，为一常数，与罚款率 $S$ 无关，这一点容易理解，因为在我们设定的支付矩阵中，金融监管部门的收益与罚款率 $S$ 无关。这正是“（一）建立金融监管部门与商业银行信贷部经理博弈的一般模型”的不足之处。

如果金融监管部门的收益与罚款率 $S$ 有关，罚款 $SL$ 万元全部上缴金融监管部门，则我们可以写出不同的支付矩阵和金融监管部门的最大化效用函数。

（2）金融监管部门选择检查这一笔不良贷款的概率为 $\gamma=1/2$，

为一常数，与回扣率 $R$ 无关，这一点容易理解，因为在我们设定的支付矩阵中，金融监管部门的收益与罚款率 $R$ 无关，我们已经假设金融监管部门不会参与回扣的分配，这也是“（一）建立金融监管部门与商业银行信贷部经理博弈的一般模型”的不足之处。

如果金融监管部门的收益与回扣率 $R$ 有关，是 $R$ 的 $Z$ 倍，即金融监管部门可获得 $ZRL$ 万元（可能上缴国家国库），$ZRL$ 万元来自于商业银行信贷部经理的回扣 $RL$ 万元，商业银行信贷部经理实际得回扣 $RL-ZRL=RL(1-Z)$ 万元，则我们可以写出不同的支付矩阵和金融监管部门的最大化效用函数。

（3）金融监管部门选择检查这一笔不良贷款的概率为 $\gamma=1/2$，为一常数，与每一元贷款的检查成本 $C$ 无关，这一结论很难从直观的分析得出，通过前面的模型设定和金融监管部门的行为是最大化效用函数 $Ug$ 的演绎得出这一明确的结论。

### （三）对金融监管部门与商业银行信贷部经理博弈的一般模型进行改进与分析

由前面的分析可知：

不足之处之一：因为在我们前面设定的支付矩阵中，金融监管部门的收益与罚款率 $S$ 无关。这正是“（一）建立金融监管部门与商业银行信贷部经理博弈的一般模型”的不足之处之一。

不足之处之二：因为在我们前面设定的支付矩阵中，金融监管部门的收益与回扣 $R$ 无关。因为我们已经假设金融监管部门不会参与回扣的分配。这也是“（一）建立金融监管部门与商业银行信贷部经理博弈的一般模型”的不足之处之二。

不足之处之三：因为在我们前面设定的支付矩阵中，假设 $C$、$S$、$R$、$B$ 均大于等于零，这显然是为了分析的方便作的简化假设。实际上金融监管部门与商业银行信贷部经理的心理行为是复杂的，$C$、$S$、$R$、$B$、$Z$ 可以大于等于零，也可以小于零。

综合上面三点不足之处，放松“（一）建立金融监管部门与商业银行信贷部经理博弈的一般模型”的假设，考虑如下因素：

如果金融监管部门的收益与罚款率 $S$ 有关，罚款 $SL$ 万元全部上缴金融监管部门。

如果金融监管部门的收益与回扣率 $R$ 有关，是 $R$ 的 $Z$ 倍，即可获得商业银行信贷部经理所得回扣的 $ZRL$ 万元（可能上缴国库），这时，商业银行信贷部经理实际得回扣 $RL - ZRL = RL(1 - Z)$ 万元。

参数 $C$、$S$、$R$、$B$、$Z$ 可以大于等于零，也可以小于零。

1. 假设与新模型的支付矩阵

重新设定模型的假设如下：

（1）假设有一个企业向一国有商业银行申请贷款 $L$ 万元，信贷部经理决定是否发放这一笔贷款，经过调查，这个企业不具备还款的能力，这一笔 $L$ 万元的贷款将成为不良贷款（为了简化分析，假定一笔 $L$ 万元的贷款分文不能回收）。

（2）这个企业向信贷部经理表示，如果这一笔 $L$ 万元的贷款到账后将用 $RL$ 万元作为回扣，$R$ 为每一元贷款的回扣，即回扣率。

如果金融监管部门与商业银行信贷部经理合作，共同分配 $RL$ 万元回扣。如果回扣率 $R$ 与金融监管部门的收益的关系是 $ZRL$ 万元，$Z$ 为金融监管部门所分配的回扣 $RL$ 万元的倍数（分配的含义是上缴国库），即金融监管部门可获得 $ZRL$ 万元，$ZRL$ 万元来自于商业银行信贷部经理的回扣 $RL$ 万元，这时，商业银行信贷部经理实际得回扣 $RL - ZRL = RL(1 - Z)$ 万元。

（3）若金融监管部门检查这一笔 $L$ 万元的违规贷款，则检查成本为 $CL$ 万元，$C$ 为每一元贷款的检查成本。金融监管部门可以挽回 $(L - CL)$ 万元的违规贷款损失，并且对商业银行信贷部经理处以 $SL$ 万元的罚款，$S$ 为每一元贷款的罚款，即罚款率，罚款 $SL$ 万元全部上缴金融监管部门。

（4）当商业银行信贷部经理不发放贷款给这个企业，同时金融监管部门没有检查，商业银行信贷部经理得到 $BL$ 万元的负效用，$B$ 为每一元可贷款但是未贷款的负效用。

（5）参数 $C$、$S$、$R$、$B$、$Z$ 可以大于等于零，也可以小于零，假定 $(1-C+S) > (ZR-1)$ 并且 $(1-Z)R > (-B)$。

显然从上面的假定可知，上述博弈不存在纳什均衡。假如金融监管部门检查，则商业银行信贷部经理的最优策略是不贷款；假如金融监管部门没有检查，则商业银行信贷部经理的最优策略是贷款；假如商业银行信贷部经理贷款，则金融监管部门的最优策略是检查；假如商业银行信贷部经理不贷款，则金融监管部门的最优策略是不检查。

（6）假设金融监管部门与商业银行信贷部经理以各自的概率选择自己的行动，构成混合战略。假定商业银行信贷部经理的混合战略为 $\alpha m = (p, 1-p)$（即商业银行信贷部经理以 $p$ 的概率选择贷款，以 $1-p$ 的概率选择不贷款）；假定金融监管部门的混合战略为 $\alpha g = (\gamma, 1-\gamma)$（即金融监管部门以 $\gamma$ 的概率选择检查，以 $1-\gamma$ 的概率选择不检查）。

由上面的假设可以写出金融监管部门与商业银行信贷部经理关于不良贷款博弈的支付矩阵（见表 3.8）。

**表 3.8 金融监管部门与商业银行信贷部经理关于不良贷款博弈的支付矩阵（8）**

| 商业银行信贷部经理 | 金融监管部门（代表政府）<br>$\gamma$的概率选择检查 | | 以$1-\gamma$的概率选择不检查 | |
|---|---|---|---|---|
| $p$ | $-SL$ | $L-CL+SL$ | $RL(1-Z)$ | $ZRL-L$ |
| $1-p$ | 0 | $-CL$ | $-BL$ | 0 |

2. 关于商业银行信贷部经理对不良贷款选择贷款与不贷款的行为分析

根据前面的假设，商业银行信贷部经理行为是最大化效用函数 $Um$，表示为

$$\begin{aligned}\max Um &= \gamma[-SLp+0(1-p)]+(1-\gamma)[(1-Z)RLp-BL(1-p)]\\ &=\gamma[p(-SL-(1-Z)RL-BL)+BL]+p[(1-Z)RL+BL]-BL\\ &=p\{[-SL-(1-Z)RL-BL]\gamma+(1-Z)RL+BL\}+BL\gamma-BL\end{aligned}$$

$$\frac{\partial Um}{\partial \gamma}=p[-SL-(1-Z)RL-BL]+BL=0$$

推导出 $p=\dfrac{B}{S+(1-Z)R+B}=1-\dfrac{S+(1-Z)R}{S+(1-Z)R+B}$

$$\frac{\partial Um}{\partial p}=[-SL-(1-Z)RL-BL]\gamma+(1-Z)RL+BL=0$$

推导出 $\gamma=\dfrac{(1-Z)R+B}{S+(1-Z)R+B}=1-\dfrac{S}{S+(1-Z)R+B}$

计算可知：根据前面的假设，当商业银行信贷部经理行为是最大化效用函数 $Um$ 时，商业银行信贷部经理选择的贷款概率为

$$p=\frac{B}{S+(1-Z)R+B}=1-\frac{S+(1-Z)R}{S+(1-Z)R+B}$$

由上面商业银行信贷部经理选择的贷款概率表达式可作如下分析：

(1) $\dfrac{\partial p}{\partial B}=\dfrac{S+(1-Z)R+B-B}{[S+(1-Z)R+B]^2}=\dfrac{S+(1-Z)R}{[S+(1-Z)R+B]^2}$

① 当 $S+(1-Z)R>0$，则 $\dfrac{\partial p}{\partial B}>0$

② 当 $S+(1-Z)R<0$，则 $\dfrac{\partial p}{\partial B}<0$

③ 当 $S+(1-Z)R=0$，则 $\dfrac{\partial p}{\partial B}=0$

下面分别分析讨论：

① 当 $S+(1-Z)R>0$，则 $\frac{\partial p}{\partial B}>0$，即 $B$ 增加，则 $p$ 增加（其他条件不变的情况下）。

其意义为当金融监管部门不检查，且商业银行信贷部经理选择不贷款时，当 $B$ 为每一元可贷款但是未贷款的负效用增加时，商业银行信贷部经理为了最大化效用函数 $Um$，商业银行信贷部经理选择贷款的概率增加。

政策意义为：提高商业银行信贷部经理的心理素质，降低感情因素，可以降低不良贷款。

② 当 $S+(1-Z)R<0$，则 $\frac{\partial p}{\partial B}<0$，即 $B$ 增加，则 $p$ 降低（其他条件不变的情况下）。

其意义为当金融监管部门不检查，且商业银行信贷部经理选择不贷款时，当 $B$ 为每一元可贷款但是未贷款的负效用增加时，商业银行信贷部经理为了最大化效用函数 $Um$，商业银行信贷部经理选择贷款的概率降低。这一点难以从直观上理解，通过上面的数学演绎得出了这一明确结论，不过这一种情况在实际中少见。

隐含的政策意义为：在这种情况下，提高商业银行信贷部经理的心理素质，降低感情因素，反而增加不良贷款。

③ 当 $S+(1-Z)R=0$，则 $\frac{\partial p}{\partial B}=0$，即 $B$ 增加，则 $p$ 不变（其他条件不变的情况下）。

其意义为当金融监管部门不检查，且商业银行信贷部经理选择不贷款时，当 $B$ 为每一元可贷款但是未贷款的负效用增加时，商业银行信贷部经理为了最大化效用函数 $Um$，商业银行信贷部经理选择贷款的概率不变。

政策意义为：在这种情况下提高商业银行信贷部经理的心理素质，降低感情因素，不能降低不良贷款。

(2) $\frac{\partial p}{\partial S} = \frac{-B}{[S+(1-Z)R+B]^2}$

① 当 $B>0$,则$\frac{\partial p}{\partial S}<0$

② 当 $B<0$,则$\frac{\partial p}{\partial S}>0$

③ 当 $B=0$,则$\frac{\partial p}{\partial S}=0$

下面分别分析讨论:

① 当 $B>0$,则$\frac{\partial p}{\partial S}<0$, 其意义为当 $S$ 增加，则 $p$ 下降。即当金融监管部门对商业银行信贷部经理罚款率 $S$ 增加（金融监管部门不检查，且商业银行信贷部经理选择不贷款时，$B$ 为每一元可贷款但是未贷款时商业银行信贷部经理影响人际关系而获得的负效用），商业银行信贷部经理为了最大化效用函数 $Um$，商业银行信贷部经理选择贷款的概率 $p$ 下降，这比较容易理解。

政策意义为：这种情况下，增加罚款并能够降低不良贷款。

② 当 $B<0$,则$\frac{\partial p}{\partial S}>0$, 其意义为当 $S$ 增加，则 $p$ 增加。即当金融监管部门对商业银行信贷部经理罚款率 $S$ 增加，商业银行信贷部经理选择贷款的概率增加，这是建立在假设“当金融监管部门不检查，且商业银行信贷部经理选择不贷款时，当 $B$ 为每一元可贷款但是未贷款的负效用为负的情况，即当金融监管部门不检查，且商业银行信贷部经理选择不贷款时，不仅不会对商业银行信贷部经理产生负效用，反而对商业银行信贷部经理产生正效用，即 $B<0$”的基础上。商业银行信贷部经理为了最大化效用函数 $Um$，商业银行信贷部经理选择贷款的概率 $p$ 增加，这一点难以从直观上理解，通过上面的数学演绎得出了这一明确结论。

政策意义为：这种情况下，增加罚款并不能降低不良贷款。

③ 当 $B=0$，则$\frac{\partial p}{\partial S}=0$，其意义为当 $S$ 增加，则 $p$ 不变。即当金融监管部门对商业银行信贷部经理罚款率 $S$ 增加，国有商业银行信贷部经理选择贷款的概率不变，是建立在假设“金融监管部门不检查，且商业银行信贷部经理选择不贷款时，商业银行信贷部经理不会因影响人际关系而获得负效用，也就是负效用为零（$B$ 为每一元可贷款但是未贷款时商业银行信贷部经理影响人际关系而获得的负效用）”的基础上。其原因在于金融监管部门对商业银行信贷部经理罚款率 $S$ 增加，尽管增加了商业银行信贷部经理的损失，但是由于金融监管部门参与回扣与罚款的分配，商业银行信贷部经理为了最大化效用函数 $Um$，商业银行信贷部经理选择贷款的概率 $p$ 不变。

政策意义为：在这种情况下，增加罚款并不能降低不良贷款。

(3) $\frac{\partial p}{\partial R}=\frac{-B(1-Z)}{[S+(1-Z)R+B]^2}$

① 当 $B>0,(1-Z)>0$，则$\frac{\partial p}{\partial R}<0$

② 当 $B<0,(1-Z)>0$，则$\frac{\partial p}{\partial R}>0$

③ 当 $B>0,(1-Z)<0$，则$\frac{\partial p}{\partial R}>0$

④ 当 $B=0$，或$(1-Z)=0$，则$\frac{\partial p}{\partial R}=0$

下面分别分析讨论：

① 当 $B>0,(1-Z)>0$，则$\frac{\partial p}{\partial R}<0$，其意义为当 $R$ 增加，则 $p$ 下降。即当商业银行信贷部经理获得的回扣增加，商业银行信贷部经理选择贷款的概率下降。

原因在于：当商业银行信贷部经理获得的回扣增加时，一方面商业银行信贷部经理要遭受罚款，另一方面金融监管部门对商业银行要参与回扣的分配，商业银行信贷部经理为了最大化效用函数 $Um$，所以商业银行信贷部经理选择贷款的概率下降。

政策意义为：在这种情况下，增加回扣反而能降低不良贷款。

② 当 $B < 0, (1 - Z) > 0$，则 $\frac{\partial p}{\partial R} > 0$，其意义为当 $R$ 增加，则 $p$ 增加。即当商业银行信贷部经理获得的回扣增加，商业银行信贷部经理选择贷款的概率增加。

原因在于：当商业银行信贷部经理获得的回扣增加时，商业银行信贷部经理为了最大化效用函数 $Um$，所以商业银行信贷部经理选择贷款的概率增加。这一点容易从直观上理解，这一种情况在实际中常见。在这种情况下，降低回扣能降低不良贷款，增加回扣能增加不良贷款。

政策意义：严禁国有商业银行信贷部经理收取回扣，降低不良贷款。

③ 当 $B > 0, (1 - Z) < 0$，则 $\frac{\partial p}{\partial R} > 0$，其意义为当 $R$ 增加，则 $p$ 增加。即当商业银行信贷部经理获得的回扣增加，商业银行信贷部经理选择贷款的概率增加。

原因在于：当商业银行信贷部经理获得的回扣增加时，商业银行信贷部经理为了最大化效用函数 $Um$，所以商业银行信贷部经理选择贷款的概率增加。这一点容易从直观上理解，这一种情况在实际中常见。在这种情况下，降低回扣能降低不良贷款，增加回扣能增加不良贷款。

政策意义：严禁国有商业银行信贷部经理收取回扣，降低不良贷款。

（这种情况的效果实际上与②一样：当 $B<0,(1-Z)>0$，则 $\frac{\partial p}{\partial R}>0$）

④ 当 $B=0$，或 $(1-Z)=0$，则 $\frac{\partial p}{\partial R}=0$，其意义为当 $R$ 增加，则 $p$ 不变。即当商业银行信贷部经理获得的回扣增加，商业银行信贷部经理选择贷款的概率不变。

原因在于：当商业银行信贷部经理获得的回扣增加时，金融监管部门不检查，且商业银行信贷部经理选择不贷款时，商业银行信贷部经理不会因影响人际关系而获得负效用，也就是负效用为零（$B$ 为每一元可贷款但是未贷款时商业银行信贷部经理影响人际关系而获得的负效用），或者是金融监管部门对回扣全部提取，即 $Z=1$，在以上因素的合力作用下，商业银行信贷部经理为了最大化效用函数 $Um$，所以商业银行信贷部经理选择贷款的概率不变。这一点容易从直观上理解，这一种情况在实际中也常见。在这种情况下，降低回扣不能降低不良贷款，增加回扣也不能增加不良贷款。

政策意义：严禁国有商业银行信贷部经理收取回扣，不能降低不良贷款，也就是在这种情况下，严禁国有商业银行信贷部经理收取回扣，银行的脆弱性不变。

(4) $$\frac{\partial p}{\partial Z}=\frac{-B(-R)}{[S+(1-Z)R+B]^2}=\frac{BR}{[S+(1-Z)R+B]^2}$$

① 当 $B>0,R>0$，则 $\frac{\partial p}{\partial Z}>0$

② 当 $B<0,R>0$，则 $\frac{\partial p}{\partial Z}<0$

③ 当 $B>0,R<0$，则 $\frac{\partial p}{\partial Z}<0$

④ 当 $B=0$，或 $R=0$，则 $\frac{\partial p}{\partial Z}=0$

下面分别分析讨论：

① 当 $B>0, R>0$，则 $\frac{\partial p}{\partial Z}>0$。其意义为当 $Z$ 增加，则 $p$ 增加（其他条件不变的情况下）。

金融监管部门从回扣中提取的比例 $Z$ 增加，在保证商业银行信贷部经理最大化效用函数 $Um$ 的前提下，商业银行信贷部经理的行为是增加对这一笔不良贷款的贷款概率。这一结论是很难从直观的分析得出，通过前面的模型设定和商业银行信贷部经理最大化其效用函数 $Um$ 的演绎得出这一明确的结论。

其原因在于金融监管部门与商业银行信贷部经理已经开始合作（分配回扣），所以商业银行信贷部经理增加对这一笔不良贷款的贷款概率。

政策意义：金融监管部门不能参与分配回扣，否则商业银行信贷部经理将会增加对这一笔不良贷款的贷款概率，从而增加商业银行的不良贷款，影响商业银行的稳定，增加商业银行的脆弱性。

② 当 $B<0, R>0$，则 $\frac{\partial p}{\partial Z}<0$。其意义为当 $Z$ 增加，则 $p$ 降低（其他条件不变的情况下）。

金融监管部门从回扣中提取的比例 $Z$ 增加，在保证商业银行信贷部经理最大化效用函数 $Um$ 的前提下，商业银行信贷部经理的行为是减少对这一笔不良贷款的贷款概率。这一结论很难从直观的分析得出，通过前面的模型设定和商业银行信贷部经理最大化其效用函数 $Um$ 的演绎得出这一明确的结论。

其原因在于金融监管部门与商业银行信贷部经理虽然已经开始合作（分配回扣），但是 $B<0$ 表示当金融监管部门不检查，且商业银行信贷部经理选择不贷款时，当 $B$ 为每一元可贷款但是未贷款的负效用为负的情况，即当金融监管部门不检查，且商业银行信贷部经理选择不贷款时，不仅不会对商业银行信贷部经理产生负效用，反而对商业

银行信贷部经理产生正效用，即 $B<0$，通过前面的模型设定和商业银行信贷部经理最大化其效用函数 $Um$，所以商业银行信贷部经理降低对这一笔不良贷款的贷款概率。这种情况只有理论意义，实际中很少见。

暗含的政策意义：金融监管部门能参与分配回扣，分配回扣的比例 $Z$ 越高，越能使商业银行信贷部经理降低对这一笔不良贷款的贷款概率，从而降低商业银行的不良贷款，改善商业银行的脆弱性。

③ 当 $B>0, R<0$，则 $\frac{\partial p}{\partial Z}<0$。其意义为当 $Z$ 增加，则 $p$ 降低（其他条件不变的情况下）。

金融监管部门从回扣中提取的比例 $Z$ 增加，在保证商业银行信贷部经理最大化效用函数 $Um$ 的前提下，商业银行信贷部经理的行为是减少对这一笔不良贷款的贷款概率。这一结论也很难从直观的分析得出，通过前面的模型设定和商业银行信贷部经理最大化其效用函数 $Um$ 的演绎得出这一明确的结论。

暗含的政策意义：金融监管部门能参与分配回扣，分配回扣的比例 $Z$ 越高，越能使商业银行信贷部经理降低对这一笔不良贷款的贷款概率，从而降低商业银行的不良贷款，改善商业银行的脆弱性。

④ 当 $B=0$，或 $R=0$，则 $\frac{\partial p}{\partial Z}=0$。其意义为当 $Z$ 增加，则 $p$ 不变（其他条件不变的情况下）。

金融监管部门从回扣中提取的比例 $Z$ 增加，在保证商业银行信贷部经理最大化效用函数 $Um$ 的前提下，商业银行信贷部经理的行为是不改变对这一笔不良贷款的贷款概率。

暗含的政策意义：金融监管部门参与分配回扣，分配回扣的比例 $Z$ 越高，商业银行信贷部经理的行为是不改变对这一笔不良贷款的贷款概率，不影响商业银行的脆弱性。

3. 对金融监管部门选择检查与不检查不良贷款的行为分析

根据前面的假设，金融监管部门的行为是最大化效用函数 $Ug$，表示为

$$\begin{aligned}\max Ug &= \gamma[p(L - CL + SL) - (1-p)CL] \\ &\quad + (1-\gamma)[p(ZRL - L) - (1-p)0] \\ &= \gamma[pL(2 + S - ZR) - CL] + p(ZR - 1)L \\ &= p[\gamma L(2 + S - ZR) + (ZR - 1)L] - CL\gamma\end{aligned}$$

$$\frac{\partial Ug}{\partial \gamma} = pL(2 + S - ZR) - CL = 0 \quad 推导出 \quad p = \frac{C}{2 + S - ZR}$$

$$\frac{\partial Ug}{\partial p} = \gamma L(2 + S - ZR) + (ZR - 1)L = 0$$

推导出 $\gamma = \dfrac{1 - ZR}{2 + S - ZR} = 1 - \dfrac{1 + S}{2 + S - ZR}$

计算可知：根据前面的假设，当金融监管部门的行为是最大化效用函数 $Ug$ 时，商业银行信贷部经理选择的贷款概率为

$$p = \frac{C}{2 + S - ZR}$$

金融监管部门选择检查这一笔不良贷款的概率为

$$\gamma = \frac{1 - ZR}{2 + S - ZR} = 1 - \frac{1 + S}{2 + S - ZR}$$

由上面金融监管部门选择检查这一笔不良贷款概率的表达式可作如下分析：

一般我们讨论金融监管部门选择检查这一笔不良贷款概率大于零的情况，存在两种组合

$$\text{Ⅰ}.\begin{cases}1 - ZR \geqslant 0 \\ 2 + S - ZR > 0 \\ (1 - ZR) < (2 + S - ZR)\end{cases} \qquad \text{Ⅱ}.\begin{cases}1 - ZR \leqslant 0 \\ 2 + S - ZR < 0 \\ -(1 - ZR) < -(2 + S - ZR)\end{cases}$$

$$\text{等价于 II.} \begin{cases} ZR > 1 \\ S < ZR - 2 \\ 1 + S < 0 \end{cases}$$

$(1 - ZR) < (2 + S - ZR)$，$-(1 - ZR) < -(2 + S - ZR)$ 分别保证 $\gamma \leqslant 1$，其他条件保证 $\gamma \geqslant 0$。

Ⅰ种情况是容易在理论和实践中成立，Ⅱ种情况理论上可以满足，但实践中成立出现的概率较少。

(1) $\frac{\partial \gamma}{\partial R} = \frac{-Z(2 + S - ZR) - (1 - ZR)(-Z)}{(2 + S - ZR)^2} = \frac{-Z(1 + S)}{(2 + S - ZR)^2}$

① 当 $Z > 0, 1 + S > 0$，则 $\frac{\partial \gamma}{\partial R} < 0$

② 当 $Z < 0, 1 + S > 0$，则 $\frac{\partial \gamma}{\partial R} > 0$

③ 当 $Z > 0, 1 + S < 0$，则 $\frac{\partial \gamma}{\partial R} > 0$

④ 当 $Z = 0$，或 $1 + S = 0$，则 $\frac{\partial \gamma}{\partial R} = 0$

下面分别分析讨论：

① 当 $Z > 0, 1 + S > 0$，则 $\frac{\partial \gamma}{\partial R} < 0$。

经济学意义：当回扣率增加时，金融监管部门选择检查这一笔不良贷款的概率降低，因为假设金融监管部门参与回扣的分配，分配的比例 $Z$ 大于零，金融监管部门降低选择检查这一笔不良贷款的概率可以最大化金融监管部门的效用函数 $Ug$。

政策意义：严禁国有商业银行信贷部经理收取回扣，才能降低不良贷款。

② 当 $Z < 0, 1 + S > 0$，则 $\frac{\partial \gamma}{\partial R} > 0$。

经济学意义：当回扣率增加时，因为金融监管部门参与分配的比例 $Z$ 小于零，金融监管部门选择检查这一笔不良贷款的概率增加，可以最大化金融监管部门的效用函数 $Ug$。这种情况实际上是少见的，因为 $S > -1$ 的意思是罚款率可能为负数，即金融监管部门不仅不对国有商业银行信贷部经理收取回扣罚款，反而还奖励。

暗含的政策意义：国有商业银行信贷部经理收取回扣增加时，金融监管部门选择检查这一笔不良贷款的概率增加，因而可以降低不良贷款。

③ 当 $Z > 0, 1 + S < 0$，则 $\frac{\partial \gamma}{\partial R} > 0$。

经济学意义：当回扣率增加时，虽然金融监管部门参与回扣的分配，分配的比例 $Z$ 大于零，因为 $1 + S < 0$，即 $S < -1$，表示金融监管部门实际上不罚款，反而倒给商业银行信贷部经理以很大的奖励，这当然使金融监管部门的收益受损，为了最大化金融监管部门的效用函数 $Ug$，金融监管部门选择检查这一笔不良贷款的概率就必然增加。

这种情况实际上是少见的，因为 $S < -1$ 的意思是罚款率为负数，即金融监管部门不仅不对国有商业银行信贷部经理收取回扣罚款，反而还给商业银行信贷部经理以很大的奖励。

暗含的政策意义：国有商业银行信贷部经理收取回扣增加时，金融监管部门选择检查这一笔不良贷款的概率增加，因而可以降低不良贷款。

④ 当 $Z = 0$，或 $1 + S = 0$，则 $\frac{\partial \gamma}{\partial R} = 0$。

经济学意义：虽然回扣率增加，但是金融监管部门不参与回扣的分配，不会增加金融监管部门的效用，所以金融监管部门不会增加检查这一笔不良贷款的积极性。

政策意义：国有商业银行信贷部经理收取回扣增加时，金融监管部门选择检查这一笔不良贷款的概率不增加，因而不能降低不良贷款。

(2) $\frac{\partial \gamma}{\partial S}=\frac{-(1-ZR)}{(2+S-ZR)^{2}}$

① 当 $ZR<1$，则$\frac{\partial \gamma}{\partial S}<0$

② 当 $ZR>1$，则$\frac{\partial \gamma}{\partial S}>0$

③ 当 $ZR=1$，则$\frac{\partial \gamma}{\partial S}=0$

下面分别讨论：

① 当 $ZR<1$，则$\frac{\partial \gamma}{\partial S}<0$。

经济学意义：当罚款率 $S$ 增加，因为 $ZR<1$ 代表 $Z<1/R$，表示虽然金融监管部门参与回扣的分配（分配的含义是上缴国库），分配的比例 $Z<1/R$，金融监管部门的行为将是降低选择检查这一笔不良贷款的概率。

当罚款率 $S$ 增加，尽管金融监管部门会因为不检查而损失掉 $L$ 的不良贷款（为了简化分析，假定一笔 $L$ 万元的贷款分文不能回收），金融监管部门会因为罚款而增加罚款所得 $SL$ 万元，为了最大化金融监管部门的效用函数 $Ug$，金融监管部门的行为将是降低检查这一笔不良贷款的概率。

政策意义：当罚款率 $S$ 增加，在这种情况下，降低选择检查这一笔不良贷款的概率，增加了不良贷款，罚款率 $S$ 的增加反而增加了银行的脆弱性。

② 当 $ZR>1$，则$\frac{\partial \gamma}{\partial S}>0$ 。

经济学意义：当罚款率 $S$ 增加，因为 $ZR>1$ 代表 $Z>1/R$，表示金融监管部门参与回扣的分配，分配的比例 $Z>1/R$，金融监管部门的行为将是增加选择检查这一笔不良贷款的概率。

当罚款率 $S$ 增加，金融监管部门尽管会因为罚款而增加罚款所得 $SL$ 万元，金融监管部门会因为不检查而损失掉 $L$ 的不良贷款（为了简化分析，假定一笔 $L$ 万元的贷款分文不能回收），为了最大化金融监管部门的效用函数 $Ug$，金融监管部门的行为将是增加检查这一笔不良贷款的概率。

政策意义：当罚款率 $S$ 增加，在这种情况下，增加金融监管部门选择检查这一笔不良贷款的概率，降低了不良贷款，罚款率 $S$ 增加能降低银行的脆弱性。

③ 当 $ZR = 1$，则 $\frac{\partial \gamma}{\partial S} = 0$。

经济学意义：当罚款率 $S$ 增加，因为 $ZR=1$ 代表 $Z=1/R$，此时，金融监管部门尽管会因为罚款而增加罚款所得 $SL$ 万元，金融监管部门会因为不检查而损失掉 $L$ 的不良贷款（为了简化分析，假定一笔 $L$ 万元的贷款分文不能回收）和参与回扣的分配率刚好等于回扣率的倒数的共同作用，为了最大化金融监管部门的效用函数 $Ug$，金融监管部门的行为将是不增加选择检查这一笔不良贷款的概率。

政策意义：当罚款率 $S$ 增加，在这种情况下，金融监管部门选择检查这一笔不良贷款的概率不变，不能降低不良贷款，罚款率 $S$ 增加不能降低银行的脆弱性。从上面的分析得出金融监管部门选择检查这一笔不良贷款的概率 $\gamma$ 与 $S$ 的关系，如图 3.1 所示。

在顶点 $T$ 的左方，$ZR<1$；在顶点 $T$ 的右方，$ZR>1$。

(3) $$\frac{\partial \gamma}{\partial Z} = \frac{-R(2+S-ZR)-(1-ZR)(-R)}{(2+S-ZR)^2} = \frac{-R(1+S)}{(2+S-ZR)^2}$$

① 当 $R > 0, 1+S > 0$，则 $\frac{\partial \gamma}{\partial Z} < 0$

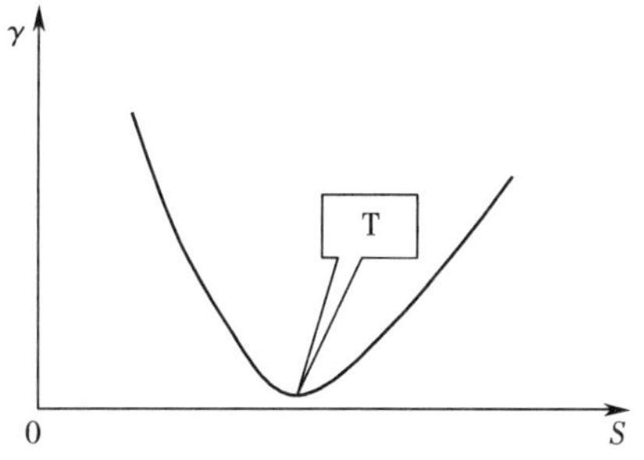


**图 3.1　金融监管部门选择检查这一笔不良贷款的概率 $\gamma$ 与 $S$ 的关系**

② 当 $R < 0, 1 + S > 0$，则 $\frac{\partial \gamma}{\partial Z} > 0$

③ 当 $R > 0, 1 + S < 0$，则 $\frac{\partial \gamma}{\partial Z} > 0$

④ 当 $R = 0$，或 $1 + S = 0$，则 $\frac{\partial \gamma}{\partial Z} = 0$

下面分别分析讨论：

① 当 $R > 0, 1 + S > 0$，则 $\frac{\partial \gamma}{\partial Z} < 0$。

经济学意义：当回扣率 $R > 0$，罚款率 $S$ 与 1 之和大于零时，随着金融监管部门从回扣 $RL$ 万元中提取的比率 $Z$ 越高，为了最大化金融监管部门的效用函数 $Ug$，金融监管部门的行为将是降低选择检查这一笔不良贷款的概率。

政策意义：当金融监管部门从回扣 $RL$ 万元中提取的比率 $Z$ 增加，在这种情况下，降低金融监管部门选择检查这一笔不良贷款的概率，增加了不良贷款，增加了银行的脆弱性，所以严禁金融监管部门从回扣 $RL$ 万元中提取比例 $Z$。

② 当 $R < 0, 1 + S > 0$，则 $\frac{\partial \gamma}{\partial Z} > 0$。

经济学意义：当回扣率 $R < 0$，罚款率 $S$ 与 1 之和大于零时，随着

金融监管部门从回扣 $RL$ 万元中提取的比率 $Z$ 越高，为了最大化金融监管部门的效用函数 $Ug$，金融监管部门的行为将是增加选择检查这一笔不良贷款的概率。

政策意义：当金融监管部门从回扣 $RL$ 万元中提取的比率 $Z$ 增加，在这种情况下，增加了金融监管部门选择检查这一笔不良贷款的概率，降低了不良贷款，降低了银行的脆弱性，所以金融监管部门可以从回扣 $RL$ 万元中提取比例 $Z$。

③ 当 $R>0, 1+S<0$，则 $\frac{\partial \gamma}{\partial Z}>0$。

经济学意义：当回扣率 $R>0$，罚款率 $S$ 与 1 之和小于零时，随着金融监管部门从回扣 $RL$ 万元中提取的比率 $Z$ 越高，为了最大化金融监管部门的效用函数 $Ug$，金融监管部门的行为将是增加选择检查这一笔不良贷款的概率。

政策意义：当金融监管部门从回扣 $RL$ 万元中提取的比率 $Z$ 增加，在这种情况下，增加了金融监管部门选择检查这一笔不良贷款的概率，降低了不良贷款，改善了银行的脆弱性，所以金融监管部门可以从回扣 $RL$ 万元中提取比例 $Z$。

④ 当 $R=0$，或 $1+S=0$，则 $\frac{\partial \gamma}{\partial Z}=0$。

经济学意义：当回扣率 $R=0$，或 $1+S=0$，当金融监管部门可从回扣 $RL$ 万元中提取的比率 $Z$ 可以提高，为了最大化金融监管部门的效用函数 $Ug$，金融监管部门的行为将是不改变选择检查这一笔不良贷款的概率。

政策意义：当金融监管部门从回扣 $RL$ 万元中提取的比率 $Z$ 增加，在这种情况下，金融监管部门选择检查这一笔不良贷款的概率不变，不会降低不良贷款，也不会降低银行的脆弱性，所以金融监管部门可以从回扣 $RL$ 万元中提取比例 $Z$。

后面三种情况的假设一般与现实不符，与现实比较相符的情况是第一种情况，即当 $R>0$，$1+S>0$，则 $\frac{\partial \gamma}{\partial Z}<0$。政策意义：当金融监管部门从回扣 $RL$ 万元中提取的比率 $Z$ 增加，在这种情况下，降低金融监管部门选择检查这一笔不良贷款的概率，增加了不良贷款，增加了银行的脆弱性，所以严禁金融监管部门从回扣 $RL$ 万元中提取比例 $Z$。

### 3.1.4　小结

从前面的演绎推理中，通过选择有代表性的并且较接近金融监管部门与商业银行信贷部经理实际行为的假设组合，我们可以从商业银行信贷部经理与金融监管部门两个角度来得出结论。

1. 从商业银行信贷部经理的角度得出结论

（1）当 $S+(1-Z)R>0$，则 $\frac{\partial p}{\partial B}>0$ 时，政策意义：提高商业银行信贷部经理的心理素质，降低感情因素，可以降低不良贷款。

（2）当 $B>0$，则 $\frac{\partial p}{\partial S}<0$ 时，政策意义：这种情况下，增加罚款并能够降低不良贷款。

（3）当 $B<0,(1-Z)>0$，则 $\frac{\partial p}{\partial R}>0$ 时，政策意义：严禁国有商业银行信贷部经理收取回扣，可降低不良贷款。

（4）当 $B>0,(1-Z)<0$，则 $\frac{\partial p}{\partial R}>0$ 时，政策意义：严禁国有商业银行信贷部经理收取回扣，可降低不良贷款。

（5）当 $B>0,R>0$，则 $\frac{\partial p}{\partial Z}>0$ 时，政策意义：金融监管部门不能参与分配回扣，否则商业银行信贷部经理将会增加对这一笔不良贷款的贷款概率，从而增加商业银行的不良贷款，影响商业银行的稳定，增加商业银行的脆弱性。

2. 从金融监管部门的角度得出结论

（1）当 $Z>0,1+S>0$，则 $\frac{\partial \gamma}{\partial R}<0$ 时，政策意义：严禁国有商业银行信贷部经理收取回扣，才能降低不良贷款。

（2）当 $ZR<1$，则 $\frac{\partial \gamma}{\partial S}<0$ 时，政策意义：当罚款率 $S$ 增加，在这种情况下，降低选择检查这一笔不良贷款的概率，增加了不良贷款，罚款率 $S$ 的增加反而增加了银行的脆弱性。

（3）当 $ZR>1$，则 $\frac{\partial \gamma}{\partial S}>0$ 时，政策意义：当罚款率 $S$ 增加，在这种情况下，增加金融监管部门选择检查这一笔不良贷款的概率，降低了不良贷款，罚款率 $S$ 增加能降低银行的脆弱性。

（4）当 $R>0,1+S>0$，则 $\frac{\partial \gamma}{\partial Z}<0$ 时，政策意义：当金融监管部门从回扣 $RL$ 万元中提取的比例 $Z$ 增加，在这种情况下，降低金融监管部门选择检查这一笔不良贷款的概率，增加了不良贷款，增加了银行的脆弱性，所以严禁金融监管部门从回扣 $RL$ 万元中提取比例 $Z$。

我们证明了本节的论点：在不考虑市场风险和预算软约束的情况下，对明知将成为不良贷款的国有商业银行各分支机构的经理人员选择检查还是不检查的概率的大小依赖于国有商业银行各分支机构的经理人员与金融监管部门的行为参数，银行不良贷款的产生是委托人监督检查①不严格造成的，即是由信用风险和操作风险造成的。

① 监督检查包括中央银行对国有商业银行各分支机构的经理人员的行为参数的分析。

## 3.2 从商业银行经理与企业经理的行为来分析不良贷款的产生

### 3.2.1 研究直接发生借贷关系的商业银行经理与企业经理的行为的必要性

前面对金融监管部门与国有商业银行经理关于不良贷款的行为进行了分析，这种分析是建立在金融监管部门与国有商业银行经理对企业所借款为不良贷款已知的假定上。

本节我们将研究商业银行经理（包括所有银行的经理，即国有银行经理与非国有银行经理，为了分析的方便，我们统称为商业银行经理）与企业经理（包括所有从银行借款的国有企业经理、非国有企业经理与居民，为了分析的方便，我们统称为企业经理）的行为。

本节我们所研究的商业银行贷款在贷款时并不准确知道是否是不良贷款，与上节的假定不一样。本节的论点（假说）是：在不考虑市场风险和预算软约束的情况下，之所以产生高比例银行不良贷款是因为商业银行经理在贷款前、贷款中与贷款后对企业的调查不严格，同时企业经理有逃债的动机。如果商业银行经理在贷款前、贷款中与贷款后对企业的调查十分严格，同时企业经理有没有逃债的动机，就完全可以把不良贷款降低到自然率水平。

我们认为把新增不良贷款降低到自然率水平才是银行体系未来发展的关键。降低新增不良贷款到自然率水平的关键是商业银行经理在贷款前、贷款中与贷款后对企业进行严格的调查，降低企业经理逃债的动机（这种动机在贷款前、贷款中与贷款后都可能存在）。

### 3.2.2 建立商业银行信贷部经理与企业经理博弈的特殊模型

（一）基本假设

假设有一个企业向某商业银行申请贷款 50 万元，信贷部经理决定是否发放这一笔贷款，经过调查，但调查不十分严格（为了研究的方便，我们简化为检查与不检查），即使经过严格的检查，企业经理也有逃避债务的可能性，所以不知这个企业是否具备还款的能力和是否完全愿意还款（虽然具备还款的能力但是企业经理也有逃避债务的可能性），这一笔 50 万元的贷款可能成为不良贷款（为了简化分析，假定分文不能回收），如果商业银行检查这一笔 50 万元的贷款，则检查成本为 10 万元，如果发现企业经理在企业财务报表内有做假账或者企业破产时有故意逃避债务的行为，对企业经理处以 20 万元的罚款（这种罚款是以低价出售企业的抵押物或保证人的财产来获得）。当商业银行信贷部经理检查这一笔贷款时，商业银行信贷部经理得到 5 万元的负效用。

显然从上面的假定可知，上述博弈不存在纳什均衡。假如商业银行信贷部经理检查，则企业经理的最优策略是不逃避债务；假如商业银行信贷部经理没有检查，则企业经理的最优策略是逃避债务；假如企业经理逃避债务，则商业银行信贷部经理的最优策略是检查；假如企业经理不逃避债务，则商业银行信贷部经理的最优策略是不检查。

假设商业银行信贷部经理与企业经理以各自的概率选择自己的行动，构成混合战略。假定企业经理的混合战略为 $\alpha m = (p, 1-p)$（即企业经理以 $p$ 的概率选择逃避债务，以 $1-p$ 的概率选择不逃避债务）；假定商业银行信贷部经理的混合战略为 $\alpha g = (\gamma, 1-\gamma)$（即商业银行信贷部经理以 $\gamma$ 的概率选择检查，以 $1-\gamma$ 的概率选择不检查）。

从上面的假定可知：

假定商业银行信贷部经理检查，则企业经理不逃避债务时相当于企业经理获得的效用为零；商业银行信贷部经理获得 35 万元，是收回 50 万元的贷款减去检查产生的负效用 5 万元与检查产生的成本负效用 10 万元。

假定商业银行信贷部经理检查，则企业经理逃避债务时相当于企业经理损失40万元，是20万元的罚款加20万元的声誉负效用。商业银行信贷部经理获得55万元的效用，是收回50万元的贷款减去检查产生的负效用5万元、检查产生的成本负效用10万元加上20万元的罚款收入。

假如商业银行信贷部经理不检查，则企业经理不逃避债务时相当于企业经理的获得是－50万元；商业银行信贷部经理获得50万元。

假如商业银行信贷部经理不检查，则企业经理逃避债务时相当于企业经理获得50万元，商业银行信贷部的经理获得－50万元。

由上面的假设和分析可以写出商业银行信贷部经理与企业经理关于这笔贷款检查与否、逃避与否的博弈支付矩阵（见表3.9）。

**表3.9　商业银行信贷部经理与企业经理关于这笔贷款检查与否、逃避与否的博弈支付矩阵（1）**

| 企业经理（代表企业） | | 商业银行信贷部经理（代表商业银行）以$\gamma$的概率选择检查 | | 以$1-\gamma$的概率选择不检查 | |
|---|---|---|---|---|---|
| | $p$ | −40 | 55 | 50 | −50 |
| | $1-p$ | 0 | 35 | −50 | 50 |

（二）企业经理最大效用与逃避债务的概率选择

1. 根据前面的基本假设，企业经理行为是最大化效用函数 $Ucm1$，表示为

$$\begin{aligned}\max Ucm1 &= \gamma[-40p + 0(1-p)] + (1-\gamma)[50p - 50(1-p)] \\ &= \gamma(-140p + 50) + 100p - 50 \\ &= p(-140\gamma + 100) + 50\gamma - 50\end{aligned}$$

$$\frac{\partial Ucm1}{\partial \gamma} = -140p + 50 = 0 \quad 推导出 \quad p = 5/14$$

$$\frac{\partial Ucm1}{\partial p} = -140\gamma + 100 = 0 \quad 推导出 \quad \gamma = 10/14$$

计算可知：根据前面的基本假设，当企业经理行为是最大化效用函数 $Ucm1$ 时，商业银行信贷部经理选择检查的概率为 10/14，企业经理逃避这一笔贷款的概率为 5/14。

2. 当商业银行信贷部经理以 25 万元的罚款对待企业经理时，基本假设中的其他假设不变，相当于商业银行信贷部经理选择检查，企业经理选择逃避这一笔贷款时，商业银行信贷部经理增加 5 万元的效用，企业经理增加 -5 万元的效用。

由上面的假设和分析可以写出商业银行信贷部经理与企业经理关于这笔贷款检查与否、逃避与否的博弈支付矩阵（见表 3. 10）。

**表 3. 10 商业银行信贷部经理与企业经理关于这笔贷款检查与否、逃避与否的博弈支付矩阵（2）**

| | | 商业银行信贷部经理（代表商业银行） | | | |
|---|---|---|---|---|---|
| | | 以 $\gamma$ 的概率选择检查 | | 以 $1-\gamma$ 的概率选择不检查 | |
| 企业经理（代表企业） | $p$ | -45 | 60 | 50 | -50 |
| | $1-p$ | 0 | 35 | -50 | 50 |

企业经理行为是最大化效用函数 $Ucm2$，表示为

$$\begin{aligned}\max Ucm2 &= \gamma[-45p + 0(1-p)] + (1-\gamma)[50p - 50(1-p)] \\ &= \gamma(-145p + 50) + 100p - 50 \\ &= p(-145\gamma + 100) + 50\gamma - 50\end{aligned}$$

$$\frac{\partial Ucm2}{\partial \gamma} = -145p + 50 = 0 \quad 推导出 \quad p = 10/29$$

$$\frac{\partial Ucm2}{\partial p} = -145\gamma + 100 = 0 \quad \text{推导出} \quad \gamma = 20/29$$

计算可知：根据前面的假设，当企业经理行为是最大化效用函数 $Ucm2$ 时，商业银行信贷部经理选择检查的概率为20/29，企业经理逃避这一笔贷款的概率为10/29。

此时企业经理逃避这一笔贷款的概率为10/29，小于企业经理最大化效用函数 $Ucm1$ 时企业经理逃避这一笔贷款的概率5/14。

3. 当商业银行信贷部经理检查时，如果企业经理逃避这一笔贷款所获得的声誉负效用增加到-25万元。基本假设中的其他假设不变。

由上面的假设和分析可以写出商业银行信贷部经理与企业经理关于这笔贷款检查与否、逃避与否的博弈支付矩阵（见表3.11）。

**表3.11　商业银行信贷部经理与企业经理关于这笔贷款检查与否、逃避与否的博弈支付矩阵（3）**

| | | 商业银行信贷部经理（代表商业银行） | | | |
|---|---|---|---|---|---|
| | | γ的概率选择检查 | | 以1-γ的概率选择不检查 | |
| 企业经理（代表企业） | p | -45 | 55 | 50 | -50 |
| | 1-p | 0 | 35 | -50 | 50 |

企业经理行为是最大化效用函数 $Ucm3$，表示为

$$\begin{aligned} \max Ucm3 &= \gamma[-45p + 0(1-p)] + (1-\gamma)[50p - 50(1-p)] \\ &= \gamma(-145p + 50) + 100p - 50 \\ &= p(-145\gamma + 100) + 50\gamma - 50 \end{aligned}$$

$$\frac{\partial Ucm3}{\partial \gamma} = -145p + 50 = 0 \quad \text{推导出} \quad p = 10/29$$

$$\frac{\partial Ucm3}{\partial p} = -145\gamma + 100 = 0 \quad 推导出 \quad \gamma = 20/29$$

计算可知：根据前面的假设，当企业经理行为是最大化效用函数 $Ucm3$ 时，商业银行信贷部经理选择检查的概率为20/29，企业经理逃避这一笔贷款的概率为10/29。

此时企业经理逃避这一笔贷款的概率为10/29，小于企业经理最大化效用函数 $Ucm1$ 时企业经理逃避这一笔贷款的概率5/14。

（三）商业银行信贷部经理最大化效用与选择检查的概率

1. 根据前面的基本假设，商业银行信贷部经理行为是最大化效用函数 $Ubm1$，可表示为

$$\begin{aligned}\max Ubm1 &= \gamma[55p + 35(1-p)] + (1-\gamma)[-50p + 50(1-p)] \\ &= \gamma(120p - 15) - 100p + 50 \\ &= p(120\gamma - 100) - 15\gamma + 50\end{aligned}$$

$$\frac{\partial Ubm1}{\partial \gamma} = 120p - 15 = 0 \quad 推导出 \quad p = 15/120 = 1/8$$

$$\frac{\partial Ubm1}{\partial p} = 120\gamma - 100 = 0 \quad 推导出 \quad \gamma = 10/12 = 5/6$$

计算可知：根据前面的基本假设，当商业银行信贷部经理行为是最大化效用函数 $Ubm1$ 时，商业银行信贷部经理选择检查的概率为5/6，企业经理逃避这一笔贷款的概率为1/8。

2. 当商业银行信贷部经理以25万元的罚款对待企业经理时，基本假设中的其他假设不变，相当于商业银行信贷部经理选择检查，企业经理选择逃避这一笔贷款时，商业银行信贷部经理增加5万元的效用，企业经理增加-5万元的效用。

由上面的假设和分析可以写出商业银行信贷部经理与企业经理关于这笔贷款检查与否、逃避与否的博弈支付矩阵（见表3.12）。

**表 3.12　商业银行信贷部经理与企业经理关于这笔贷款检查与否、逃避与否的博弈支付矩阵（4）**

| 企业经理（代表企业） | 商业银行信贷部经理（代表商业银行）<br>$\gamma$的概率选择检查 | 以$1-\gamma$的概率选择不检查 |
| --- | --- | --- |
| $p$ | −45, 60 | 50, −50 |
| $1-p$ | 0, 35 | −50, 50 |

商业银行信贷部经理行为是最大化效用函数 $Ubm2$，表示为

$$\begin{aligned}\max Ubm2 &= \gamma[60p + 35(1-p)] + (1-\gamma)[-50p + 50(1-p)] \\ &= \gamma(125p - 15) - 100p + 50 \\ &= p(125\gamma - 100) - 15\gamma + 50\end{aligned}$$

$$\frac{\partial Ubm2}{\partial \gamma} = 125p - 15 = 0 \quad \text{推导出} \quad p = 15/125 = 3/25$$

$$\frac{\partial Ubm2}{\partial p} = 125\gamma - 100 = 0 \quad \text{推导出} \quad \gamma = 4/5$$

计算可知：根据前面的假设，当商业银行信贷部经理行为是最大化效用函数 $Ubm2$ 时，商业银行信贷部经理选择检查的概率为 4/5，企业经理逃避这一笔贷款的概率为 3/25。

此时商业银行信贷部经理选择检查的概率为 4/5 小于基本假设情况下的概率 5/6。原因是罚款收入增加，使得商业银行信贷部经理在降低检查概率的情况下可以最大化效用。

3. 当商业银行信贷部经理的检查成本增加到 20 万元时，基本假设中的其他假设不变。

由上面的假设和分析可以写出商业银行信贷部经理与企业经理关于这笔贷款检查与否、逃避与否的博弈支付矩阵（见表 3. 13）。

**表 3.13 商业银行信贷部经理与企业经理关于这笔贷款检查与否、逃避与否的博弈支付矩阵（5）**

| 企业经理（代表企业） | 商业银行信贷部经理（代表商业银行）：$\gamma$的概率选择检查 | 以1- $\gamma$的概率选择不检查 |
|---|---|---|
| $p$ | -40　45 | 50　-50 |
| $1-p$ | 0　25 | -50　50 |

商业银行信贷部经理行为是最大化效用函数 $Ubm3$，表示为

$$\max Ubm2 = \gamma[45p + 30(1-p)] + (1-\gamma)[-50p + 50(1-p)]$$
$$= \gamma(120p - 25) - 100p + 50$$
$$= p(120\gamma - 100) - 25\gamma + 50$$

$$\frac{\partial Ubm3}{\partial \gamma} = 120p - 25 = 0 \quad \text{推导出} \quad p = 25/120 = 5/24$$

$$\frac{\partial Ubm3}{\partial p} = 120\gamma - 100 = 0 \quad \text{推导出} \quad \gamma = 5/6$$

计算可知：根据前面的假设，当商业银行信贷部经理行为是最大化效用函数 $Ubm3$ 时，商业银行信贷部经理选择检查的概率为 5/6，企业经理逃避这一笔贷款的概率为 5/24。

此时商业银行信贷部经理选择检查的概率为 5/6 等于基本假设情况下的概率 5/6。原因是检查成本的增加，商业银行信贷部经理选择检查的概率保持不变可使商业银行信贷部经理最大化效用。

4. 商业银行信贷部经理是因为获得企业经理通过公关活动而产生的正效用，所以商业银行信贷部经理不检查，从而企业经理逃债。假如商业银行信贷部经理获得企业经理通过公关活动而产生的正效用为 10 万元时，基本假设中的其他假设不变。

由上面的假设和分析可以写出商业银行信贷部经理与企业经理关

于这笔贷款检查与否、逃避与否的博弈支付矩阵（见表 3.14）。

**表 3.14　商业银行信贷部经理与企业经理关于这笔贷款检查与否、逃避与否的博弈支付矩阵（6）**

| 企业经理（代表企业） | | 商业银行信贷部经理（代表商业银行）<br>γ的概率选择检查 | 商业银行信贷部经理（代表商业银行）<br>以1−γ的概率选择不检查 |
|---|---|---|---|
| | $p$ | −40　55 | 50　−40 |
| | $1-p$ | 0　35 | −50　50 |

商业银行信贷部经理行为是最大化效用函数 *Ubm*4，表示为

$$\max Ubm4 = \gamma[55p + 35(1-p)] + (1-\gamma)[-40p + 50(1-p)]$$
$$= \gamma(110p - 15) - 90p + 50$$
$$= p(110\gamma - 90) - 15\gamma + 50$$

$$\frac{\partial Ubm4}{\partial \gamma} = 110p - 15 = 0 \quad \text{推导出} \quad p = 15/110 = 3/22$$

$$\frac{\partial Ubm4}{\partial p} = 110\gamma - 90 = 0 \quad \text{推导出} \quad \gamma = 9/11$$

计算可知：根据前面的假设，当商业银行信贷部经理行为是最大化效用函数 *Ubm*4 时，商业银行信贷部经理选择检查的概率为 9/11，企业经理逃避这一笔贷款的概率为 3/22。

此时商业银行信贷部经理选择检查的概率为 9/11，小于基本假设情况下的概率 5/6。原因是商业银行信贷部经理获得企业经理通过公关活动而产生的正效用，所以商业银行信贷部经理降低检查的概率，可使商业银行信贷部经理最大化效用。

### 3.2.3 商业银行信贷部经理与企业经理博弈的一般模型的建立与分析

（一）建立商业银行信贷部经理与企业经理博弈的一般模型

1. 假设

（1）假设有一个企业向某商业银行申请贷款 $L$ 万元，商业银行信贷部经理决定是否发放这一笔贷款，经过调查，但调查不十分严格。为了研究的方便，我们简化为检查与不检查，并确定相应的概率的大小；当调查十分严格，可以认为检查的概率为 1，当调查是形式时可以认为检查的概率为 0。

（2）假设即使经过严格的检查，企业经理也有逃避债务的可能性，所以不知这个企业是否具备还款的能力和是否完全愿意还款（具备还款的能力但是企业经理也有逃避债务的可能性），这一笔 $L$ 万元的贷款可能成为不良贷款（为了简化分析，假定分文不能回收）。

（3）假设商业银行检查这一笔 $L$ 万元的贷款，则检查成本为 $CL$ 万元。

（4）若发现企业经理在企业财务报表内有做假账或企业破产时有故意逃避债务的行为，对企业经理处以 $SL$ 万元的罚款（这种罚款是以低价出售企业的抵押物或保证人的财产来获得）。

（5）假设商业银行信贷部经理检查这一笔贷款时，商业银行信贷部经理得到 $BL$ 万元的负效用。

（6）假设 $ML$ 为商业银行信贷部经理检查这一笔贷款，企业经理逃避债务获得时的声誉负效用。

（7）假设 $RL$ 为商业银行信贷部经理因企业经理的公关活动而获得的效用，商业银行信贷部经理不检查这一笔贷款。

（8）假设 $M$，$S$，$R$，$C$，$B$ 大于零。

（9）为了分析问题的方便，我们假设 $L=1$ 万元，这不影响我们的结论。

(10) $1+S-C-B>-1+R$，$1-C-B<1$，显然从上面的假定可知，上述博弈不存在纳什均衡。

假如商业银行信贷部经理检查，则企业经理的最优策略是不逃避债务；假如商业银行信贷部经理没有检查，则企业经理的最优策略是逃避债务；假如企业经理逃避债务，则商业银行信贷部经理的最优策略是检查；假如企业经理不逃避债务，则商业银行信贷部经理的最优策略是不检查。

假设商业银行信贷部经理与企业经理以各自的概率选择自己的行动，构成混合战略。假定企业经理的混合战略为 $\alpha m=(p,1-p)$（即企业经理以 $p$ 的概率选择逃避债务，以 $1-p$ 的概率选择不逃避债务）；假定商业银行信贷部经理的混合战略为 $\alpha g=(\gamma,1-\gamma)$（即商业银行信贷部经理以 $\gamma$ 的概率选择检查，以 $1-\gamma$ 的概率选择不检查）。

从上面的假定可知：

假定商业银行信贷部经理检查，则企业经理不逃避债务时相当于企业的经理获得的效用为零；商业银行信贷部经理获得 $1-C-B$ 万元，是收回 1 万元的贷款减去检查产生的负效用 $B$ 万元与检查产生的成本 $C$ 万元。假定商业银行信贷部经理检查，则企业经理逃避债务时相当于企业经理获得负效用 $-S-M$ 万元，是 $-S$ 万元的罚款加 $-M$ 万元的声誉负效用。商业银行信贷部经理获得 $1+S-C-B$ 万元的效用，是收回 1 万元的贷款减去检查产生的负效用 $B$ 万元、检查产生的成本负效用 $C$ 万元加上 $S$ 万元的罚款收入。

假如商业银行信贷部经理不检查，则企业经理不逃避债务时相当于企业经理的获得是 $-1$ 万元；商业银行信贷部的经理获得 1 万元。假如商业银行信贷部经理不检查，则企业经理逃避债务时相当于企业经理获得 1 万元，即商业银行信贷部经理不能收回的贷款，商业银行信贷部经理获得 $-1+R$ 万元，是商业银行信贷部经理损失的贷款产

生的负效用 -1 万元加商业银行信贷部经理因企业经理的公关活动而获得的效用 $R$ 万元。

由上面的假设和分析可以写出商业银行信贷部经理与企业经理关于这笔贷款检查与否、逃避与否的博弈支付矩阵（见表 3.15）。

**表 3.15　商业银行信贷部经理与企业经理关于这笔贷款检查与否、逃避与否的博弈支付矩阵（7）**

| 企业经理（代表企业） \ 商业银行信贷部经理（代表商业银行） | $\gamma$的概率选择检查 | | 以$1-\gamma$的概率选择不检查 | |
|---|---|---|---|---|
| $p$ | $-S-M$ | $1+S-C-B$ | $1$ | $-1+R$ |
| $1-p$ | $0$ | $1-C-B$ | $-1$ | $1$ |

2. 根据前面的假设，企业经理的行为是最大化效用函数 $Ucm$，表示为

$$
\begin{aligned}
Ucm &= \gamma[p(-S-M)+(1-p)0]+(1-\gamma)[p+(-1)(1-p)] \\
&= \gamma[p(-S-M-2)+1]+2p-1 \\
&= p[\gamma(-S-M-2)+2]+\gamma-1
\end{aligned}
$$

$$\frac{\partial Ucm}{\partial \gamma}=0 \quad 推导出 \quad p(-S-M-2)+1=0, p=\frac{1}{S+M+2}$$

$$\frac{\partial Ucm}{\partial p}=0 \quad 推导出 \quad \gamma(-S-M-2)+2=0, \gamma=\frac{2}{S+M+2}$$

$$\frac{\partial U^2 cm}{\partial \gamma \partial p}=-S-M-2<0$$

计算可知：根据前面的假设，当企业经理的行为是最大化效用函数 $Ucm$，商业银行信贷部经理选择检查的概率为 $\gamma=\frac{2}{S+M+2}$，企业

经理逃避这一笔贷款的概率为 $p=\frac{1}{S+M+2}$。商业银行信贷部经理选择检查的概率为 $\gamma=\frac{2}{S+M+2}=2p$，所以有如下结果：$\frac{\partial\gamma}{\partial p}=2>0$，意味着，企业经理逃避这一笔贷款的概率增加将导致商业银行对企业经理进行检查的概率增加。

3. 根据前面的假设，商业银行信贷部经理的行为是最大化效用函数 $Ubm$，表示为

$$\begin{aligned}Ubm &= \gamma[p(1-C+S-B)+(1-p)(1-C-B)]\\ &\quad +(1-\gamma)[p(-1+R)+(1-p)]\\ &= \gamma[p(S+2-R)+(-C-B)]+p(R-2)+1\\ &= p[\gamma(2+S-R)-(2-R)]+(-C-B)\gamma+1\end{aligned}$$

$\frac{\partial Ubm}{\partial\gamma}=0$　推导出　$p(S+2-R)+(-C-B)=0, p=\frac{C+B}{S+2-R}$

$\frac{\partial Ubm}{\partial p}=0$　推导出　$\gamma(S+2-R)-(2-R)=0, \gamma=\frac{2-R}{S+2-R}$

$\frac{\partial Ubm}{\partial\gamma\partial p}=S+2-R>0$　当 $S+2>R$

$\frac{\partial Ubm}{\partial\gamma\partial p}=S+2-R<0$　当 $S+2<R$

计算可知：根据前面的假设，当商业银行信贷部经理的行为是最大化效用函数 $Ubm$ 时，商业银行信贷部经理选择检查的概率为 $\gamma=\frac{2-R}{S+2-R}$，企业经理逃避这一笔贷款的概率 $p=\frac{C+B}{S+2-R}=\frac{C+B}{2-R}\gamma$，$\frac{\partial p}{\partial\gamma}=\frac{C+B}{2-R}>0$，当 $R<2$，$\frac{\partial p}{\partial\gamma}=\frac{C+B}{2-R}<0$，当 $R>2$。

（二）对商业银行信贷部经理与企业经理博弈的一般模型进行分析

1. 当企业经理的行为是最大化效用函数 $Ucm$，对企业经理逃避这一笔贷款的概率进行分析。

因为当企业经理的行为是最大化效用函数 $Ucm$，企业经理逃避这一笔贷款的概率为 $p = \frac{1}{S + M + 2}$。

$\frac{\partial p}{\partial S} = \frac{0 - 1}{(S + M + 2)^2} < 0, \frac{\partial p}{\partial S} < 0$，意味着当商业银行对企业经理进行检查时，商业银行对企业经理的罚款增加将导致企业经理逃避这一笔贷款的概率降低。

$\frac{\partial^2 p}{\partial S^2} = \frac{2}{(S + M + 2)^3} > 0$，意味着企业经理逃避这一笔贷款的概率 $p$ 与罚款 $S$ 呈现凸性。

$\frac{\partial p}{\partial M} = \frac{0 - 1}{(S + M + 2)^2} < 0, \frac{\partial p}{\partial M} < 0$，意味着当商业银行对企业经理进行检查，企业经理逃避这一笔贷款时，随着企业经理逃避这一笔贷款所损失的声誉效用的增加，将导致企业经理逃避这一笔贷款的概率降低。

$\frac{\partial^2 p}{\partial M^2} = \frac{2}{(S + M + 2)^3} > 0$，意味着企业经理逃避这一笔贷款的概率 $p$ 与企业经理逃避这一笔贷款所损失的声誉效用 $M$ 呈现凸性。

将上述分析用图形表示为图 3.2。

$\frac{\partial}{\partial M}(\frac{\partial p}{\partial S}) = \frac{\partial^2 p}{\partial S \partial M} = \frac{2}{(S + M + 2)^3} > 0$，意味着罚款的边际逃避这一笔贷款的概率 $\frac{\partial p}{\partial S}$ 随着所损失的声誉效用 $M$ 而增加。

$\frac{\partial^2}{\partial M^2}(\frac{\partial p}{\partial S}) = \frac{-6}{(S + M + 2)^4} < 0$，意味着罚款的边际逃避这一笔贷款的概率 $\frac{\partial p}{\partial S}$ 所损失的声誉效用 $M$ 呈现凹性。上述分析可用图 3.3 表示。

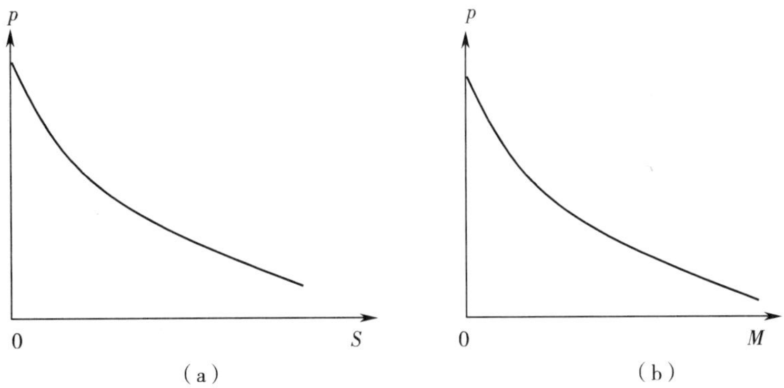


**图 3.2　企业经理逃避贷款的概率 $p$ 与罚款 $S$ 呈现凸性、与所损失的声誉效用 $M$ 呈现凸性**

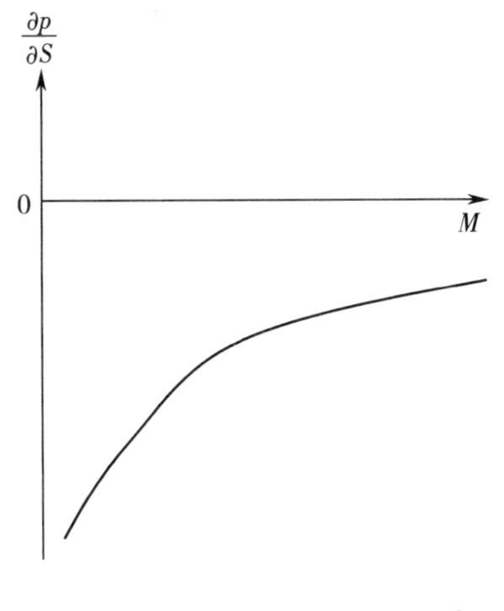


**图 3.3　罚款的边际逃避这一笔贷款的概率$\frac{\partial p}{\partial S}$所损失的声誉效用 $M$ 呈现凹性**

2. 当商业银行信贷部经理的行为是最大化效用函数 $Ubm$，对商业银行信贷部经理选择检查的概率进行分析。

当商业银行信贷部经理的行为是最大化效用函数 $Ubm$，商业银行信贷部经理选择检查的概率为 $\gamma = \frac{2-R}{S+2-R}, p = \frac{C+B}{S+2-R}$，假定 $S+$

$2-R\neq0$，所以有如下结果：

$$\frac{\partial\gamma}{\partial S}=\frac{R-2}{(S+2-R)^2}\leqslant0\quad 当 R\leqslant2$$

意味着，商业银行对企业经理的罚款增加将导致商业银行经理降低对这一笔贷款的检查概率。因为罚款增加将导致企业经理的更大的损失，企业经理会降低逃避债务的概率，所以商业银行经理降低对这一笔贷款的检查概率。

$\frac{\partial\gamma}{\partial S}=\frac{R-2}{(S+2-R)^2}\geqslant0$，当 $R\geqslant2$，且 $S+2-R<0$，即 $R>S+2$，与 $2-R>S+2-R$，即 $S<0$，相当于商业银行对企业经理逃避债务的奖励（这里放松了假定）。保证 $1>\gamma>0$。

意味着，商业银行对企业经理的罚款增加将导致商业银行经理增加对这一笔贷款的检查概率才能使商业银行经理效用最大化。

换一句话说，面对商业银行的政策，对企业经理有逃避债务的情况增加罚款，此时，有两位不同商业银行的经理，当企业经理提供一种公关活动，如果这两位不同商业银行的经理所感觉到的这种公关活动的效用不同，当 $R\leqslant2$ 的商业银行经理会选择降低对这一笔贷款的检查概率；当 $R\geqslant2$ 的商业银行经理会选择增加对这一笔贷款的检查概率。

进一步分析二阶导数的情况。

Ⅰ. $\frac{\partial^2\gamma}{\partial S^2}=\frac{2(2-R)}{(S+2-R)^3}\leqslant0$，当 $\begin{cases}R\geqslant2\\S+2-R>0\end{cases}$ 或当 $\begin{cases}R\leqslant2\\S+2-R<0\end{cases}$

此时，商业银行经理选择检查这一笔贷款的概率 $\gamma$ 与罚款倍率 $S$ 呈现凹性，这种情况较少见。

Ⅱ. $\frac{\partial^2\gamma}{\partial S^2}=\frac{2(2-R)}{(S+2-R)^3}\geqslant0$，当 $\begin{cases}R\leqslant2\\S+2-R>0\end{cases}$ 或当 $\begin{cases}R\geqslant2\\S+2-R<0\end{cases}$

此时，商业银行经理选择检查这一笔贷款的概率 $\gamma$ 与罚款倍率 $S$ 呈现凸性。

考虑$\frac{\partial \gamma}{\partial S} = \frac{R-2}{(S+2-R)^2} \leqslant 0$　当$R \leqslant 2$

将商业银行经理选择检查这一笔贷款的概率$\gamma$与商业银行经理对企业的罚款$S$所呈现的凸性用图形表示为图3.4。

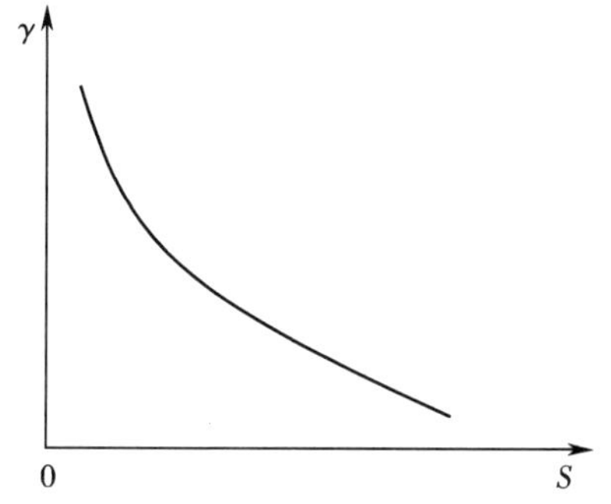

**图3.4　商业银行经理选择检查这一笔贷款的概率$\gamma$与商业银行经理对企业的罚款$S$所呈现的凸性**

函数$\gamma$（罚款的边际检查概率）对变量$R$（商业银行经理选择不检查，企业经理逃避债务时所感觉到的公关活动的效用）求偏导数有：

$$\frac{\partial \gamma}{\partial R} = \frac{-S}{(2+S-R)} < 0 \quad (\text{当} S+2-R>0, \text{即} R<S+2, \text{且} S>0)$$

意味着，当企业经理提供一种公关活动，商业银行经理所感觉到的这种公关活动的效用$R$增加将导致商业银行经理降低对这一笔贷款的检查概率$\gamma$。①

$\frac{\partial \gamma}{\partial R} = \frac{-S}{(2+S-R)} > 0$　（当$S+2-R>0$，即$R<S+2$，且$S<0$，即罚款没有成功的时候）

意味着，当企业经理提供一种公关活动，商业银行经理所感觉到

① 有关具体案例可参见鲁毅主编《商业银行防范化解金融风险案例研究》（深圳，海天出版社，1997）。

的这种公关活动的效用 $R$ 增加将导致商业银行经理增加对这一笔贷款的检查概率 $\gamma$。

进一步分析二阶导数的情况：

$$\frac{\partial^2\gamma}{\partial R^2}=\frac{-2S}{(2+S-R)^3}<0$$（当 $S+2-R>0$，即 $R<S+2$，且 $S>0$）

此时，商业银行经理选择检查这一笔贷款的概率 $\gamma$ 与商业银行经理所感觉到的这种公关活动的效用 $R$ 呈现凹性；

$$\frac{\partial^2\gamma}{\partial R^2}=\frac{-2S}{(2+S-R)^3}>0$$［当 $S+2-R>0$，即 $R<S+2$，且 $S<0$（放松前面关于 $S>0$ 的假定）］

即罚款没有成功时，商业银行经理选择检查这一笔贷款的概率 $\gamma$ 与商业银行经理所感觉到的这种公关活动的效用 $R$ 呈现凸性。

将商业银行经理选择检查这一笔贷款的概率 $\gamma$ 与商业银行经理所感觉到的这种公关活动的效用 $R$ 所呈现的凹性与凸性用图形表示为图 3.5。

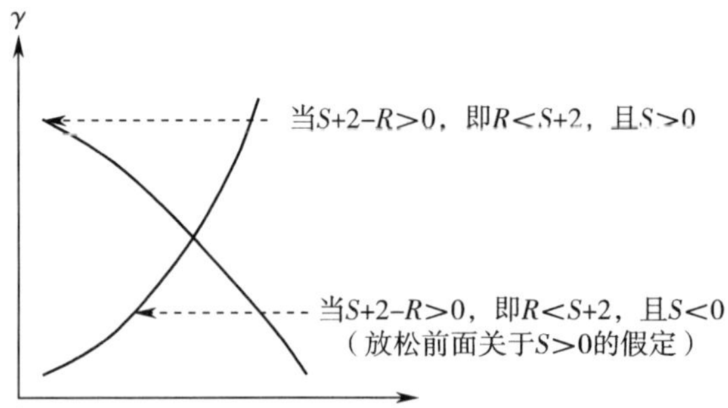


**图 3.5 商业银行经理选择检查的概率 $\gamma$ 与他所感觉到的这种公关活动的效用 $R$ 间的凸凹性**

函数 $\frac{\partial\gamma}{\partial S}$（罚款的边际检查概率）对变量 $R$（商业银行经理选择不

检查，企业经理逃避债务时所感觉到的公关活动的效用）求偏导数有以下几种情况：

(1) $\frac{\partial}{\partial R}\left(\frac{\partial \gamma}{\partial S}\right)=\frac{R-2+S}{(S+2-R)^3}<0$ 当$\begin{cases}-2+R+S>0\\S+2-R<0\end{cases}$等价于$\begin{cases}S>2-R\\S<R-2\end{cases}$

(2) $\frac{\partial}{\partial R}\left(\frac{\partial \gamma}{\partial S}\right)=\frac{R-2+S}{(S+2-R)^3}<0$ 当$\begin{cases}-2+R+S<0\\S+2-R>0\end{cases}$等价于$\begin{cases}S<2-R\\S>R-2\end{cases}$

(3) $\frac{\partial}{\partial R}\left(\frac{\partial \gamma}{\partial S}\right)=\frac{R-2+S}{(S+2-R)^3}>0$ 当$\begin{cases}-2+R+S>0\\S+2-R>0\end{cases}$等价于$\begin{cases}S>2-R\\S>R-2\end{cases}$

(4) $\frac{\partial}{\partial R}\left(\frac{\partial \gamma}{\partial S}\right)=\frac{R-2+S}{(S+2-R)^3}>0$ 当$\begin{cases}-2+R+S<0\\S+2-R<0\end{cases}$等价于$\begin{cases}S<2-R\\S<R-2\end{cases}$

(5) $\frac{\partial}{\partial R}\left(\frac{\partial \gamma}{\partial S}\right)=\frac{R-2+S}{(S+2-R)^3}=0$ 当 $-2+R+S=0$

下面讨论比较接近现实的（2）、（5）两种情况。

(2) $\frac{\partial}{\partial R}\left(\frac{\partial \gamma}{\partial S}\right)=\frac{R-2+S}{(S+2-R)^3}<0$ 当$\begin{cases}-2+R+S<0\\S+2-R>0\end{cases}$等价于$\begin{cases}S<2-R\\S>R-2\end{cases}$

假定 $R-2<2-R$(即 $R<2$ 的情况，与$\frac{\partial \gamma}{\partial S}=\frac{R-2}{(S+2-R)^2}\leqslant 0$ 的假定完全相同)，则 $S$ 的取值范围为 AB，如图 3.6。

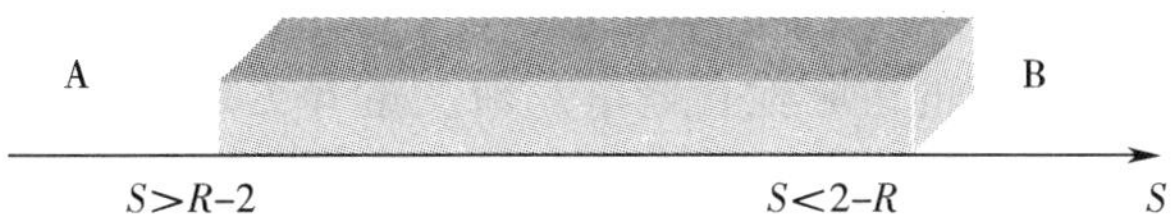


**图 3.6　S 的取值范围为 AB**

① $\frac{\partial^2}{\partial R^2}\left(\frac{\partial \gamma}{\partial S}\right)=\frac{2R-4+4S}{(S+2-R)^4}<0$，当 $-4+4S+2R<0$，即 $R<2-2S$。

函数$\frac{\partial \gamma}{\partial S}$（罚款的边际检查概率）对变量 $R$（商业银行经理选择不检查，企业经理逃避债务时所感觉到的公关活动的效用）求一阶偏导数小于零，二阶偏导数小于零，函数 $\frac{\partial\gamma}{\partial S}$（罚款的边际检查概率）对变量 $R$ 呈现凹性，同时满足 $\frac{\partial\gamma}{\partial S}=\frac{R-2}{(S+2-R)^2}\leqslant 0$。函数 $\frac{\partial\gamma}{\partial S}$（罚款的边际检查概率）对变量 $R$ 所呈现的凹性用图形表示为图 3.7。

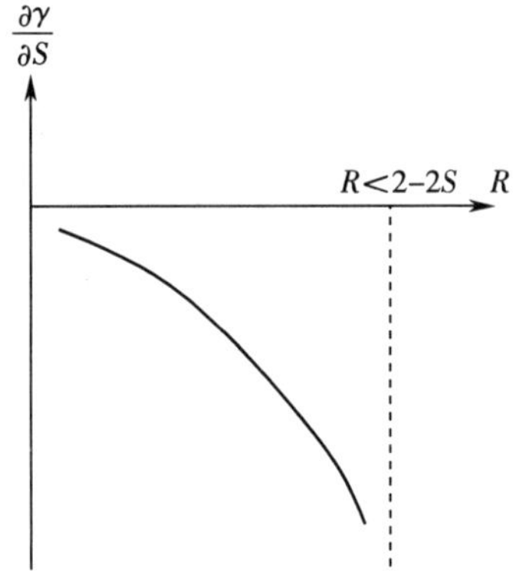


**图 3.7 函数 $\frac{\partial\gamma}{\partial S}$（罚款的边际检查概率）对变量 $R$ 所呈现的凹性**

② $\frac{\partial^2}{\partial R^2}\left(\frac{\partial\gamma}{\partial S}\right)=\frac{2R-4+4S}{(S+2-R)^4}>0$，当 $-4+4S+2R>0$，即 $R>2-2S$。

函数 $\frac{\partial\gamma}{\partial S}$（罚款的边际检查概率）对变量 $R$（商业银行经理选择不检查，企业经理逃避债务时所感觉到的公关活动的效用）求一阶偏导数小于零，二阶偏导数大于零，函数 $\frac{\partial\gamma}{\partial S}$（罚款的边际检查概率）对变量 $R$ 呈现凸性，同时满足 $\frac{\partial\gamma}{\partial S}=\frac{R-2}{(S+2-R)^2}\leqslant 0$。函数 $\frac{\partial\gamma}{\partial S}$（罚款的边际检查概率）对变量 $R$ 所呈现的凸性用图形表示为图 3.8。

公式 $\frac{\partial}{\partial R}\left(\frac{\partial\gamma}{\partial S}\right)=\frac{R-2+S}{(S+2-R)^3}<0$ 与上述图形都表明：函数 $\frac{\partial\gamma}{\partial S}$

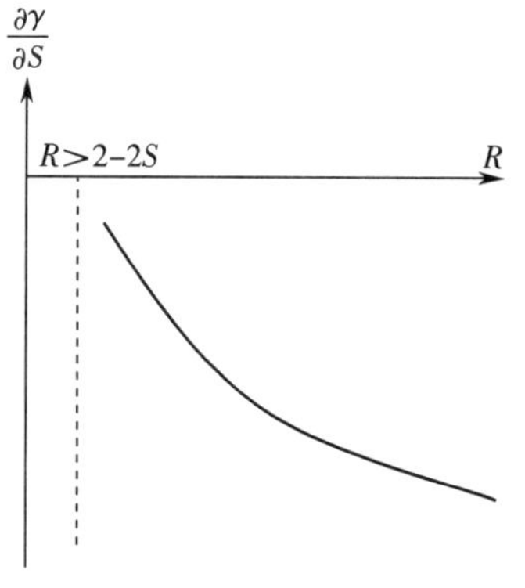


**图 3.8　函数$\frac{\partial\gamma}{\partial S}$（罚款的边际检查概率）对变量 $R$ 所呈现的凸性**

（罚款的边际检查概率）对变量 $R$ 呈现递减的趋势，即随着 $R$（商业银行经理选择不检查，企业经理逃避债务时所感觉到的公关活动的效用）的增加，函数 $\frac{\partial\gamma}{\partial S}$（罚款的边际检查概率）降低。

政策意义：随着 $R$（商业银行经理选择不检查，企业经理逃避债务时所感觉到的公关活动的效用）的增加，同样的罚款增加量，将导致商业银行经理以更大的概率增量选择不检查，这将导致不良贷款的增加，加大银行体系的脆弱性。一方面要提高商业银行经理的素质，尽量不享受企业经理为逃避债务所提供的公关活动的效用；另一方面企业经理要提高素质，主动不逃避债务，不提供为逃避债务所进行的公关活动。

（5）$\frac{\partial}{\partial R}\left(\frac{\partial\gamma}{\partial S}\right)=\frac{R-2+S}{(S+2-R)^3}=0$，当 $-2+R+S=0$

此时 $\frac{\partial^2}{\partial R^2}\left(\frac{\partial\gamma}{\partial S}\right)=\frac{2R-4+4S}{(S+2-R)^4}=\frac{2(R-2+S)+2S}{(S+2-R)^4}>0$

经济学意义：当 $R$（商业银行经理选择不检查，企业经理逃避债务时所感觉到的公关活动的效用）与罚款率满足 $R=2-2S$，函数 $\frac{\partial\gamma}{\partial S}$

（罚款的边际检查概率）存在极小值。

（三）对商业银行信贷部经理与企业经理博弈的一般模型进行合作博弈分析

1. 求出合作博弈的效用函数与均衡概率

前面部分对商业银行信贷部经理与企业经理行为的分析是在非合作博弈的前提下进行的，我们有必要进一步分析在合作博弈的前提下商业银行信贷部经理与企业经理的行为。

在合作博弈的前提下商业银行经理与企业经理的共同的期望效用 $EU$ 函数为企业经理效用函数 $EUcm$ 乘商业银行信贷部经理效用函数 $EUbm$，即 $EU = EUcmEUbm$，假设 $Ucm$，$Ubm$ 是相互独立的。为了简化分析，$EU = EUcm + EUbm$。①

因为企业经理效用函数 $Ucm$ 与商业银行信贷部经理效用函数分别为

$$\begin{aligned}
Ucm &= \gamma[p(-S-M)+(1-p)0]+(1-\gamma)[p+(-1)(1-p)] \\
&= \gamma[p(-S-M-2)+1]+2p-1 \\
&= p[\gamma(-S-M-2)+2]+\gamma-1
\end{aligned}$$

$$\begin{aligned}
Ubm &= \gamma[p(1-C+S-B)+(1-p)(1-C-B)] \\
&\quad +(1-\gamma)[p(-1+R)+(1-p)] \\
&= \gamma[p(S+2-R)+(-C-B)]+p(R-2)+1 \\
&= p[\gamma(2+S-R)-(2-R)]+(-C-B)\gamma+1
\end{aligned}$$

所以：

$$\begin{aligned}
EU &= EUcm + EUbm \\
&= \gamma[p(-S-M)+(1-p)0]+(1-\gamma)[p+(-1)(1-p)] \\
&\quad +\gamma[p(1-C+S-B)+(1-p)(1-C-B)] \\
&\quad +(1-\gamma)[p(-1+R)+(1-p)]
\end{aligned}$$

① 张维迎：《企业的企业家——契约理论》，70 页，上海，上海人民出版社，1995。

$$= \{\gamma[p(-S-M-2)+1]+2p-1\}$$
$$+\{\gamma[p(S+2-R)+(-C-B)]+p(R-2)+1\}$$
$$=\gamma[p(-M-R)+(1-C-B)]+PR$$
$$=p[\gamma(-M-R)+R]+\gamma(1-C-B)$$

$$\frac{\partial U}{\partial \gamma}=p(-M-R)+(1-C-B)=0 \quad \text{推导出} \quad p=\frac{1-C-B}{M+R}$$

$$\frac{\partial U}{\partial p}=\gamma(-M-R)+R=0 \quad \text{推导出} \quad \gamma=\frac{R}{M+R}=\frac{R}{1-C-B}p,$$

$$\frac{d\gamma}{dp}=\frac{R}{1-C-B}$$

$$\frac{\partial^2 U}{\partial \gamma \partial p}=(-M-R)<0, \frac{\mathrm{d}\gamma}{\mathrm{d}p}=\frac{R}{1-C-B}>0(\text{当}1-C-B>0)$$

2. 对企业经理逃避债务的概率进行分析

$$\frac{\partial p}{\partial M}=\frac{C+B-1}{(M+R)^2}\begin{cases}>0 & \text{当} \quad C+B>1\\ =0 & \text{当} \quad C+B=1\\ <0 & \text{当} \quad C+B<1\end{cases}$$

$$\frac{\partial^2 p}{\partial M^2}=\frac{2[1-(C+B)]}{(M+R)^3}\begin{cases}<0 & \text{当} \quad C+B>1\\ =0 & \text{当} \quad C+B=1\\ >0 & \text{当} \quad C+B<1\end{cases}$$

根据上面的演绎，我们可以得出 $p$ 与 $M$ 的关系，画出 $p$ 与 $M$ 的关系图，如图 3.9。

（1）当 $C+B>1$ 时，即商业银行的检查成本 $C$ 与商业银行信贷部经理检查这一笔贷款时得到 $B$ 的负效用之和大于 1 时，企业经理逃避债务的概率 $p$ 与商业银行信贷部经理检查这一笔贷款，企业经理逃避债务获得时的声誉负效用 $M$ 的关系为凹函数,[1] 如图 3.9（a）。

① $C+B>1$，这是一种特殊情况。

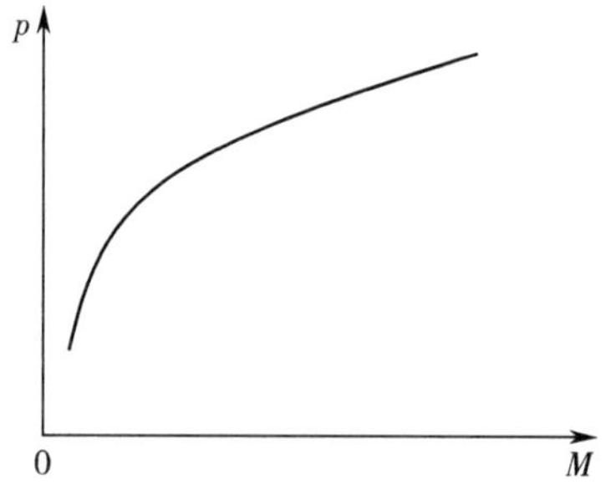


**图 3.9（a） 当 $C+B>1$，$p$ 与 $M$ 的关系**

（2）当 $C+B=1$，即商业银行的检查成本 $C$ 与商业银行信贷部经理检查这一笔贷款时得到 $B$ 的负效用之和等于 1 时，企业经理逃避债务的概率 $p$ 等于 0，[①]如图 3.9（b）。

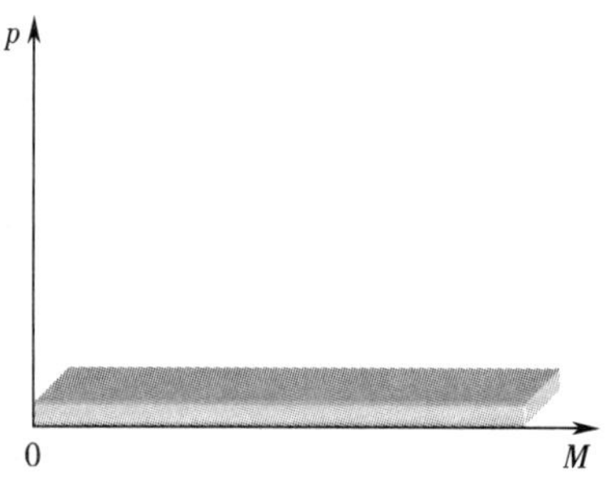


**图 3.9（b） 当 $C+B=1$，$p$ 与 $M$ 的关系，**

**商业银行的检查概率 $p=0$**

（3）当 $C+B<1$，即商业银行的检查成本 $C$ 与商业银行信贷部经理检查这一笔贷款时得到 $B$ 的负效用之和小于 1 时，商业银行的检查概率 $p$ 与商业银行信贷部经理检查这一笔贷款，企业经理逃避债务获得时的声誉负效用 $M$ 的关系为凸函数，如图 3.9（c）。

① $C+B=1$，这种情况意味着企业经理不逃避债务，因为 $\frac{d\gamma}{dp}=\frac{R}{1-C-B}$，所以不存在解。

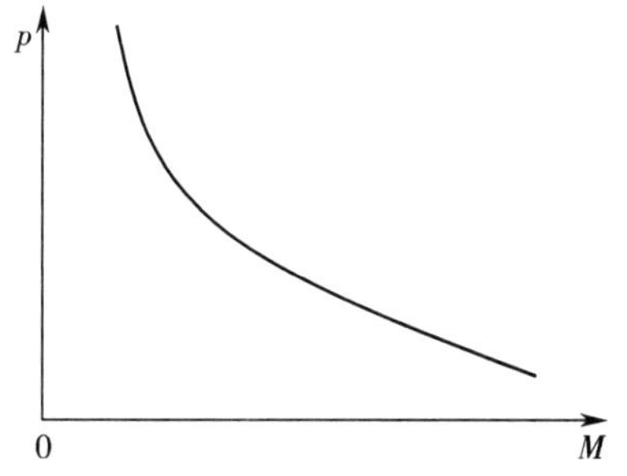


**图 3.9 (c)　当 $C+B<1$，$p$ 与 $M$ 的关系**

这种情况意味着，企业经理越是爱名声，逃避债务的概率越小，商业银行信贷部经理越愿意贷款给这种企业，这种分析结果与现实相符。

下面对 $p$ 与 $R$ 的关系进行分析：

$$\frac{\partial p}{\partial R}=\frac{C+B-1}{(M+R)^2}\begin{cases}>0 & \text{当}\quad C+B>1\\ =0 & \text{当}\quad C+B=1\\ <0 & \text{当}\quad C+B<1\end{cases}$$

$$\frac{\partial^2 p}{\partial R^2}=\frac{2[1-(C+B)]}{(M+R)^3}\begin{cases}<0 & \text{当}\quad C+B>1\\ =0 & \text{当}\quad C+B=1\\ >0 & \text{当}\quad C+B<1\end{cases}$$

根据上面的演绎，我们可以得出 $p$ 与 $R$ 的关系，画出 $p$ 与 $R$ 的关系图，如图 3.10。

(1) 当 $C+B>1$ 时，即商业银行的检查成本 $C$ 与商业银行信贷部经理检查这一笔贷款时得到 $B$ 的负效用之和大于 1 时，企业经理逃避债务的概率 $p$ 与商业银行信贷部经理不检查这一笔贷款，商业银行信贷部经理因企业经理的公关活动而获得的效用 $R$ 的关系为凹函数，①如图 3.10 (a)。

① $C+B>1$，这是一种特殊情况。

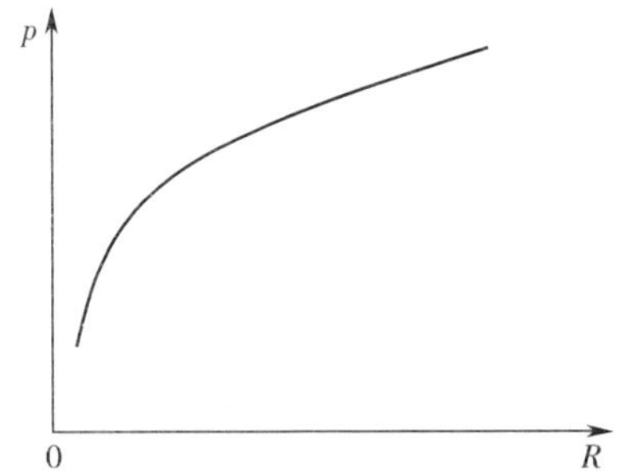


**图3.10（a） 当 $C+B>1$，$p$ 与 $R$ 的关系**

（2）当 $C+B=1$，即商业银行的检查成本 $C$ 与商业银行信贷部经理检查这一笔贷款时得到 $B$ 的负效用之和等于1时，企业经理逃避债务的概率 $p$ 等于0，[①]如图3.10（b）。

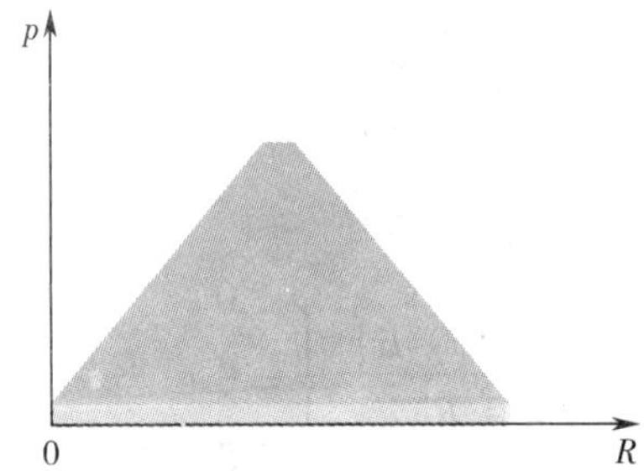


**图3.10（b） 当 $C+B=1$，$p$ 与 $M$ 的关系，商业银行的检查概率 $p=0$**

（3）当 $C+B<1$，即商业银行的检查成本 $C$ 与商业银行信贷部经理检查这一笔贷款时得到 $B$ 的负效用之和小于1时，商业银行的检查概率 $p$ 与商业银行信贷部经理不检查这一笔贷款，商业银行信贷部经理因

① $C+B=1$，这种情况意味着，企业经理不逃避债务，因为 $\frac{d\gamma}{dp}=\frac{R}{1-C-B}$，所以此时不存在解。

企业经理的公关活动而获得的效用 $R$ 的关系为凸函数，如图 3.10（c）。

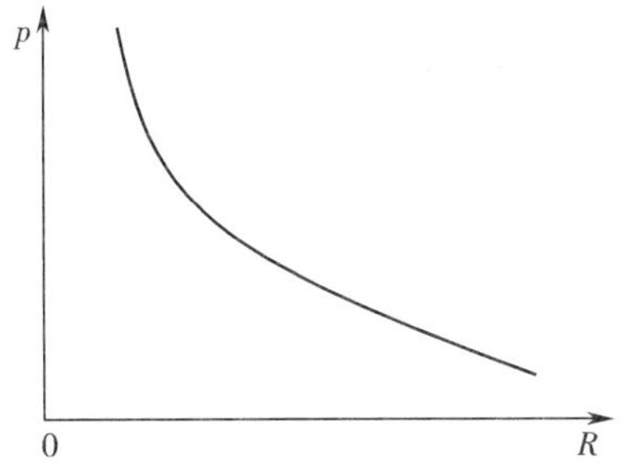

**图 3.10（c） 当 $C+B<1$，$p$ 与 $M$ 的关系**

这种情况意味着，商业银行信贷部经理因企业经理的公关活动而获得的效用 $R$ 越大，同时商业银行信贷部经理不检查这一笔贷款，企业经理逃避债务的概率越小，出现这种情况是满足商业银行信贷部经理与企业经理总效用最大的结果。

下面对 $p$ 与 $C$ 的关系进行分析：

因为 $\frac{\partial p}{\partial C}=\frac{-1}{(M+R)}$，所以

当① $M+R>0$，$\frac{\partial p}{\partial C}=\frac{-1}{(M+R)}<0$；

当② $M+R<0$，$\frac{\partial p}{\partial C}=\frac{-1}{(M+R)}>0$。

当① $M+R>0$ 时，正是我们假设的情况，$\frac{\partial p}{\partial C}=\frac{-1}{(M+R)}<0$，意味着，随着银行检查成本的上升，企业会降低逃避债务的概率，才能使商业银行信贷部经理与企业经理总效用最大。

当② $M+R<0$，这是我们放松假设的情况，$\frac{\partial p}{\partial C}=\frac{-1}{(M+R)}>0$，意味着，随着银行检查成本的上升，企业经理会增加逃避债务的概率，才能使商业银行信贷部经理与企业经理总效用最大。因为 $M+R$

$<0$，所以可能出现 $M<0$，$R<0$，意味着，商业银行信贷部经理不检查这一笔贷款，商业银行信贷部经理因企业经理的公关活动而获得的效用 $R$ 为负（即商业银行信贷部经理讨厌企业经理提供的公关活动），或商业银行信贷部经理检查这一笔贷款，企业经理逃避债务获得时的声誉负效用 $M$ 变为正效用（对逃避债务不以为耻、反以为荣的企业经理）。

又因为 $\frac{\partial^2 p}{\partial C^2}=\frac{\partial}{\partial C}\left\{\frac{-1}{(M+R)}\right\}=0$，意味着，$p$ 与 $C$ 的关系为线性关系，如图 3.11。

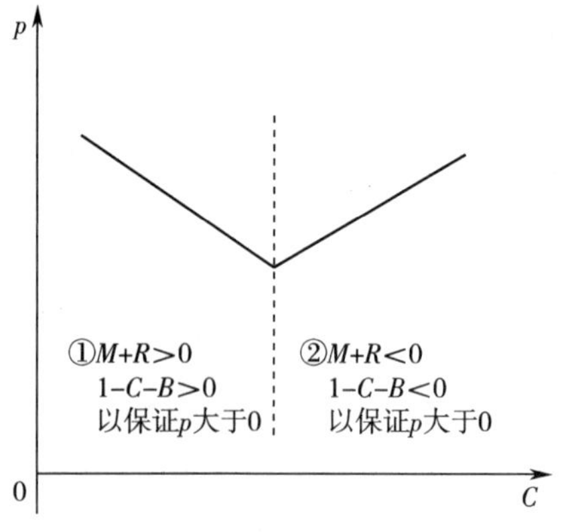


**图 3.11 $p$ 与 $C$ 的关系为线性关系**

下面对 $p$ 与 $B$ 的关系进行分析：

因为 $\frac{\partial p}{\partial B}=\frac{-1}{(M+R)}$，所以

当① $M+R>0, \frac{\partial p}{\partial B}=\frac{-1}{(M+R)}<0$；

当② $M+R<0, \frac{\partial p}{\partial B}=\frac{-1}{(M+R)}>0$。

当① $M+R>0$ 即 $R>-M$ 时，正是我们假设的情况，$\frac{\partial p}{\partial B}=$

$\frac{-1}{(M+R)}<0$，意味着，当商业银行信贷部经理不检查这一笔贷款，商业银行信贷部经理因企业经理的公关活动而获得的效用 $R$ 大于商业银行信贷部经理检查这一笔贷款，企业经理逃避债务获得时的声誉负效用 $-M$ 时，随着银行检查成本的上升，企业会降低逃避债务的概率，才能使商业银行信贷部经理与企业经理总效用最大。

当②$M+R<0$，这是我们放松假设的情况，$\frac{\partial p}{\partial B}=\frac{-1}{(M+R)}>0$，意味着，随着银行检查成本的上升，企业经理会增加逃避债务的概率，才能使商业银行信贷部经理与企业经理总效用最大。因为 $M+R<0$，即 $R<-M$（意味着，当商业银行信贷部经理不检查这一笔贷款，商业银行信贷部经理因企业经理的公关活动而获得的效用 $R$ 小于商业银行信贷部经理检查这一笔贷款，企业经理逃避债务获得时的声誉负效用 $-M$ 时），所以可能出现 $M<0$，$R<0$，意味着，商业银行信贷部经理不检查这一笔贷款，商业银行信贷部经理因企业经理的公关活动而获得的效用 $R$ 为负（即商业银行信贷部经理讨厌企业经理提供的公关活动），或商业银行信贷部经理检查这一笔贷款，企业经理逃避债务获得时的声誉负效用 $M$ 变为正效用（对逃避债务不以为耻、反以为荣的企业经理）。

又因为 $\frac{\partial^2 p}{\partial B^2}=\frac{\partial}{\partial B}\left\{\frac{-1}{(M+R)}\right\}=0$，意味着，$p$ 与 $B$ 的关系为线性关系，如图 3.12。

下面求 $\frac{\partial p}{\partial M}$（企业经理声誉偏好的边际逃债概率）对 $R$ 的偏导数并进行分析：

$$\frac{\partial p}{\partial M}=\frac{C+B-1}{(M+R)^2}\begin{cases}>0 & 当\quad C+B>1\\=0 & 当\quad C+B=1\\<0 & 当\quad C+B<1\end{cases}$$

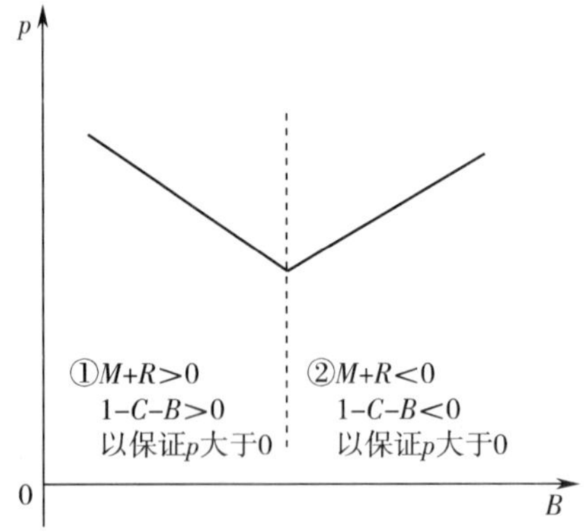


**图 3.12 $p$ 与 $B$ 的关系为线性关系**

$$\frac{\partial}{\partial R}\left(\frac{\partial p}{\partial M}\right)=\frac{2(1-C-B)}{(M+R)^3}\begin{cases}<0 & \text{当} \quad C+B>1\\ =0 & \text{当} \quad C+B=1\\ >0 & \text{当} \quad C+B<1\end{cases}$$

$$\frac{\partial^2}{\partial R^2}\left(\frac{\partial p}{\partial M}\right)=\frac{6(C+B-1)}{(M+R)^4}\begin{cases}>0 & \text{当} \quad C+B>1\\ =0 & \text{当} \quad C+B=1\\ <0 & \text{当} \quad C+B<1\end{cases}$$

根据上面的演绎，我们可以得出 $\frac{\partial p}{\partial M}$（企业经理声誉偏好的边际逃债概率）与 $R$ 的关系，画出 $\frac{\partial p}{\partial M}$ 与 $R$ 的关系图，如图 3.13。

（1）当 $C+B>1$ 时，即商业银行的检查成本 $C$ 与商业银行信贷部经理检查这一笔贷款时得到 $B$ 的负效用之和大于 1 时，$\frac{\partial p}{\partial M}$（企业经理声誉偏好的边际逃债概率）与商业银行信贷部经理不检查这一笔贷款，商业银行信贷部经理因企业经理的公关活动而获得的效用 $R$ 的关系为凸函数①，如图 3.13（a）。

---

① $C+B>1$，这是一种特殊情况。

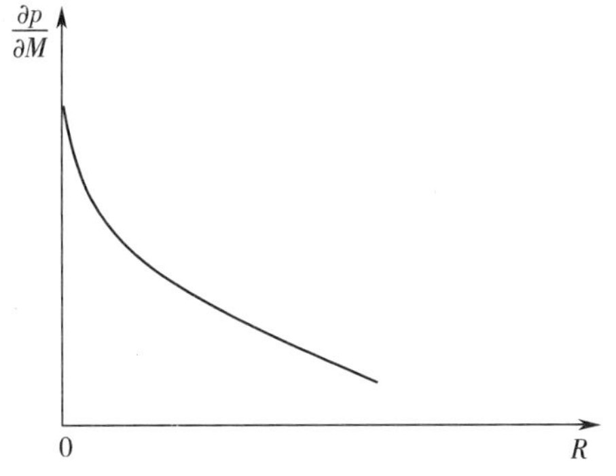


**图 3.13（a）　当 $C+B>1$，$\frac{\partial p}{\partial M}$与 $R$ 的关系**

（2）当 $C+B=1$，即商业银行的检查成本 $C$ 与商业银行信贷部经理检查这一笔贷款时得到 $B$ 的负效用之和等于 1 时，$\frac{\partial p}{\partial M}$（企业经理声誉偏好的边际逃债概率）等于 0[①]，如图 3.13（b）。

**图 3.13（b）　当 $C+B=1$，$\frac{\partial p}{\partial M}$与 $R$ 的关系**

（3）当 $C+B<1$，即商业银行的检查成本 $C$ 与商业银行信贷部经理检查这一笔贷款时得到 $B$ 的负效用之和小于 1 时，$\frac{\partial p}{\partial M}$（企业经理声

---

① $C+B=1$，这种情况意味着，企业经理不逃避债务，因为$\frac{d\gamma}{dp}=\frac{R}{1-C-B}$，所以此时不存在解。

誉偏好的边际逃债概率）与商业银行信贷部经理不检查这一笔贷款，商业银行信贷部经理因企业经理的公关活动而获得的效用 $R$ 的关系为凹函数，如图 3.13（c）。

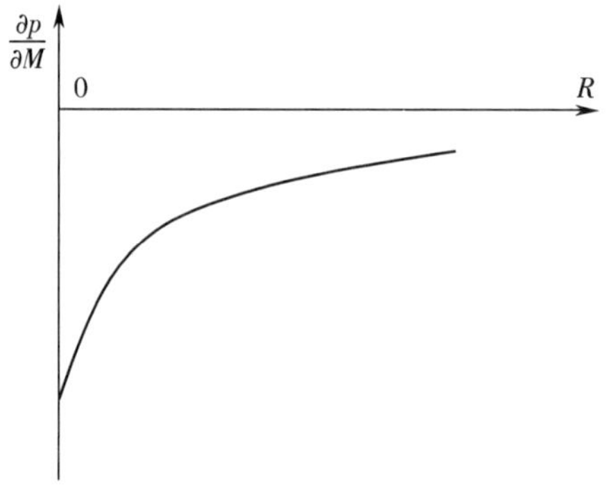


**图 3.13（c）　当 $C+B<1$，$\frac{\partial p}{\partial M}$ 与 $R$ 的关系**

这种情况意味着，商业银行信贷部经理从企业经理的公关活动而获得的效用 $R$ 越大，同时商业银行信贷部经理不检查这一笔贷款，企业经理逃避债务的概率越小，出现这种情况是满足商业银行信贷部经理与企业经理总效用最大的结果。

下面求 $\frac{\partial p}{\partial M}=\frac{C+B-1}{(M+R)^2}$（企业经理声誉偏好的边际逃债概率）与 $C$ 的偏导数并进行分析：

因为 $\frac{\partial p}{\partial M}=\frac{C+B-1}{(M+R)^2}$

所以 $\frac{\partial}{\partial C}\left(\frac{\partial p}{\partial M}\right)=\frac{1}{(M+R)^2}>0,\frac{\partial^2}{\partial C^2}\left(\frac{\partial p}{\partial M}\right)=0$

$\frac{\partial p}{\partial M}$（企业经理声誉偏好的边际逃债概率）与商业银行信贷部经理检查成本 $C$ 正相关，商业银行信贷部经理检查成本 $C$ 越高，$\frac{\partial p}{\partial M}$（企业经理声誉偏好的边际逃债概率）越大，$\frac{\partial^2}{\partial C^2}\left(\frac{\partial p}{\partial M}\right) = 0$ 说明他们两者 $\left(\frac{\partial p}{\partial M}\text{与 } C\right)$ 的关系为线性，如图 3.14。

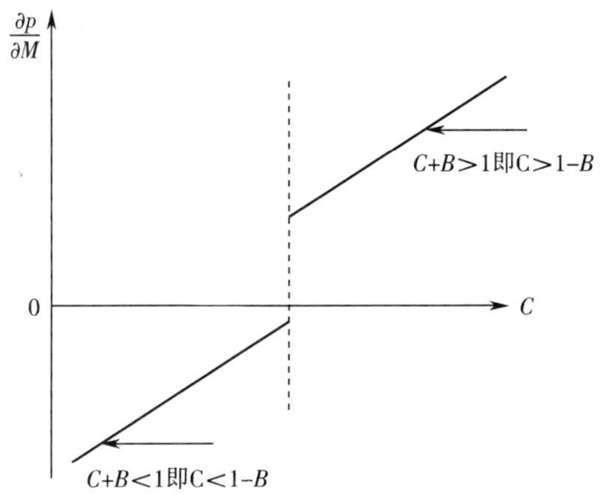


图 3.14 $\frac{\partial p}{\partial M}$与 $C$ 的关系

下面求 $\frac{\partial p}{\partial M} = \frac{C + B - 1}{(M + R)^2}$（企业经理声誉偏好的边际逃债概率）对 $B$ 的偏导数并进行分析：

因为 $\frac{\partial p}{\partial M} = \frac{C + B - 1}{(M + R)^2}$

所以$\frac{\partial}{\partial B}\left(\frac{\partial p}{\partial M}\right) = \frac{1}{(M + R)^2} > 0, \frac{\partial^2}{\partial B^2}\left(\frac{\partial p}{\partial M}\right) = 0$

$\frac{\partial p}{\partial M}$（企业经理声誉偏好的边际逃债概率）与商业银行信贷部经理检查时影响人际关系而产生的负效用 $B$ 正相关，如果商业银行信贷部经理检查时影响人际关系而产生的负效用 $B$ 越高，$\frac{\partial p}{\partial M}$（企业经理声誉偏好的边际逃债概率）越大，$\frac{\partial^2}{\partial B^2}\left(\frac{\partial p}{\partial M}\right) = 0$ 说明他们两者 $\left(\frac{\partial p}{\partial M}\text{与} B\right)$ 的关系为线性，如图 3.15。

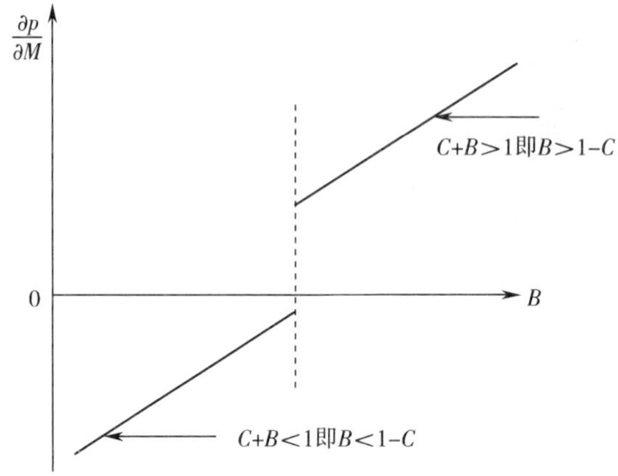


**图 3.15 企业经理声誉偏好的边际逃债概率与 *B* 的关系**

3. 对商业银行经理选择检查的概率 $\gamma = \frac{R}{M+R}$ 进行分析

下面求商业银行经理选择检查的概率 $\gamma = \frac{R}{M+R}$ 对 $M$ 的偏导数并进行分析：

（1）当 $M+R>0$，即 $R>-M$，且 $R>0$ 时

$\frac{\partial \gamma}{\partial M} = \frac{-R}{(M+R)} < 0$，$\frac{\partial^2 \gamma}{\partial M^2} = \frac{2R}{(M+R)^3} > 0$，$\gamma$ 是 $M$ 的凸函数。

当 $M+R>0$，即 $R>-M$，意味着，当商业银行信贷部经理不检查这一笔贷款，商业银行信贷部经理因企业经理的公关活动而获得的效用 $R$ 大于商业银行信贷部经理检查这一笔贷款，企业经理逃避债务获得时的声誉负效用 $-M$，且 $R>0$ 即商业银行信贷部经理因企业经理的公关活动而获得的效用 $R$ 大于 0 时，如果一个企业经理越爱名

声，商业银行信贷部经理选择检查的概率越小。

（2）当 $M+R<0$，即 $R<-M$，且 $R>0$ 时

当商业银行信贷部经理不检查这一笔贷款，商业银行信贷部经理因企业经理的公关活动而获得的效用 $R$ 小于商业银行信贷部经理检查这一笔贷款，企业经理逃避债务获得时的声誉负效用 $-M$，且 $R>0$ 时，

$$\frac{\partial\gamma}{\partial M}=\frac{-R}{(M+R)}>0,\ \frac{\partial^2\gamma}{\partial M^2}=\frac{2R}{(M+R)^3}<0,\gamma\text{ 是 }M\text{ 的凹函数。}$$

当 $M+R<0$，即 $R<-M$（当商业银行信贷部经理不检查这一笔贷款，商业银行信贷部经理因企业经理的公关活动而获得的效用 $R$ 小于商业银行信贷部经理检查这一笔贷款，企业经理逃避债务获得时的声誉负效用 $-M$），且 $R>0$ 即商业银行信贷部经理因企业经理的公关活动而获得的效用 $R$ 大于 0 时，如果一个企业经理越爱名声（$M$），商业银行信贷部经理选择检查的概率越大。此时 $\gamma$ 为负，应舍去，银行经理选择检查的概率 $\gamma$ 与企业经理声誉偏好 $M$ 的关系如图 3.16。

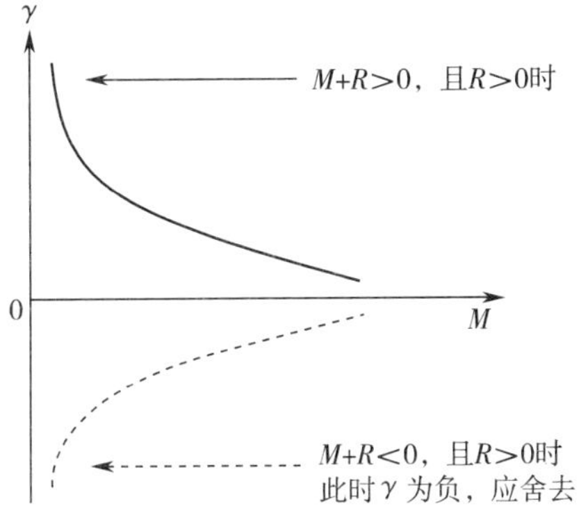


**图 3.16 商业银行经理选择检查的概率 $\gamma$ 与企业经理声誉偏好 $M$ 的关系**

下面求商业银行经理选择检查的概率 $\gamma=\dfrac{R}{M+R}$ 对 $R$ 的偏导数并

进行分析：

当 $M>0,M+R>0$ 时，$\frac{\partial\gamma}{\partial R}=\frac{M}{(M+R)^2}>0$，$\frac{\partial^2\gamma}{\partial R^2}=\frac{-2M}{(M+R)^3}<0$。

$\frac{\partial\gamma}{\partial R}=\frac{M}{(M+R)^2}>0$，当 $M+R>0$，即 $R>-M$，意味着，当商业银行信贷部经理不检查这一笔贷款，商业银行信贷部经理因企业经理的公关活动而获得的效用 $R$ 与商业银行信贷部经理检查这一笔贷款，企业经理逃避债务获得时的声誉负效用 $-M$，且 $R>0$ 即商业银行信贷部经理因企业经理的公关活动而获得的效用 $R$ 大于 0 时，当商业银行信贷部经理随着企业经理的公关活动而获得的效用 $R$ 的增加，商业银行信贷部经理会增加检查力度，这样才能维持他们的总效用最大。

$\frac{\partial^2\gamma}{\partial R^2}=\frac{-2M}{(M+R)^3}<0$，意味着，商业银行经理选择检查的概率 $\gamma$ 是商业银行经理获得的由企业经理提供的公关活动的效用 $R$ 的凹函数，如图 3.17。

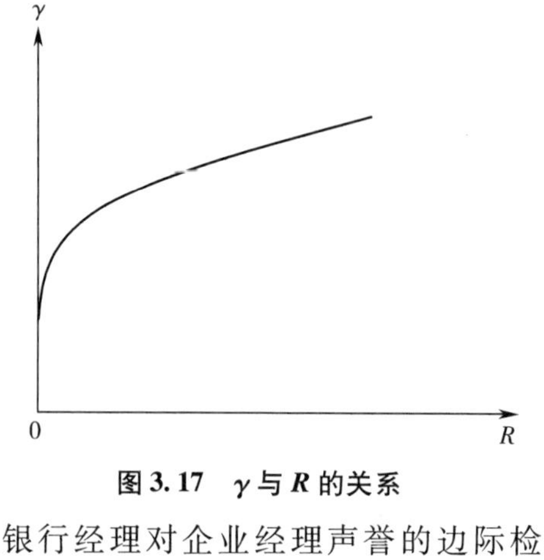


**图 3.17　γ 与 R 的关系**

下面求商业银行经理对企业经理声誉的边际检查概率 $\frac{\partial\gamma}{\partial M}=\frac{-R}{(M+R)}$ 对商业银行经理获得的由企业经理提供的公关活动的效用 $R$

的偏导数并进行分析：

(1) $\frac{\partial}{\partial R}\left(\frac{\partial \gamma}{\partial M}\right)=\frac{R-M}{(M+R)^3}>0$（当 $R>M$ 时），即商业银行信贷部经理因企业经理的公关活动而获得的效用 $R$ 与商业银行信贷部经理检查这一笔贷款，企业经理逃避债务获得时的声誉负效用 $-M$ 之和大于 0 时，企业经理声誉的边际检查概率 $\frac{\partial \gamma}{\partial M}$ 与商业银行经理获得的由企业经理提供的公关活动的效用 $R$ 正相关。

$\frac{\partial^2}{\partial R^2}\left(\frac{\partial \gamma}{\partial M}\right)=\frac{4M-2R}{(M+R)^4}>0$，当 $M<R<2M$ 时，企业经理声誉的边际检查概率 $\frac{\partial \gamma}{\partial M}$ 是银行经理获得的由企业经理提供的公关活动的效用 $R$ 的凸函数。当 $R>2M$ 时，则相反。

(2) $\frac{\partial}{\partial R}\left(\frac{\partial \gamma}{\partial M}\right)=\frac{R-M}{(M+R)^3}<0$（当 $R<M$ 时），即商业银行信贷部经理因企业经理的公关活动而获得的效用 $R$ 与商业银行信贷部经理检查这一笔贷款，企业经理逃避债务获得时的声誉负效用 $-M$ 之和小于 0 时，企业经理声誉的边际检查概率 $\frac{\partial \gamma}{\partial M}$ 与商业银行经理获得的由企业经理提供的公关活动的效用 $R$ 负相关。

$\frac{\partial^2}{\partial R^2}\left(\frac{\partial \gamma}{\partial M}\right)=\frac{4M-2R}{(M+R)^4}>0$，当 $R<2M$ 时，企业经理声誉的边际检查概率 $\frac{\partial \gamma}{\partial M}$ 是银行经理获得的由企业经理提供的公关活动的效用 $R$ 的凸函数。

由上面的分析可知商业银行经理对企业经理声誉的边际检查概率 $\frac{\partial \gamma}{\partial M}$ 与商业银行经理获得的由企业经理提供的公关活动的效用 $R$ 的函数关系，如图 3.18。

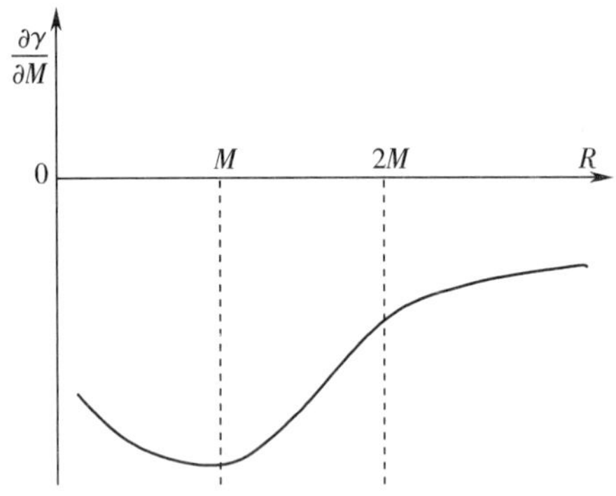


**图 3.18 $\frac{\partial \gamma}{\partial M}$与 $R$ 的函数关系**

图 3.18 是非常有意思的，类似国际金融学中的 $J$ 曲线效应。当 $R<M$时，商业银行经理对企业经理声誉的边际检查概率 $\frac{\partial \gamma}{\partial M}$ 随商业银行经理获得的由企业经理提供的公关活动的效用 $R$ 的增加而减少；当 $R>M$时，商业银行经理对企业经理声誉的边际检查概率 $\frac{\partial \gamma}{\partial M}$ 随商业银行经理获得的由企业经理提供的公关活动的效用 $R$ 的增加而增加。$R=-M$ 应该排除，因为无定义。

（四）对商业银行信贷部经理与企业经理博弈的一般模型进行非合作博弈与合作博弈的比较分析

设非合作博弈时企业经理逃避债务的概率为 $p_1$，商业银行信贷部经理检查的概率为 $\gamma_1$；设合作博弈时企业经理逃避债务的概率为 $p_2$，商业银行信贷部经理检查的概率为 $\gamma_2$。由前面（第 2 节）的计算可知：

| | 非合作博弈 | 合作博弈 |
|---|---|---|
| 企业经理 | $p_1=\frac{1}{S+M+2}$ | $p_2=\frac{1-C-B}{M+R}$ |

商业银行信贷部经理 $\gamma_1 = \dfrac{2-R}{2+S-R}$ $\gamma_2 = \dfrac{R}{M+R}$

从上面的分析可以看出，企业经理逃避债务的概率在非合作博弈的情况下与 $C$、$B$、$R$ 无关，但是在合作博弈的情况下与 $C$、$B$、$R$ 有关，比较在非合作博弈的情况下与合作博弈的情况下两者的概率的大小。

先看企业经理逃避债务的概率之差：

$$p_1 - p_2 = \frac{1}{S+M+2} - \frac{1-C-B}{M+R}$$
$$= \frac{M+R-(1-C-B)(S+M+2)}{(S+M+2)(M+R)}$$

推论1 当 $(M+R)-(1-C-B)(S+M+2)>0$ 时，$p_1>p_2$，非合作博弈的情况下企业经理逃避债务的概率大于合作博弈的情况下企业经理逃避债务的概率。

推论2 当 $(M+R)-(1-C-B)(S+M+2)=0$ 时，$p_1=p_2$，非合作博弈的情况下企业经理逃避债务的概率等于合作博弈的情况下企业经理逃避债务的概率。

推论3 当 $(M+R)-(1-C-B)(S+M+2)<0$ 时，$p_1<p_2$，非合作博弈的情况下企业经理逃避债务的概率小于合作博弈的情况下企业经理逃避债务的概率。

再看商业银行经理检查的概率之差（暗含 $2+S>R$ 的假定）：

$$\gamma_1 - \gamma_2 = \frac{2-R}{2+S-R} - \frac{R}{M+R}$$
$$= \frac{2M+2R-MR-R^2-2R-RS+R^2}{(2+S-R)(M+R)}$$
$$= \frac{2M-MR-RS}{(2+S-R)(M+R)}$$

推论4 当 $2M-MR-RS>0$ 时，$\gamma_1>\gamma_2$，非合作博弈的情况下商

业银行信贷部经理选择检查的概率大于合作博弈的情况下商业银行信贷部经理选择检查的概率。

推论5　当 $2M - MR - RS = 0$ 时，$\gamma_1 = \gamma_2$，非合作博弈的情况下商业银行信贷部经理选择检查的概率等于合作博弈的情况下商业银行信贷部经理选择检查的概率。

推论6　当 $2M - MR - RS < 0$ 时，$\gamma_1 < \gamma_2$，非合作博弈的情况下商业银行信贷部经理选择检查的概率小于合作博弈的情况下商业银行信贷部经理选择检查的概率。

### 3.2.4　小结

本节对企业经理和商业银行信贷部经理在非合作博弈的情况下与合作博弈的情况下的行为[①]作了详细的分析，分别求出在非合作博弈的情况下与合作博弈的情况下企业经理逃避债务的概率和商业银行信贷部经理选择检查的概率。企业经理逃避债务的概率的高低和商业银行信贷部经理选择检查的概率的高低决定了商业银行的不良贷款。

企业经理逃避债务的概率越高，商业银行信贷部经理选择检查的概率越低，商业银行的不良贷款将越高，加大了金融体系，特别是银行的脆弱性。

本节我们论述了开始提出的论点（假说）是：在不考虑市场风险和预算软约束的情况下，产生高比例银行不良贷款的原因之一是商业银行经理在贷款前、贷款中与贷款后对企业的调查不严格，同时企业经理有逃债的动机，即是由信用风险和操作风险造成的。如果商业银

① 莫里斯·阿莱（1988 年诺贝尔经济学纪念奖获得者）说："无论是搞理论的经济分析，还是搞应用的经济学，对人类心理的考虑总是显得很重要。何种因素决定了人类的心理在多大程度上这种因素决定了现实世界的演化？这是我竭力要分析的两个基本问题，不断地寻找能描述其特征的不变关系。"这一观点在当今经济学的研究中越来越重要，见［美］迈克尔·曾伯格编：《经济学大师的哲学》，中文版，31 页，北京，商务印书馆，2001。此书的其他地方也谈到研究人们的行为是重要的，如 313 页、374 页。

行经理在贷款前、贷款中与贷款后对企业的调查十分严格，同时企业经理又没有逃债的动机，就完全可以把不良贷款降低到自然率水平。

## 3.3　本章小结

本章第1节从国有商业银行经理与金融监管部门关于不良贷款的行为来分析不良贷款的产生，分析建立在金融监管部门与国有商业银行经理对企业的贷款为不良贷款是已知的假定上，金融监管部门与国有商业银行经理的行为参数变化对他们效用的影响，进一步影响金融监管部门监督检查的概率与国有商业银行经理逃避监督检查的概率的大小，从而影响到不良贷款的大小。

本章第2节从商业银行经理与企业经理的行为来分析不良贷款的产生，分析建立在商业银行在贷款时并不准确知道是否是不良贷款，论述了第2节的论点（假说）是：在不考虑市场风险和预算软约束的情况下，之所以产生高比例银行不良贷款是因为商业银行经理在贷款前、贷款中与贷款后对企业的调查不严格，同时企业经理有逃债的动机。如果商业银行经理在贷款前、贷款中与贷款后对企业的调查十分严格，同时企业经理没有逃债的动机，就完全可以把不良贷款降低到自然率水平。

综合第1节与第2节的结论，本章证明了第3章开始的论点：在不考虑市场风险和预算软约束的情况下，银行不良贷款的产生是委托人监督检查不严格和企业经理有逃债的动机造成的。

# 4 建立最优银行不良贷款率动态路径模型及其意义分析

第 3 章分别从金融监管部门、商业银行经理、企业经理三者的关系研究了他们的行为，证明了不良贷款产生的直接原因是金融监管部门、商业银行经理、企业经理间博弈的结果，第 3 章我们没有研究不良贷款增长率的波动、产权制度的变化、利率、对外开放度、企业家的动物精神、汇率的贬值对企业的资产负债表的影响，这种不分析不良贷款生成的外部因素的方法是不完美的，所以有必要进一步地研究不良贷款增长率的波动、产权制度的变化、利率、对外开放度、企业家的动物精神、汇率的贬值对银行不良贷款的影响。这一章考虑上述因素，并且从动态最优的角度建立一个最优银行不良贷款率的动态模型，分析不良贷款的动态路径并导出结论。这一章要证明的假说是：银行不良贷款的生成是在宏观环境下由监管机制与微观经济因素决定的。

## 4.1 建立最优银行不良贷款率的动态模型

### 4.1.1 效用函数与假设

（一）效用函数

用 $L$ 代表总贷款，$N$ 代表不良贷款。一方面总贷款余额 $L$ 使消费 $C$ 所要求的商品和服务生产成为可能，消费增加效用。另一方面不良贷款对一个国家而言相当是一种“金融环境污染”（用 $P$ 表示），它产生了负效用，这两方面的作用表示如下：

$$C = C(L) \quad (C' > 0, C'' < 0); P = P(N) \quad (P' > 0, P'' > 0)$$

精心设计 $C = C(L)$、$P = P(N)$ 的函数关系，即

$$C(L) = (uL^{\theta})^{\frac{1}{\eta}}, \text{即}[C(L)]^{\eta} = uL^{\theta}, P(N) = -vN^{m}$$

社会效用函数（从整个国家来看）依赖于消费（用 $C$ 表示）和不良贷款（用 $N$ 表示）：

$$U = U(C(L), P(N))^{①}$$

---

① 导师余永定教授对效用函数的设计要求特别谨慎：一方面，设计新的效用函数需要有理论根椐；另一方面，可以直接使用现有的效用函数。

本书设计的效用函数（结合我们所研究的不良贷款问题，通过引入贷款与不良贷款两个变量进入效用函数）的思想来源于：

Bruce A. Forster, “Optimal Energy Use in a Polluted Environment”, Journal of Environmental Economics and Management, 1980, pp321 – 333.

这篇论文给出了三个不同的模型，我们只讨论第一个模型，它假设产生一个非累积污染的单个能源。另一个模型把污染处理为一个存量变量并涉及两个状态变量。

“Optimal Energy Use in a Polluted Environment” 中的能源的使用 $E$（控制变量）有两种功能，一种功能是能源的使用 $E$ 使消费 $C$ 所要求的商品和服务生产成为可能，消费增加效用；另一种功能是能源的使用 $E$ 也产生了污染，用 $P$ 表示，它增加了负效用。能源的使用 $E$（控制变量）的这两种功能可以表示如下：

$$C = C(E) \quad (C' > 0, C'' < 0); P = P(E) \quad (P' > 0, P'' > 0)$$

尽管能源使用以一个递减速度增加消费，但是它以一个递增速度增加污染。在这个特殊的模型中，为了简单起见，假定污染是非累积的，即它是一个驱散并且不会形成存量的流量。机动车排放类污染就是例子之一。

为了简化分析，上面的效用函数简化为

$$U = U(C(L),P(N)) = [C(L)]^{\eta} + P(N)$$

将 $C = C(L)$、$P = P(N)$ 的表达式代入上式得：

$$U = C^{\eta} - vN^{m} = uL^{\theta} - vN^{m}$$

即社会的总效用函数为

$$U = C^{\eta} - vN^{m} = uL^{\theta} - vN^{m}$$

其中，$0 < \theta < 1$，$0 < \eta < 1$，$v > 0$。总贷款 $L$ 产生正效用 $uL^{\theta}$，不良贷款 $N$ 产生负效用 $-vN^{m}$。

其中，$u > 0, L > 0$，则 $\frac{\partial U}{\partial L} = u\theta L^{\theta-1} > 0, \frac{\partial^2 U}{\partial L^2} = u\theta(\theta - 1)L^{\theta-2} < 0$。含义为：总贷款 $L$ 的边际效用大于 0，总贷款 $L$ 的边际效用递减，即社会的效用 $U$ 是总贷款 $L$ 的凹函数。

其中，$m > 1, N > 0$，则 $\frac{\partial U}{\partial N} = -vmN^{m-1} < 0, \frac{\partial^2 U}{\partial N^2} = -vm(m-1)N^{m-2} < 0$，

---

社会效用函数依赖于消费和污染（用 $P$ 表示），具有导数如下：

$$U = U(C,P) \quad (U_C > 0, U_P < 0, U_{CC} < 0, U_{PP} < 0, U_{CP} = 0)$$

设定 $U_C > 0$ 和 $U_{CC} < 0$ 表明消费的边际效用是正的但是递减的。相比之下，设定 $U_P < 0$ 表明污染的边际效用是负的，$U_{PP} < 0$ 表示递减的边际效用，换一句话说，递增的边际负效用。

由于 $C$ 和 $P$ 依次都依赖于 $E$，所以在最终分析中，社会效用仅依赖于能源使用——通过消费正向依赖并且通过污染负向依赖。这意味着 $C$ 和 $P$ 都可以被替换掉，只留下 $E$ 作为控制变量的主要候选。模型中唯一的另外一个变量 $S(t)$（能源储量）是由控制变量 $E$ 动态驱使的一个变量，所以显然 $S(t)$ 在此充当状态变量。

能源的使用 $E$ 类似本章的效用函数中的 $L$（代表总贷款余额，在模型中是控制变量）。总贷款余额 $L$ 的功能是：总贷款余额 $L$ 使消费 $C$ 所要求的商品和服务生产成为可能，消费增加社会总效用。从一个社会（指一个国家政府）来看，不良贷款（用 $N$ 代表）会使资源误置，降低一个国家的效用，即不良贷款它产生了负效用（对一个国家而言），本章使用的最优控制论方法是从社会管理者（政府）的角度来探讨一个国家的效用的，从不同的侧面（角度），有不同的效用函数，看研究的是何问题。

比如，在研究通货膨胀时效用函数为

$$U = \frac{1}{2}(y - y^{*})^2 + \frac{1}{2}(\pi - \pi^{*})^2$$

不良贷款 $N$ 的边际效用小于0，不良贷款 $N$ 的边际效用递减，即社会的总效用 $U$ 是不良贷款 $N$ 的凹函数。

上面的分析表示为图4.1。

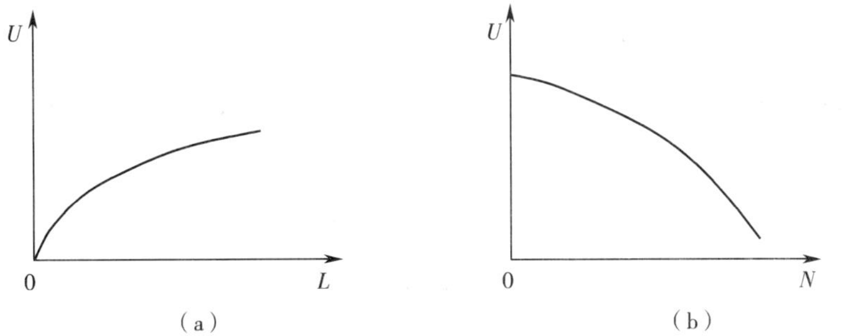


**图4.1　社会的总效用 $U$ 与总贷款 $L$、不良贷款 $N$ 的关系**

（二）假设

假设1：假设 $\alpha<0$，不良贷款 $N$ 随时间的变化率 $\dot{N}$ 与总贷款余额 $L$ 的关系是 $\frac{\partial \dot{N}}{\partial L}=-\alpha>0$[①]，含义为：不良贷款 $N$ 随时间的变化率 $\dot{N}$ 是总贷款 $L$ 的增函数，贷款 $L$ 越高，不良贷款 $N$ 随时间的变化率 $\dot{N}$ 越大。比如：随着总贷款 $L$ 的增加，$\dot{N}$，即 $\frac{dN}{dt}$ 可能由 -0.1（万亿/年）变为0.01（万亿/年）。[②]

假设2：假设 $\beta>0$，$A$ 为通过加强银行内部管理的努力，产权制

① 如果假设 $\alpha>0$，$\frac{\partial \dot{N}}{\partial L}=\alpha>0$，结论与我们正文中的一样。相应地，后面的假设9变为：$\dot{N}=\alpha L-\beta A^2-\delta N+h|\Delta G|+\gamma\ (i-r)\ +fD+aS+b\Delta E$，第1项的负号变为正号。

② 为何总贷款越多，银行不良贷款递增的速度越快？因为假设其他变量相同的情况下，总贷款越多，表明银行贷款时的检查越松，所以导致银行不良贷款递增的速度越快。

度改革的努力程度可以影响 $\beta$ 的大小，一个产权清晰的社会的 $\beta$ 值比一个产权不清晰的社会的 $\beta$ 值大，$\frac{\partial \dot{N}}{\partial A} = -\beta < 0$，含义为：通过加强银行内部管理的努力，不良贷款 $N$ 随时间的变化率 $\dot{N}$ 降低。比如：随着银行内部管理的努力 $A$ 的增加，$\dot{N}$，即 $\frac{\mathrm{d}N}{\mathrm{d}t}$ 可能由 0.1（万亿/年）变为 -0.01（万亿/年）。

假设 3：假设 $\delta > 0$，为 $N$ 代表不良贷款。$\frac{\partial \dot{N}}{\partial N} = -\delta < 0$，含义为：随着银行不良贷款 $N$ 的增加，不良贷款 $N$ 随时间的变化率 $\dot{N}$ 降低。比如：随着银行不良贷款 $N$ 的增加，$\dot{N}$，即 $\frac{\mathrm{d}N}{\mathrm{d}t}$ 可能由 0.1（万亿/年）变为 0.01（万亿/年）。[①]

假设 4：假设 $h > 0$，$|\Delta G|$ 代表经济增长率 $G$ 的变动幅度的绝对值，$\frac{\partial \dot{N}}{\partial |\Delta G|} = h > 0$，含义分两种情况讨论。

（1）假设经济增长率 $\Delta G > 0$ 时，意味着，经济增长率的变动幅度 $\Delta G$ 的大幅度增加，经济过热，人们害怕失去赚钱的机会，即使没有盈利前景的项目也通过银行融资贷款上马，导致了银行不良贷款 $N$ 随时间的变化率 $\dot{N}$ 增加，比如：随着银行不良贷款 $N$ 的增加，$\dot{N}$，即 $\frac{\mathrm{d}N}{\mathrm{d}t}$ 可能由 -0.1（万亿/年）变为 0.01（万亿/年）。

（2）假设经济增长率 $\Delta G < 0$ 时，意味着，经济增长率的变动幅

① 因为随着银行不良贷款的增加，银行信贷部门和监管部门（监管当局）会采取措施，加强信贷活动在贷款前、贷款中、贷款后的审查，加强信贷资金的使用。

度 $\Delta G$ 的大幅度降低，经济不景气，供给大于需求，物价下滑，产品销售不出去，企业盈利下降，导致不良贷款 $N$ 随时间的变化率 $\dot{N}$ 增加。比如：随着银行不良贷款 $N$ 的增加，$\dot{N}$，即$\frac{\mathrm{d}N}{\mathrm{d}t}$可能由 -0.5（万亿/年）变为0.01（万亿/年）。

假设5：假设 $\gamma>0$，$i-r$ 为名义贷款利率 $i$ 与企业实际收益 $r$ 之差。$\frac{\partial \dot{N}}{\partial(i-r)}=\gamma>0$，含义为：不良贷款 $N$ 随时间的变化率 $\dot{N}$ 是 $i-r$ 的增函数，$i-r$ 越高，不良贷款 $N$ 随时间的变化率 $\dot{N}$ 越大。比如：随着 $i-r$ 的增加，$\dot{N}$，即$\frac{\mathrm{d}N}{\mathrm{d}t}$可能由 -0.1（万亿/年）变为0.01（万亿/年）。因为名义利率 $i$ 为融资成本，所以，融资成本越高，或实际企业收益 $r$ 越低，名义利率 $i$ 与实际企业收益 $r$ 之差就越大，即企业亏损越大，不良贷款 $N$ 随时间的变化率 $\dot{N}$ 越大。

假设6：假设 $f>0$，$D$ 为对外开放的程度，$\frac{\partial \dot{N}}{\partial D}=f>0$，含义为：不良贷款 $N$ 随时间的变化率 $\dot{N}$ 是 $D$ 的增函数，$D$ 越高，不良贷款 $N$ 随时间的变化率 $\dot{N}$ 越大。比如：随着 $D$ 的增加，$\dot{N}$，即$\frac{\mathrm{d}N}{\mathrm{d}t}$可能由 -0.1（万亿/年）变为0.01（万亿/年）。因为对外开放的程度 $D$ 越高，企业容易受冲击和面对国外的竞争，企业受冲击和面对国外的竞争越大，不确定性因素越多，企业亏损越大，不良贷款 $N$ 随时间的变化率 $\dot{N}$ 越大（说明：这里不讨论汇率变化的影响，下面假设8要单独讨论）。

假设7：假设 $a>0$，$S$ 为企业家的动物精神。$\frac{\partial \dot{N}}{\partial S}=a>0$，含义为：

不良贷款 $N$ 随时间的变化率 $\dot{N}$ 是 $S$ 的增函数，$S$ 越高，不良贷款 $N$ 随时间的变化率 $\dot{N}$ 越大。比如：随着 $S$ 的增加，$\dot{N}$，即 $\frac{\mathrm{d}N}{\mathrm{d}t}$ 可能由 $-0.1$（万亿/年）变为 0.02（万亿/年）。因为企业家的动物精神的增加，即企业家的非理性行为（用 $S$ 表示）的增加，随经济周期的波动增大，或过度投资，或过度紧缩（企业家同时大大增加或大大降低投资），所以不良贷款的增速增加。

假设 8：假设 $b>0$，$\Delta E$ 为汇率的变化，假如采用直接标价法，$\Delta E>0$，$\frac{\partial \dot{N}}{\partial \Delta E}=b>0$，意味着本币贬值，通过借外债的企业表现为以本币计值的外债增加，加重了企业的债务负担，企业亏损的可能性增大，不良贷款 $N$ 随时间的变化率 $\dot{N}$ 增大。

假如采用直接标价法，$\Delta E<0$，$\frac{\partial \dot{N}}{\partial \Delta E}=b>0$，意味着本币升值，通过借外债的企业表现为以本币计值的外债减少，降低了企业的债务负担，企业亏损的可能性降低，不良贷款 $N$ 随时间的变化率 $\dot{N}$ 降低。

假设 9：假设上述影响 $\dot{N}$ 的所有因素线性相加。不良贷款 $N$ 随时间的变化率 $\dot{N}$ 的表达式为

$$\dot{N}=-\alpha L-\beta A-\delta N+h|\Delta G|+\gamma(i-r)+fD+aS+b\Delta E$$

### 4.1.2 建立最优银行不良贷款率动态模型

（一）问题

因为社会总效用函数

$$U = U(C(L), P(N)) = U(L, N)$$①

所以社会的目标函数是

$$\max\int_0^T U\mathrm{d}t = U(C(L), P(N))\mathrm{d}t = \max\int_0^T U(L, N)\mathrm{d}t \tag{4.1}$$

社会的总效用函数为

$$U = C^{\eta} - vN^{m} = uL^{\theta} - vN^{m} \tag{4.2}$$

式中：$L$ 代表总贷款；$N$ 代表不良贷款。

满足约束条件：

(1) $\dot{N} = -\alpha L - \beta A - \delta N + h|\Delta G| + \gamma(i - r) + fD + aS + b\Delta E$ (4.3)

(2) $u > 0, L > 0, 0 < \theta < 1$，则 $\frac{\partial U}{\partial L} = u\theta L^{\theta-1} > 0$，$\frac{\partial^2 U}{\partial L^2} = u\theta(\theta - 1)L^{\theta-2} < 0$。即总贷款 $L$ 的边际效用大于0，总贷款 $L$ 的边际效用递减，即社会的效用 $U$ 是总贷款 $L$ 的凹函数。

(3) $m > 1, N > 0$，则 $\frac{\partial U}{\partial N} = -vmN^{m-1} < 0$，$\frac{\partial^2 U}{\partial N^2} = -vm(m-1)N^{m-2} < 0$。即不良贷款 $N$ 的边际效用小于0，不良贷款 $N$ 的边际效用递减。

(4) $N(T)$ 自由。

### （二）最大化哈密尔顿函数

哈密尔顿函数为

$$H = U(N, L) + \lambda_N(-\alpha L - \beta A - \delta N + h|\Delta G| + \gamma(i - r) + fD + aS + b\Delta E) \tag{4.4}$$

$$\frac{\partial H}{\partial L} = u\theta L^{\theta-1} - \alpha\lambda_N \tag{4.5}$$

因为 $L > 0$，所以 $\frac{\partial H}{\partial L} \leqslant 0$（库恩塔克条件），又因为 $L\frac{\partial H}{\partial L} = 0$（互

① 参见本章关于效用函数的分析。

补松弛条件）

所以 $\frac{\partial H}{\partial L}=0$，即 $\frac{\partial H}{\partial L}=u\theta L^{\theta-1}-\alpha\lambda_N=0$ （4.6）

因为 $u\theta L^{\theta-1}>0,\alpha<0$，所以 $\lambda_N<0$。

式（4.6）两边对时间求导得：$u\theta(\theta-1)L^{\theta-2}\dot{L}=\alpha\dot{\lambda}_N$ （4.7）

又因为 $\dot{\lambda}_N=-\frac{\partial H}{\partial N}=vmN^{m-1}+\delta\lambda_N$ （4.8）

式（4.8）等于0，即 $\dot{\lambda}_N=-\frac{\partial H}{\partial N}=vmN^{m-1}+\delta\lambda_N=0$ （4.8）′

所以 $\lambda_N=-\frac{vm}{\delta}N^{m-1}<0$ （4.8）″

因为 $\dot{N}=-\alpha L-\beta A-\delta N+h|\Delta G|+\gamma(i-r)+fD+aS+b\Delta E$

$\dot{N}=0$，即

$$\dot{N}=-\alpha L-\beta A-\delta N+h|\Delta G|+\gamma(i-r)+fD+aS+b\Delta E=0$$

所以 $N=[-\alpha L-\beta A+h|\Delta G|+\gamma(i-r)+fD+aS+b\Delta E]/\delta$

（4.3）′

由式（4.6）得 $\lambda_N=u\theta L^{\theta-1}/\alpha$ （4.6）′

式（4.6）′代入式（4.8）得

$$\dot{\lambda}_N=-\frac{\partial H}{\partial N}=vmN^{m-1}+\delta\frac{u\theta L^{\theta-1}}{\alpha} \quad (4.8)'''$$

所以当 $N$ 增加，$\dot{\lambda}_N$ 增加。

由式（4.8）″ $\lambda_N=-\frac{vm}{\delta}N^{m-1}<0$

得 $\lambda_N=\frac{1}{\delta}(-vmN^{m-1})=\frac{1}{\delta}U'_N$

$\lambda_N = \dfrac{1}{\delta}(-vmN^{m-1}) = \dfrac{1}{\delta}U'_N$ 的经济学意义为：$\lambda_N$ 是不良贷款的增长率 $\dot{N}$ 的哈密尔顿乘子，即不良贷款的影子价格，影子价格等于不良贷款的边际负效用 $(-vmN^{m-1}) = U'_N$ 乘以 $\dfrac{1}{\delta}$，不良贷款的影子价格可以称为不良贷款的边际成本。

（三）求出 $N$、$\lambda_N$ 空间的相图

由式（4.3）与最优化得出的式（4.8）‴构成微分方程组。

$$\begin{cases} \dot{N} = -\alpha L - \beta A - \delta N + h|\Delta G| + \gamma(i-r) + fD + aS + b\Delta E & (4.3) \\ \dot{\lambda}_N = -\dfrac{\partial H}{\partial N} = vmN^{m-1} + \delta \dfrac{u\theta L^{\theta-1}}{\alpha} & (4.8)''' \end{cases}$$

或由式（4.3）与最优化得出的式（4.8）构成微分方程组。

$$\begin{cases} \dot{N} = -\alpha L - \beta A - \delta N + h|\Delta G| + \gamma(i-r) + fD + aS + b\Delta E & (4.3) \\ \dot{\lambda}_N = -\dfrac{\partial H}{\partial N} = vmN^{m-1} + \delta\lambda_N & (4.8) \end{cases}$$

由 $\dot{N}=0$ 与 $\dot{\lambda}_N=0$ 可以得出 $N$、$\lambda_N$ 的均衡解，即式（4.3）′与最优化得出的式（4.8）″。

$$\begin{cases} N = [-\alpha L - \beta A + h|\Delta G| + \gamma(i-r) + fD + aS + b\Delta E]/\delta & (4.3)' \\ \lambda_N = -\dfrac{vm}{\delta}N^{m-1} < 0 & (4.8)'' \end{cases}$$

由上面的两组方程组可得出 $N$、$\lambda_N$ 空间的相图，见图 4.2。

从图 4.2 可知，仅存在鞍点均衡点 $E_0$，假设初始位置在 M、W 点，则不良贷款的边际负效用 $(-vmN^{m-1}) = U'_N$ 与不良贷款 $N$ 会沿着鞍径 $ME_0$，$WE_0$ 移向均衡的鞍点 $E_0$，在均衡点 $E_0$，不良贷款的边际负效用与不良贷款 $N$ 都不随时间增加，其稳定解由式（4.3）′与最优化得出的式（4.8）″给出。

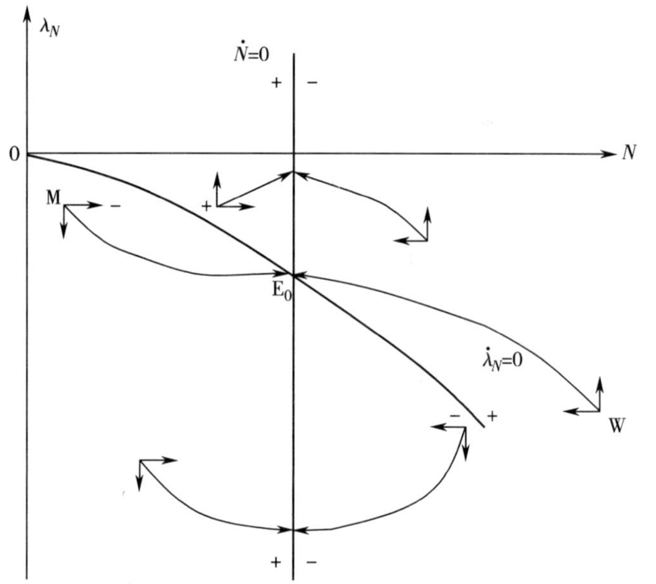


**图 4.2 $N$、$\lambda_N$ 空间的相图**

(四) 求出 $N$、$L$ 空间的相图

因为 $\frac{\partial H}{\partial L} = u\theta L^{\theta-1} - \alpha\lambda_N = 0$ (4.6)

由式 (4.6) 得 $\lambda_N = u\theta L^{\theta-1}/\alpha$ (4.6)

式 (4.6) 两边对时间求导得 $u\theta(\theta-1)L^{\theta-2}\dot{L} = \alpha\dot{\lambda}_N$ (4.7)

又因为 $\dot{\lambda}_N = -\frac{\partial H}{\partial N} = vmN^{m-1} + \delta\lambda_N$ (4.8)

所以将式 (4.8) 代入式 (4.7) 得

$$u\theta(\theta-1)L^{\theta-2}\dot{L} = \alpha\dot{\lambda}_N = \alpha(vmN^{m-1} + \delta\lambda_N)$$

$$\dot{L} = \alpha\dot{\lambda}_N = [\alpha(vmN^{m-1} + \delta\lambda_N)]/u\theta(\theta-1)L^{\theta-2} \quad (4.9)$$

将式 (4.6)′代入式 (4.9) 得

$$\dot{L} = \alpha\dot{\lambda}_N = (\alpha vmN^{m-1} + \delta u\theta L^{\theta-1})/u\theta(\theta-1)L^{\theta-2} \quad (4.10)$$

为了求出 $L$ 的均衡值，设 $\dot{L}=0$

$$\dot{L}=0=(\alpha vmN^{m-1}+\delta u\theta L^{\theta-1})=0 \tag{4.11}$$

所以 $N^{m-1}=-\delta u\theta L^{\theta-1}/\alpha vm>0$（$\alpha<0$,见假设1） (4.11)′

即 $N=(-\delta u\theta L^{\theta-1}/\alpha vm)^{\frac{1}{m-1}}>0$ (4.11)″

$n=(-\delta u\theta/\alpha vm)^{\frac{1}{m-1}}>0$(因为 $\delta>0,u>0,\theta>0,v>0,m>0,\alpha<0$)

$$N=(-\delta u\theta L^{\theta-1}/\alpha vm)^{\frac{1}{m-1}}=nL^{-\frac{1-\theta}{m-1}}>0 \qquad (4.11)'''$$

由式（4.3）与最优化得出的式（4.10）构成微分方程组。

$$\begin{cases}\dot{N}=-\alpha L-\beta A-\delta N+h|\Delta G|+\dot{\gamma}(i-r)+fD+aS+b\Delta E & (4.3)\\ \dot{L}=\alpha\dot{\lambda}_N=(\alpha vmN^{m-1}+\delta u\theta L^{\theta-1})/u\theta(\theta-1)L^{\theta-2} & (4.10)\end{cases}$$

令式（4.3）与最优化得出的式（4.10）分别等于0求出均衡解。

由 $\dot{N}=0$ 与 $\dot{L}=0$ 可以得出 $N$，$L$ 的均衡解，即式（4.3）′与最优化得出的式（4.11）″

$$\begin{cases}N=[-\alpha L-\beta A+h|\Delta G|+\gamma(i-r)+fD+aS+b\Delta E]/\delta & (4.3)'\\ N=(-\delta u\theta L^{\theta-1}/\alpha vm)^{\frac{1}{m-1}}>0 & (4.11)''\end{cases}$$

或

$$\begin{cases}N=[-\alpha L-\beta A+h|\Delta G|+\gamma(i-r)+fD+aS+b\Delta E]/\delta & (4.3)'\\ N=(-\delta u\theta L^{\theta-1}/\alpha vm)^{\frac{1}{m-1}}=nL^{-\frac{1-\theta}{m-1}}>0 & (4.11)'''\end{cases}$$

我们只讨论 $N>0$ 的情况，即不良贷款大于0的情况。

$$N=[-\alpha L-\beta A+h|\Delta G|+\gamma(i-r)+fD+aS+b\Delta E]/\delta>0$$

要求

$[-\alpha L-\beta A+h|\Delta G|+\gamma(i-r)+fD+aS+b\Delta E]>0$，因为 $\alpha<0$，$-\alpha>0$，所以 $\dot{N}=0$ 曲线在 $N$、$L$ 空间斜率为正。由上面的两组方程组可得出 $N$、$L$ 空间的相图，见图4.3。

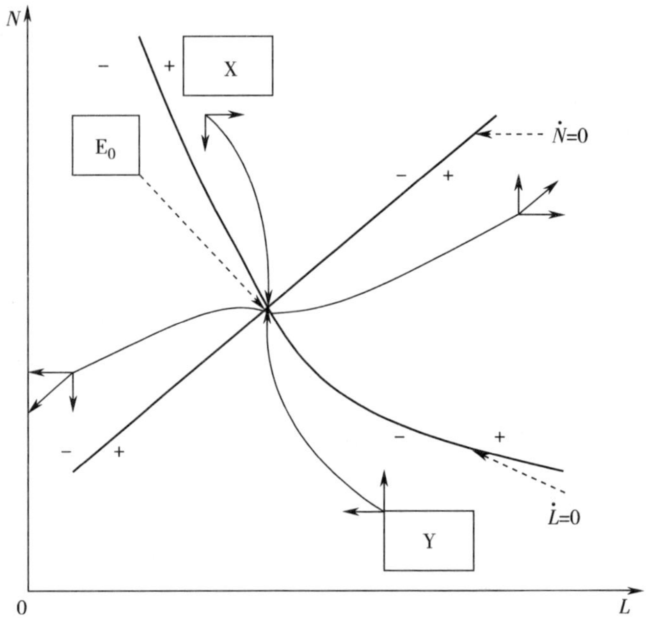


**图 4.3　N、L 空间的相图**

从上面的相图可知，仅存在鞍点均衡点 $E_0$，假设初始位置在 X、Y 点，则不良贷款的边际负效用（$-vmN^{m-1}$）$=U'_N$ 与不良贷款 $N$ 会沿着鞍径 $XE_0$，$YE_0$ 移向均衡的鞍点 $E_0$，在均衡点 $E_0$，不良贷款的边际负效用与不良贷款 $N$ 都不随时间增加，其稳定解由式（4.3）′与最优化得出的式（4.11）‴给出。$\dot{L}=0$ 曲线斜率为负是因为已经假设 $\dfrac{1-\theta}{m-1}>1$。

## 4.2　分析参变量的变化对动态路径的影响与政策意义

### 4.2.1　首先分析参变量对 $N$、$\lambda_N$ 空间相图的影响

（一）从影响 $\dot{N}$ 的因素分析使不良贷款 $N$ 降低的原因

为了分析的方便，我们再次考察假设 2、假设 5 和由 $\dot{N}=0$ 与

$\dot{\lambda}_N=0$ 得出 $N$、$\lambda_N$ 的均衡解，即式（4.3）′与最优化得出的式（4.8）″。

$$\begin{cases} N=[-\alpha L-\beta A+h|\Delta G|+\gamma(i-r)+fD+aS+b\Delta E]/\delta & (4.3)' \\ \lambda_N=-\dfrac{vm}{\delta}N^{m-1}<0 & (4.8)'' \end{cases}$$

由假设 2 可知，当通过加强银行内部管理的努力，即 $A$ 增加，不良贷款 $N$ 的均衡解从式（4.3）′中可以看出降低，使 $\dot{N}=0$ 线左移。

由假设 5 可知，当企业实际收益 $r$ 增加，$N$ 的均衡解从式（4.3）′中可以看出降低。

1. 当通过加强银行内部管理的努力是永久的，即 $A$ 增加，或企业实际收益 $r$ 增加，或上述二者同时增加是永久的。所以，在其他假设不变的情况下，当通过加强银行内部管理的努力，即 $A$ 增加，或企业实际收益 $r$ 增加，或上述二者同时增加，均能使不良贷款 $N$ 的均衡解降低，使 $\dot{N}=0$ 线左移，由上面的分析图 4.2 可以变为图 4.4（a）。

此时，均衡的鞍点由 $E_0$ 移向了 $E_1$，显然，此时的不良贷款 $N$ 降低。

通过加强银行体系内部管理的努力包括金融监管部门对商业银行的监督检查、商业银行对借款者的检查。检查一词是广义的，包括利用现代经济学分析工具对代理人的隐蔽行动进行遏制，聘用一流的经济学家挖掘信息，减少非对称信息和不完全信息，做到贷前、贷中审查，贷后跟踪研究。贷前要做到对贷款的准确定价。①

2. 当通过加强银行内部管理的努力是暂时的，即 $A$ 增加，或企业实际收益 $r$ 增加，或上述二者同时增加是暂时的。

---

①　将 CAPM 运用于贷款的定价，银行收取的名义利率为 $1+r+\pi$，$r$ 是同业拆借利率，$\pi$ 是银行股东要求的风险溢价。我国四大国有商业银行的股东可以看做是政府。

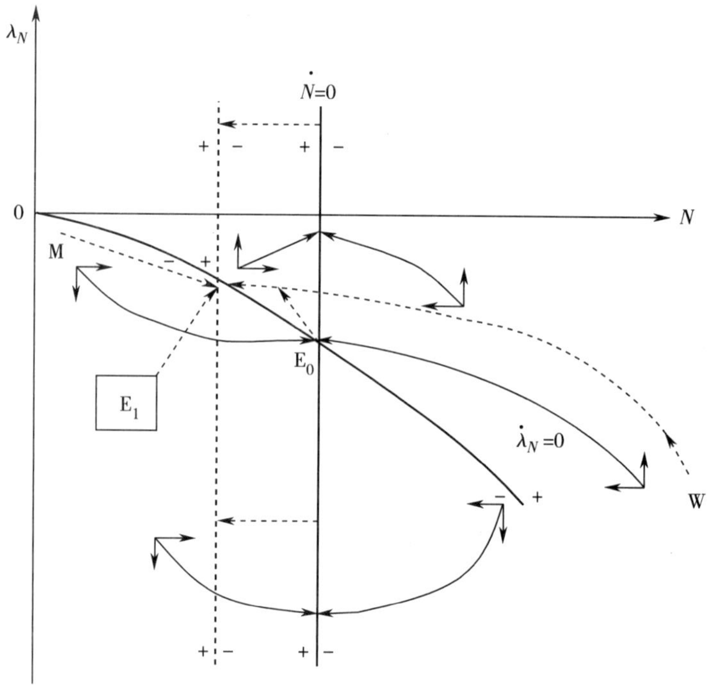


**图 4.4（a） $N$、$\lambda_N$ 空间的相图**

在其他假设不变的情况下，当暂时通过加强银行内部管理的努力，即 $A$ 暂时增加，或企业实际收益 $r$ 暂时增加，或上述二者同时暂时增加，均能使不良贷款 $N$ 的均衡解暂时降低，使 $\dot{N}=0$ 线暂时左移。

所以加强银行内部管理的努力，或企业实际收益 $r$ 增加是暂时的，则 $\dot{N}=0$ 曲线先左移，然后又移回原来的位置，由上面的分析图 4.2 可以变为图 4.4（b）。

此时，均衡的鞍点由 $E_0$ 趋向点 $E_1$，但是未达到点 $E_1$，就回到旧的鞍径上，再回到 $E_0$。显然，此时的不良贷款 $N$ 先降低，然后又回到初始位置。

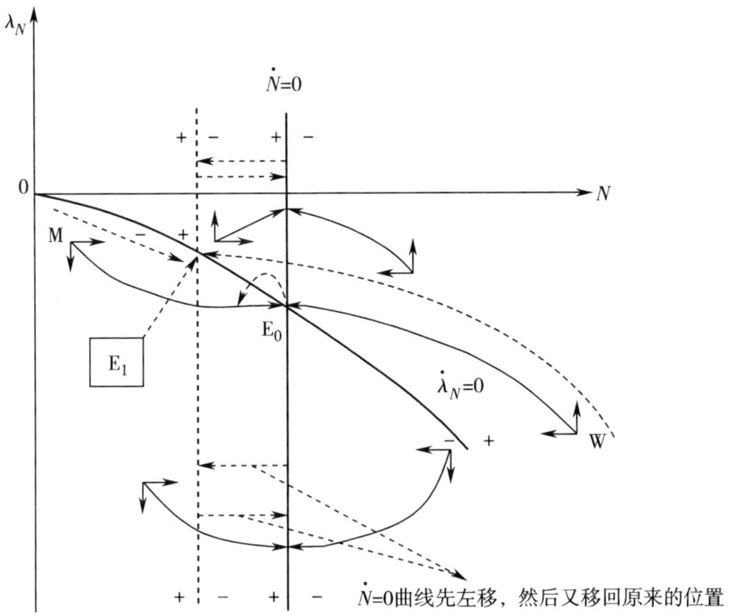


图 4.4（b） $N$、$\lambda_N$ 空间的相图

（二）从影响 $\dot{N}$ 的因素分析使不良贷款 $N$ 增加的原因

为了分析的方便，我们再次考察假设 1、4、5、6、7、8、9 和由 $\dot{N}=0$ 与 $\dot{\lambda}_N=0$ 可以得出 $N$、$\lambda_N$ 的均衡解，即式（4.3）′与最优化得出的式（4.8）″。

$$\begin{cases} N = [-\alpha L - \beta A + h|\Delta G| + \gamma(i-r) + fD + aS + b\Delta E]/\delta & (4.3)' \\ \lambda_N = -\dfrac{vm}{\delta}N^{m-1} < 0 & (4.8)'' \end{cases}$$

从上面的假设 1、4、5、6、7、8、9 得出：总贷款余额 $L$、经济增长率 $G$ 的变动幅度的绝对值 $|\Delta G|$、名义利率 $i$、对外开放的程度 $D$、企业家的动物精神 $S$、汇率的变化 $\Delta E$ 的增加，均能使不良贷款 $N$ 增加。从上面的 $\dot{N}=0$ 与 $\dot{\lambda}_N=0$ 可以得出 $N$、$\lambda_N$ 的均衡解，即式

(4.3)′与式 (4.8)″可知：$\dot{N}=0$ 直线右移，由上面的分析图 4.2 可以变为图 4.5。

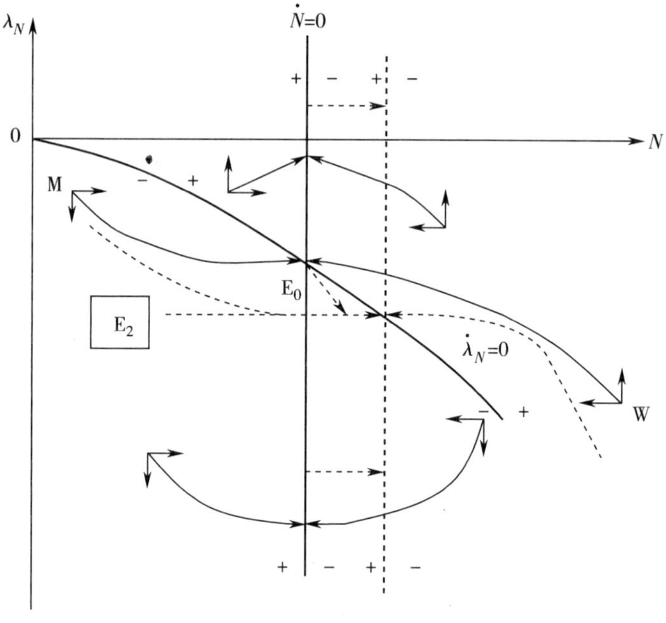


**图 4.5　$N$、$\lambda_N$ 空间的相图**

此时，均衡的鞍点由 $E_0$ 移向了 $E_2$，显然，此时的不良贷款 $N$ 增加。

从影响 $\dot{N}$ 增加的原因与影响 $\dot{N}$ 降低的原因可以看出：如果加强银行内部管理的努力或产权制度改革的努力，即 $A$ 增加，或企业实际收益 $r$ 增加，或上述二者同时增加可以降低银行不良贷款 $N$，但是如果影响 $\dot{N}$ 增加的宏观经济环境（总贷款余额 $L$、经济增长率 $G$ 的变动幅度的绝对值 $|\Delta G|$、名义利率 $i$、对外开放的程度 $D$、企业家的动物精神 $S$、汇率的变化 $\Delta E$ 的增加，均能使不良贷款 $N$ 增加）恶化，会使银行内部管理的努力或产权制度改革的努力，即使 $A$ 增加，或企

业实际收益 $r$ 增加（技术进步）正效应不被观察到或减弱，不良贷款 $N$ 难以改善。

（三）从影响 $\dot{\lambda}_N$ 的因素分析使不良贷款 $N$ 变化的原因

为了分析的方便，我们再次考察本章的效用函数、假设 1 至假设 9 和 $\dot{N}=0$ 与 $\dot{\lambda}_N=0$。

由 $\dot{N}=0$ 与 $\dot{\lambda}_N=0$ 可以得出 $N$、$\lambda_N$ 的均衡解，即式（4.3）′与最优化得出的式（4.8）″。

$$\begin{cases} N = [-\alpha L - \beta A + h|\Delta G| + \gamma(i-r) + fD + aS + b\Delta E]/\delta & (4.3)' \\ \lambda_N = -\dfrac{vm}{\delta}N^{m-1} < 0 & (4.8)'' \end{cases}$$

假设 $v$ 增加，$m$ 增加，则 $\dot{\lambda}_N=0$ 曲线负得越厉害，由上面的分析图 4.2 可以变为图 4.6。

此时，$v$ 增加，$m$ 增加导至均衡的鞍点由 $E_0$ 移向了 $E_3$，显然，此时的不良贷款 $N$ 不变，但是 $\lambda_N$ 下移。此时尽管不良贷款 $N$ 不变，但是不良贷款 $N$ 产生的边际成本加大。

（四）从影响 $\dot{\lambda}_N$ 与 $\dot{N}$ 的共同因素分析使不良贷款 $N$ 变化的原因

1. 假设 $\delta$ 降低是永久性的，则 $\dot{\lambda}_N=0$ 曲线负得越厉害，同时 $\dot{N}=0$ 曲线右移，由上面的分析图 4.2 可以变为图 4.7（a）。

此时，均衡的鞍点由 $E_0$ 移向了 $E_4$，显然，此时的不良贷款 $N$ 增加，因为 $\lambda_N$ 下移，不良贷款 $N$ 产生的边际成本也加大。

因为 $\delta$ 在 $\dot{N} = -\alpha L - \beta A - \delta N + h|\Delta G| + \gamma(i-r) + fD + aS + b\Delta E$ 中其实是一个负反馈系数，当负反馈系数 $\delta$ 降低，当然增加了不良贷款 $N$。

2. 假设 $\delta$ 降低是暂时性的，则 $\dot{\lambda}_N=0$ 曲线暂时负得越厉害，同

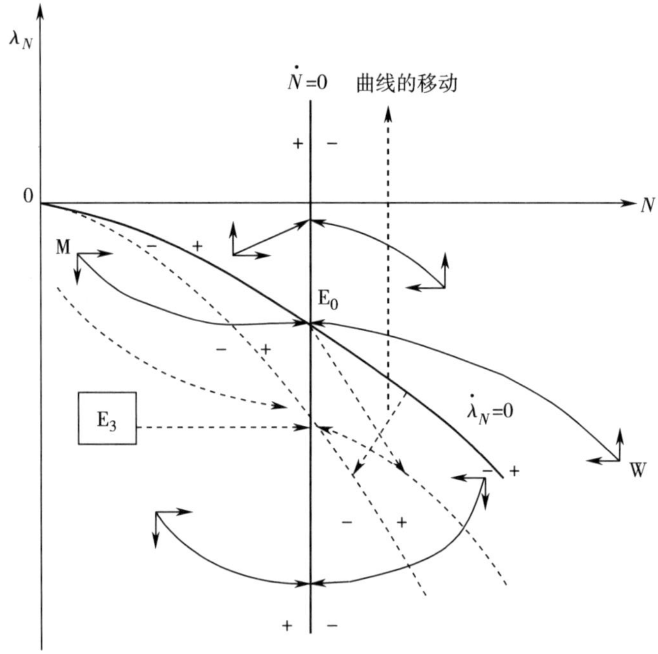


**图 4.6 $v$ 增加，$m$ 增加，$N$、$\lambda_N$ 空间的相图**

时 $\dot{N}=0$ 曲线也暂时右移，由分析图 4.7（a）可以变为图4.7（b）。

此时，均衡的鞍点由 $E_0$ 趋向 $E_4$，显然，此时的不良贷款 $N$ 暂时增加，因为 $\lambda_N$ 暂时下移，不良贷款 $N$ 产生的边际成本也暂时加大，然后又回到旧的鞍径上（实线），进一步回到旧的均衡鞍点 $E_0$。

其他系数，如 $\alpha$、$\beta$、$h$、$\gamma$、$f$、$a$、$b$ 的分析方法基本同上，$\alpha$、$h$、$\gamma$、$f$、$a$、$b$ 是正反馈系数（因为 $\alpha<0$），当它们增加时会增加不良贷款 $N$，当它们降低时会降低不良贷款 $N$。

其中，$\beta$ 是负反馈系数，当负反馈系数 $\beta$ 降低，当然增加了不良贷款 $N$，当负反馈系数 $\beta$ 增加，当然降低了不良贷款 $N$。

系数 $\alpha$、$\beta$、$h$、$\gamma$、$f$、$a$、$b$ 也可以称为 $\dot{N}$ 对变量 $L$、$A$、$N$、$D$、

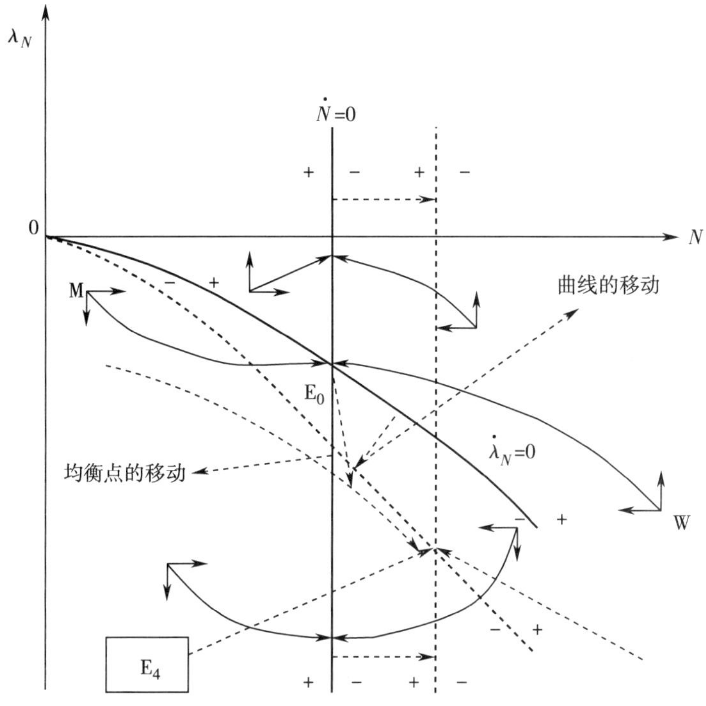


**图 4.7（a） $\delta$ 永久性降低，$N$、$\lambda_N$ 空间的相图**

$|\Delta G|$、$\Delta E$、$(i-r)$ 的敏感度，由人文历史环境决定。如像消费函数 $C=cY$，$c$ 在各个国家不一样，由各个国家的人文历史环境决定。

### 4.2.2 分析参变量对 $N$、$L$ 空间相图的影响

为了便于分析，回顾下面几组方程。

由式（4.3）与最优化得出的式（4.10）构成微分方程组。

$$\begin{cases} \dot{N} = -\alpha L - \beta A - \delta N + h|\Delta G| + \gamma(i-r) + fD + aS + b\Delta E & (4.3) \\ \dot{L} = \alpha\dot{\lambda}_N = (\alpha vmN^{m-1} + \delta u\theta L^{\theta-1})/u\theta(\theta-1)L^{\theta-2} & (4.10) \end{cases}$$

令式（4.3）与最优化得出的式（4.10）分别等于 0 求出均衡解。

由 $\dot{N}=0$ 与 $\dot{L}=0$ 可以得出 $N$、$L$ 的均衡解，即式（4.3）′与最优

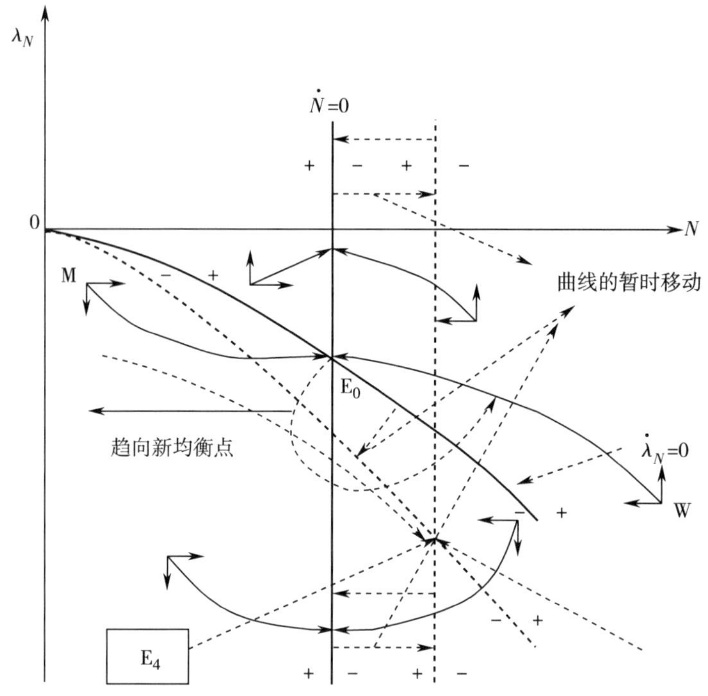


**图 4.7（b） δ 暂时性降低，N、$\lambda_N$ 空间的相图**

化得出的式（4.11）″。

$$\begin{cases} N = [-\alpha L - \beta A + h|\Delta G| + \gamma(i - r) + fD + aS + b\Delta E]/\delta & (4.3)' \\ N = (-\delta u\theta L^{\theta-1}/\alpha vm)^{\frac{1}{m-1}} > 0 & (4.11)'' \end{cases}$$

或

$$\begin{cases} N = [-\alpha L - \beta A + h|\Delta G| + \gamma(i - r) + fD + aS + b\Delta E]/\delta & (4.3)' \\ N = (-\delta u\theta L^{\theta-1}/\alpha vm)^{\frac{1}{m-1}} = nL^{-\frac{1-\theta}{m-1}} > 0 & (4.11)''' \end{cases}$$

我们只讨论 $N>0$ 的情况，即不良贷款大于 0 的情况。

$$N = [-\alpha L - \beta A + h|\Delta G| + \gamma(i - r) + fD + aS + b\Delta E]/\delta$$

要求

$$[-\alpha L - \beta A + h|\Delta G| + \gamma(i - r) + fD + aS + b\Delta E] > 0$$

（一）当通过加强银行内部管理的努力，即 $A$ 增加，或企业实际收益 $r$ 增加，或上述二者同时增加对 $\dot{N}=0$ 曲线的影响，即分析不良贷款降低的原因

1. 如果当通过加强银行内部管理的努力是永久的，即 $A$ 增加，或企业实际收益 $r$ 增加（通过技术进步）是永久的，或上述二者同时增加是永久的。

则 $\dot{N}=0$ 曲线，即曲线 $N=[-\alpha L-\beta A+h|\Delta G|+\gamma(i-r)+fD+aS+b\Delta E]/\delta$ 在 $N$、$L$ 空间下移①，由上面的分析图 4.3 变为图 4.8（a）。

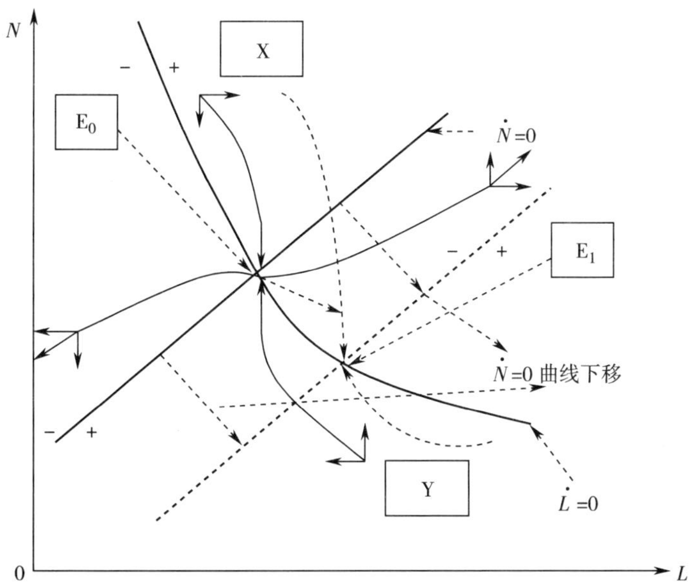


**图 4.8（a）　$A$ 增加或企业实际收益 $r$ 增加是永久的，$N$、$L$ 空间的相图**

① 因为 $\alpha<0$，$-\alpha>0$，所以 $\dot{N}=0$ 曲线在 $N$、$L$ 空间斜率为正。

从图4.8（a）可知，鞍点均衡点$E_0$移向了$E_1$，此时，贷款余额$L$增加，不良贷款$N$下降，这是最理想的情况，按照社会的总效用函数$U = C^{\eta} - vN^{m} = uL^{\theta} - vN^{m}$可知，在其他条件不变的情况下，社会的总效用增加，与我们在$N$、$\lambda_N$空间的图4.4（a）的分析结果一样，在$N$、$\lambda_N$空间的图4.4（a）中，当通过加强银行内部管理的努力，即$A$增加，或企业实际收益$r$增加，或上述二者同时增加时，不良贷款$N$的边际负效用的绝对值（$-vmN^{m-1}$）$=U'_N$降低，同时不良贷款$N$降低，两者的作用均使社会的效用增加。

如果当通过加强银行内部管理的努力，即$A$降低，或企业实际收益$r$降低，或上述二者同时降低，结论与上面的情况恰恰相反。

2. 如果当通过加强银行内部管理的努力是暂时的，即$A$增加，或企业实际收益$r$增加（通过技术进步）是暂时的，或上述二者同时增加是暂时的。则$\dot{N}=0$曲线，即曲线$N = [-\alpha L - \beta A + h|\Delta G| + \gamma(i-r) + fD + aS + b\Delta E]/\delta$在$N$、$L$空间先下移，然后又回到原来的位置。①均衡点$E_0$在移向$E_1$点的过程中又回到$E_0$。总的贷款余额$L$，不良贷款$N$不变，由上面的分析图4.8（a）变为图4.8（b）。

从图4.8（b）可知，鞍点均衡点$E_0$趋向$E_1$的过程中，但还未达到点$E_1$，就达到旧的鞍径上，再回到$E_0$。此时，贷款余额先$L$增加，不良贷款$N$也下降，按照社会的总效用函数$U = C^{\eta} - vN^{m} = uL^{\theta} - vN^{m}$可知，在其他条件不变的情况下，社会的总效用暂时增加。

与我们在$N$、$\lambda_N$空间的图4.4（b）的分析结果一样，在$N$、$\lambda_N$空间的图4.4（b）中，当通过加强银行内部管理的努力，即$A$增加，或企业实际收益$r$增加，或上述二者同时增加是暂时的时候，不良贷款$N$的边际负效用的绝对值（$-vmN^{m-1}$）$=U'_N$暂时降低，同时不良

① 因为$\alpha<0$，$-\alpha>0$，所以$\dot{N}=0$曲线在$N$、$L$空间斜率为正。

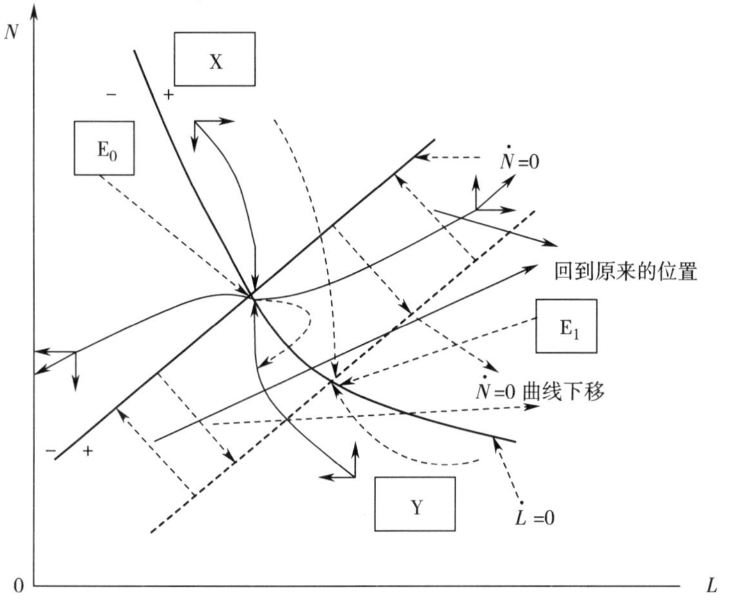


**图 4.8（b） *A* 增加或企业实际收益 *r* 增加是暂时的，*N*、*L* 空间的相图**

贷款 $N$ 暂时降低，两者的作用均使社会的效用暂时增加。

如果当通过加强银行内部管理的努力，即 $A$ 降低，或企业实际收益 $r$ 降低是暂时的，或上述二者同时降低是暂时的，结论与上面的情况恰恰相反。

（二）从影响 $\dot{N}$ 的因素分析使不良贷款 $N$ 增加的原因

从上面的假设得出：经济增长率 $G$ 的变动幅度的绝对值 $|\Delta G|$、名义利率 $i$、对外开放的程度 $D$、企业家的动物精神 $S$、汇率的变化 $\Delta E$ 的增加，均能使不良贷款 $N$ 增加。所以从上面的 $\dot{N}=0$ 与 $\dot{L}=0$ 可以得出 $N$、$L$ 的均衡解，即式（4.3）′与式（4.11）‴可知：$\dot{N}=0$ 直线上移，由上面的分析图 4.3 可以变为图 4.9。

经济增长率 $G$ 的变动幅度的绝对值 $|\Delta G|$、名义利率 $i$、对外开放

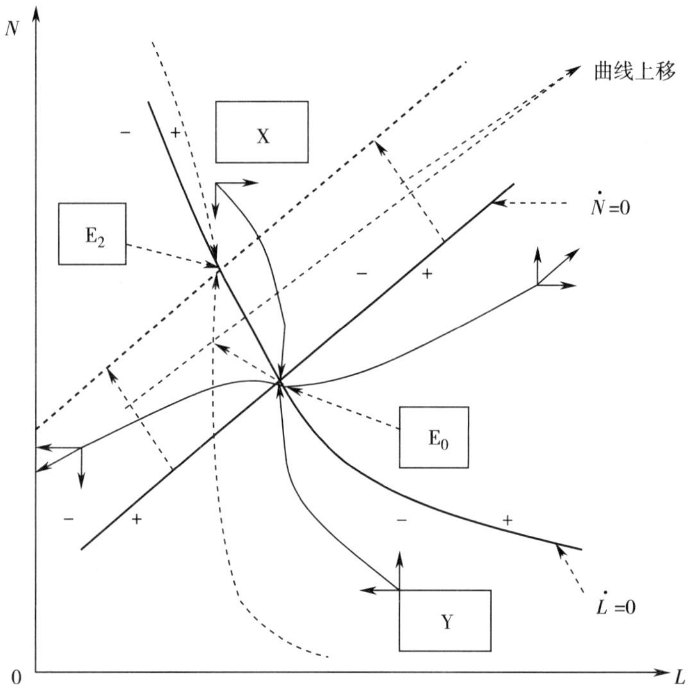


**图 4.9　N、L 空间的相图**

的程度 $D$、企业家的动物精神 $S$、汇率的变化 $\Delta E$ 的增加，均能使不良贷款 $N$ 增加，同时使贷款余额 $L$ 下降。

按照社会的总效用函数 $U = C^{\eta} - vN^{m} = uL^{\theta} - vN^{m}$ 可知，在其他条件不变的情况下，社会的总效用降低，与我们在 $N$、$\lambda_N$ 空间的图 4.5 的分析结果一样，在 $N$、$\lambda_N$ 空间的图 4.5 中，不良贷款 $N$ 的边际负效用的绝对值（$-vmN^{m-1}$）$=U'_N$ 增加，同时不良贷款 $N$ 提高，两者的作用均使社会的效用降低。

其他参数对 $N$、$L$ 空间相图的影响，从而对银行不良贷款均衡值的影响的讨论见附录。

（三）小结

为了明确不良贷款 $N$ 的动态模型的政策含义，我们将总结在 $N$、

$L$ 空间里所讨论的参变量发生变化，进一步影响总的贷款余额 $L$ 与不良贷款 $N$ 的结论，分析始终以 $\dot{N}=0$ 曲线与 $\dot{L}=0$ 曲线为基础，分别为

$$N=[-\alpha L-\beta A+h|\Delta G|+\gamma(i-r)+fD+aS+b\Delta E]/\delta \quad (4.3)'$$

$$N=(-\delta u\theta L^{\theta-1}/\alpha vm)^{\frac{1}{m-1}}=nL^{-\frac{1-\theta}{m-1}}>0 \quad (4.11)'''$$

式中：$n=(-\delta u\theta/\alpha vm)^{\frac{1}{m-1}}>0$（因为 $\delta>0, u>0, \theta>0, v>0, m>0, \alpha<0$）。

从影响 $\dot{N}$ 增加的原因与影响 $\dot{N}$ 降低的原因可以看出：如果加强银行内部管理的努力或产权制度改革的努力，即 $A$ 增加，或企业实际收益 $r$ 增加，或上述二者同时增加可以降低银行不良贷款 $N$，但是如果影响 $\dot{N}$ 增加的宏观经济环境（总贷款余额 $L$、经济增长率 $G$ 的变动幅度的绝对值 $|\Delta G|$、名义利率 $i$、对外开放的程度 $D$、企业家的动物精神 $S$、汇率的变化 $\Delta E$ 的增加，均能使不良贷款 $N$ 增加）恶化，会使银行内部管理的努力或产权制度改革的努力，即使 $A$ 增加，或企业实际收益 $r$ 增加（技术进步）正效应不被观察到或减弱，不良贷款 $N$ 难以改善。

系数 $\delta$ 在 $\dot{N}=-\alpha L-\beta A-\delta N+h|\Delta G|+\gamma(i-r)+fD+aS+b\Delta E$ 中其实是一个负反馈系数，当负反馈系数 $\delta$ 降低，是否增加了不良贷款 $N$，依赖于 $\dot{L}=0$ 方程。系数 $h$、$\gamma$、$f$、$a$、$b$ 是正反馈系数，当它们增加时会增加不良贷款 $N$，当它们降低时会降低不良贷款 $N$。系数 $\alpha$ 也是正反馈系数（因为 $\alpha<0$），当 $\alpha$ 变化是否改变了不良贷款 $N$，依赖于 $\dot{L}=0$ 方程。

系数 $\beta$ 是负反馈系数，当负反馈系数 $\beta$ 降低，当然增加了不良贷款 $N$，当负反馈系数 $\beta$ 增加，当然降低了不良贷款 $N$。系数 $\alpha$、$\beta$、$h$、$\gamma$、$f$、$a$、$b$ 也可以称为 $\dot{N}$ 对变量 $L$、$A$、$N$、$D$、$|\Delta G|$、$\Delta E$、$(i-$

$r$）的敏感度，由人文历史环境决定。如像消费函数 $C=cY$，$c$ 在各个国家不一样，由各个国家的人文历史环境决定。

## 4.3 从银行不良贷款率动态模型推导出的结论

### 4.3.1 $N$、$t$ 空间的时间路径

由前面的分析所得出的银行不良贷款变化率为

$$\dot{N} = -\alpha L - \beta A - \delta N + h|\Delta G| + \gamma(i-r) + fD + aS + b\Delta E$$

令 $C = -\alpha L - \beta A + h|\Delta G| + \gamma(i-r) + fD + aS + b\Delta E$

所以有 $\dot{N} + \delta N = C$，其解为 $N = C/\delta + (N_0 - C/\delta)e^{-\delta t}$，$N_0$ 为 $t=0$ 时的不良贷款（假设 $N=(N_0-C/\delta)>0$），则不良贷款的时间路径如图 4.10（a）。

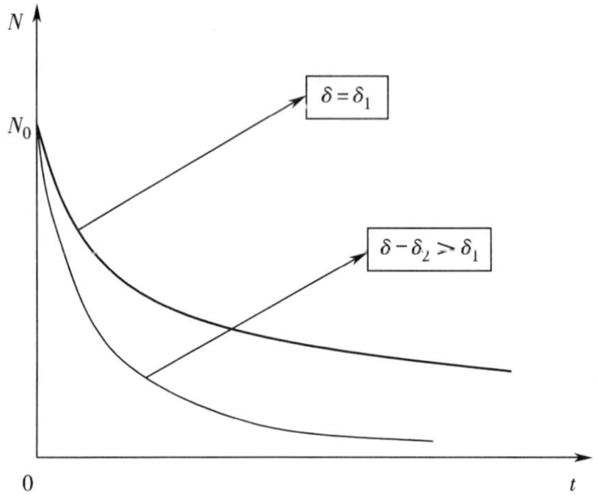


**图 4.10（a） 不良贷款的时间路径**

当 $t_1$，…，$t_4$ 等时刻，假设 $C$ 增加（因为反抗不良贷款的努力 $A$ 降低、利率 $i$ 升高等因素造成的），则不良贷款的时间路径发生向上

的跳跃，因为 $t>0$ 时，$e^{-\delta t}<1$，如图 4.10（b）不良贷款增加。

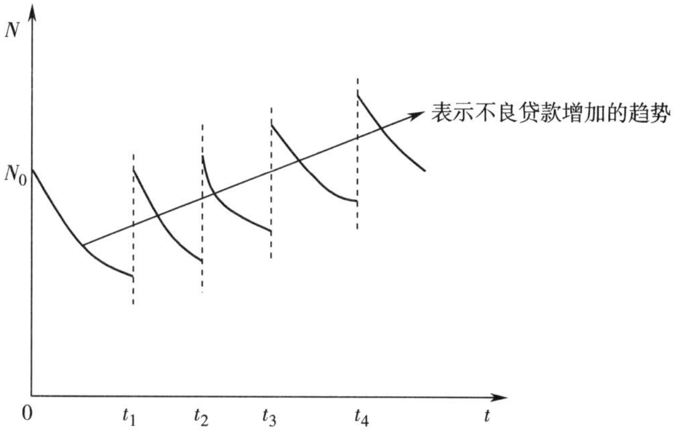


**图 4.10（b） 不良贷款的时间路径**

当 $t_1$，…，$t_4$ 等时刻，假设 $C$ 降低（因为反抗不良贷款的努力 $A$ 增加、利率 $i$ 降低等因素造成的），则不良贷款的时间路径发生向下的跳跃，不良贷款跳跃式降低，如图 4.10（c）。

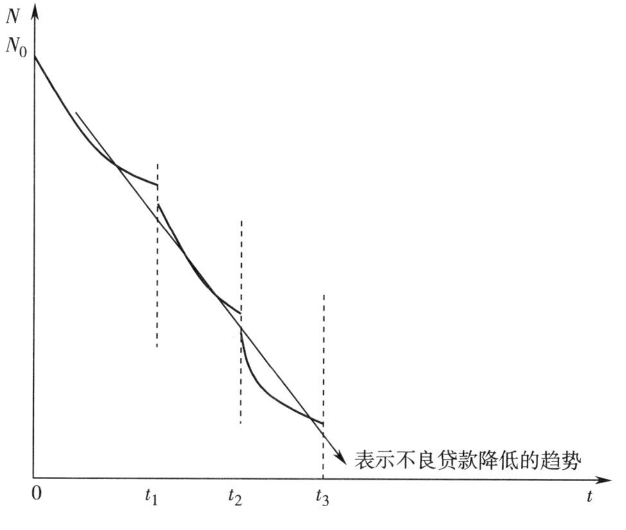


**图 4.10（c） 不良贷款的时间路径**

### 4.3.2 $N$、$L$ 空间的均衡点变化

从前面的最优控制论的分析我们可以得出 $N$、$L$ 空间的均衡点变化的几种可能轨迹，如图 4.11。

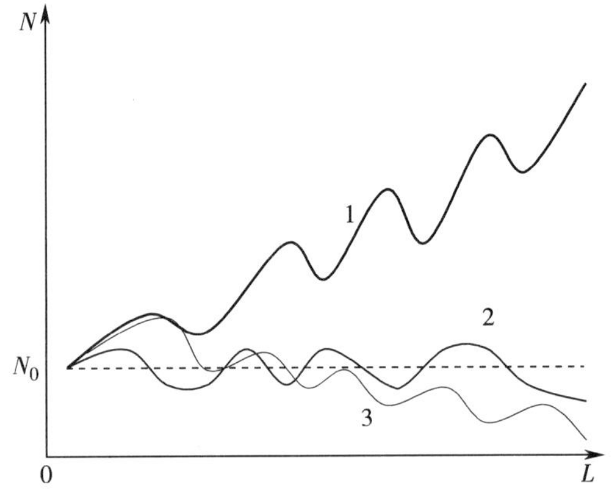


图 4.11 $N$、$L$ 空间的均衡点变化

轨迹 1 代表不良贷款增加的趋势，轨迹 2 代表不良贷款不变的趋势，轨迹 3 代表不良贷款降低的趋势，

## 4.4 本章小结

本章从最优控制论出发，以总的贷款余额 $L$ 为控制变量，以不良贷款 $N$ 为状态变量，建立了一个关于不良贷款 $N$ 的动态模型，然后分析了模型的动态路径，发现存在鞍径与鞍点。当参变量发生变化，鞍点发生变化，进一步会影响总的贷款余额 $L$ 与不良贷款 $N$。

这一章证明了假说：均衡银行不良贷款是在宏观环境下由监管机制与微观经济因素决定的。

尽管微观经济因素相同，但是如果宏观环境不同，会造成均衡的银行不良贷款 $N$ 的不同。反之，尽管宏观环境相同，但是如果监管机制与微观经济因素不同，会造成均衡的银行不良贷款 $N$ 的不同。

# 5 银行不良贷款率动态模型的应用

——解释与预测中国和日本的金融体系的脆弱性

为了说明模型的应用，本章将从中国与日本高不良贷款比例的严重性与隐蔽性事实出发，利用第4章开发的银行不良贷款率动态模型，并利用银行体系脆弱度的测定方法，对中国与日本的银行具有高不良贷款比例进行解释，同时利用银行不良贷款率动态模型预测在不同条件下中国与日本金融体系的脆弱性。

## 5.1 中国的银行具有高不良贷款比例的严重性事实与隐蔽性事实

### 5.1.1 中国的银行具有高不良贷款比例的严重性事实

2001年11月1日中国人民银行行长戴相龙宣布：到2001年9月末，四家国有独资商业银行本外币贷款为6.8万亿元人民币，不良贷款率为26.62%，其中，实际已经形成的损失约占全部贷款的7%左右。

戴相龙在2002年3月的“中国发展高层论坛”上宣布，2001年末中国国有商业银行不良债权为贷款余额的25.37%。以中国工商银行为例。根据该行公布的数据，截至2001年末，按照“五级分类”标准统计，工商银行不良贷款余额为7 919.89亿元，尽管较上年减少390.10亿元，不良贷款率比上年下降了4.65个百分点，还是达到29.78%；按照“一逾两呆”标准统计，全行不良贷款余额为6 837.49亿元，比上年减少234.33亿元，不良贷款率为25.71%，比上年降低3.59个百分点。

衡量商业银行核心竞争力的一项重要指标是资本充足率，工商银行2001年的资本充足率为5.76%，较2000年提高了0.38个百分点。不过，距《巴塞尔资本协议》中资本充足率必须达到8%的标准仍有一定差距。①

其他银行（包括城市商业银行与信用社）的准确数据尽管难于搜寻，我们有理由相信实际的不良贷款率还要高，下面简单分析。

### 5.1.2 中国的银行具有高不良贷款比例的隐蔽性事实

尼古拉斯·R. 拉迪（Lardy，N. R.，1998）对我国报道的不良贷款持异议，主要是从如下几方面来考虑的。②

中国的贷款划分体系由人民银行于1995年正式设定，非常简单。③ 贷款被分为三种类型。第一种是“逾期贷款”，包括到期未偿付贷款和延期到期仍未偿付的贷款。④ 第二种也是问题相当严重的一

① 《证券时报》，2002-06-10。

② 尼古拉斯·R. 拉迪：《中国未完成的经济改革》，中文版，107~112页，北京，中国发展出版社，1999。

③ 这些规定记载在1996年8月1日生效的《贷款通则》中。

④ 《贷款通则》决定着延长任何贷款原到期日的可能性。不到一年期的贷款不应被延长；那些1~5年期的中期贷款可以被延长最多不超过其原期限的1/2；5年期以上的长期贷款延长期不得超过3年。

种贷款，称为“呆滞贷款”，它是指那些逾期2年或2年以上的贷款和借贷者推迟生产或者其项目不再发展而发生的贷款。第三种是“呆账贷款”，即借贷者宣布破产和清算后不能偿付的贷款。

尽管这一体系与某些国家使用的三种划分方法有一定的对应性，但是值得注意的是由于以下六方面原因，这一方法与大多数发达的银行体系国家流行的方法相比，显得更加宽厚。

第一，发达国家的管理者要求准备金的建立主要以风险评估而不是支付状况①为基础。

第二，与国际标准相比，中国的银行允许将延期偿还的各类贷款划为正常贷款。

第三，在大多数发达国家里，在银行划分贷款种类的同时，也将贷给借款者的所有贷款余额进行分类。这种假定是建立在风险评估基础上的，即如果一个借款者没有服从某一项贷款偿还条件，那就意味着它将很可能不久会不遵守所有其他贷款偿还条件②。

第四，在有偿还能力的条件下，不偿还贷款而予以全部注销的做法是没有先例的。

建设银行1992年注销过10亿元的不良债务。中国银行在1993年、1994年、1995年分别注销过36亿元、17亿元、16亿元的不良债务。这仅相当于其资产额的0.16%③。注销额过小，说明国有银行拥有大量不良贷款，而在资产负债表中则是以资产来反映的。中国这一问题的严重程度，可以从20世纪80年代末期给农村的贷款在资产负债表中仍然以资产的形式出现看出来，而此时距70年代末期农村

---

① 例如，HSBC控股银行1997年增加了60%的呆账和呆滞贷款准备金，高达6.15亿英镑。这主要包括在HSBC香港银行集团内的反映亚洲出现信贷困难的一笔价值1.75亿英镑的专用准备金。尼古拉斯·瑞纳尔德、彼得·詹与希尔·科利：《HSBC准备对付呆账潮》，载《南华早报》，1998-02-24（1）。

② 只有100%用现金回收的贷款才可不被分类。

③ 穆迪投资者服务公司：《中国银行》，7页、15页，纽约，1996年10月。

改革中废除旧的借贷体制已有10余年了。

拉迪认为中国新闻界对不良贷款问题做了大量的报道，遗憾的是，其中许多报道不精确，而且将三种不同类型的不良贷款混在一起。事实上，逾期贷款与呆账贷款存在很大的差别，前者有可能被银行最终收回来，而后者则是毫无希望收回。例如，中国金融学会秘书长赵海宽先生于1994年12月中旬指出，中国银行业的呆账贷款总计为1万亿元。另一个权威而详细的有关不良贷款的信息来自于中国工商银行规划信息部副主任，他在1996年初透露，1995年底逾期贷款、呆滞贷款、呆账贷款占四大国有银行贷款总额的比例分别为12%、8%、2%。因此，平均地说，三种贷款几乎占这些银行贷款额的1/4。由于1995年底四大国有商业银行贷款余额合计为3.9万亿元，因此不良贷款额估计为8 600亿元，① 其中逾期贷款、呆滞贷款及呆账贷款分别为4 690亿元、3 130亿元、780亿元。

这些数据说明了中国的四大国有商业银行作为一个整体，到1995年底，其净值是负的，可以说处于无偿付能力状态。1995年底这些银行的资产净值合计（包括实缴资本、公积金、利润留存）仅为2 690亿元②。如果扣去呆账贷款，净值仅为1 910亿元。如果前两种贷款的最终收回小于3/4，那么注销的贷款数将超过其净值。基于国际上有关银行危机的经验，以及当企业破产和清算时中国银行业所能达到的较低的贷款回收率，中国的逾期贷款和呆滞贷款的最终回收率根本不可能达到3/4。

第五，银行的会计审计事务极度缺乏。直到20世纪90年代中期以前，中国的主要银行中没有一个是接受外部审计的。即使到1996年，中国银行的年度报表里有一句本银行监事会的结论，即声称所公

---

① 根据银行资产负债表提供的数据，1995年底四家最大银行未偿还贷款的总数为39 080亿元人民币，见《中国金融年鉴》(1996)，472~473页。

② 《中国金融年鉴》(1996)，472~473页。

布的数据是“真实而准确的”，而没有一个独立的外部审计师的报告[①]。其他三大银行的年度报告包括了审计公司的报告，但是由于审计公司所依据的财务信息不符合通常可接受的会计准则，因此审计不可能正确地披露这些银行的贷款质量。例如，穆迪曾表达了对建设银行的审计持“怀疑”的态度。[②]

第六，银行除了贷款外还有其他不良资产。这些不良资产通常不在不良贷款中报道。它们主要包括下属金融机构及各种类型的信托交易的投资和信贷。许多银行贷款通过拆借市场贷给非银行金融中介，而在其资产负债表中，以拆借交易而非贷款的形式出现。考虑到信托投资公司所从事活动的风险性，中央银行于 1993 年发布了不允许信托投资公司进入拆借市场的规定。尽管当年信托投资公司在拆借市场的拆借额由 670 亿元下降为 550 亿元，下降了 1/5，但是中央银行似乎不能保证这一规定能长期得以执行。1994 年信托投资公司在拆借市场拆借额仅降低了 10 亿元，然后又增加到了 650 亿元，上升了 20%。[③]

另外，正如以前所讨论过的，到 1995 年底止，中国几家最大银行对信托机构的放款达 5 500 亿元，而且，已成为这些银行资产的一部分，然而，由于某些原因它们不被视为贷款。例如，银行不需要为不良信托借款留出准备金。在计算资本充足率时信托资产的权重很低。而且，不良信托资产似乎不可能包括在以上所讨论的不良贷款中。

尽管尼古拉斯 R. 拉迪（1998）对中国的银行不良贷款的分析是

---

① 中国银行：《1996 年年度报告》，43 页。中国银行的年度报告，与其他银行的一样，也要受到财政部和审计署的审查。

② 穆迪投资者服务公司：《中国建设银行》，6 页、9 页，纽约，1996 年 10 月。更为概括的解释，见世界银行：《中国：金融部门的政策和机构发展》，59 页。

③ 安佳利·库玛等：《中国的非银行金融机构：信托投资公司》，讨论文章第 358 号，12 页，华盛顿：世界银行，1997。

三年前作出的，特别是亚洲金融危机以后，中国高级领导十分重视降低银行不良贷款和提高银行的资本充足率，成立了信达、东方、华融和长城资产管理公司，剥离了银行的不良贷款；发行了特别国债，提高了银行的资本充足率；实施了评估银行贷款质量，采用以风险为基础的分类方法（简称贷款风险分类法），即把贷款分为正常、关注、次级、可疑和损失五类，后三类合称为不良贷款，不良贷款的分类逐渐与国际接轨，但是由于统计方法上的惯性，降低银行不良贷款指标的行政压力等因素，我们认为，上述 2001 年末中国国有商业银行不良债权为贷款余额的 25.37%是保守的估计。

## 5.2 利用银行不良贷款率动态模型解释与预测中国金融体系的脆弱性

### 5.2.1 中国银行体系脆弱度的测定

银行是金融体系的核心，银行体系的脆弱可以代表中国金融体系的脆弱，不良贷款率的高低直接影响到银行体系脆弱性的高低。

银行体系的脆弱度根椐 Brenda Gonzales-Hermosillo （1999）[①] 等的研究可表示为

银行体系的脆弱度 = （不良贷款 - 资本 - 贷款准备金）/总资产

美国银行体系的脆弱度的临界值确定为 0。

哥伦比亚和墨西哥的脆弱度的临界值为 1.5%，[②] 原因是它们对不良贷款的界定不一样。

---

① Brenda Gonzales-Hermosillo，"Developing Indicators to Provide Early Warnings of Banking Crises"（Financial Markets）Finance & Development，June 1999 v36 i2 p36 （4）.

② 按照我们的新定义，即银行体系的脆弱度 = （不良贷款 - 资本 - 贷款准备金）/总资产。哥伦比亚和墨西哥的脆弱度的临界值应为 -1.5%，因为原始文献的定义为银行体系的脆弱度 = （资本 - 贷款准备金 - 不良贷款）/总资产。

中国大银行的不良贷款数额在 20 世纪 90 年代中期曾呈增长势头。例如，1995 年 6 月，戴相龙披露中国四大国有商业银行不良贷款占贷款总额的比例“近年来以每年 2% 的比例增长”。这一判断被中国工商银行总行的一位官员所证实。他指出 1994 年底四大国有商业银行逾期贷款、呆滞贷款、呆账贷款占总贷款余额的比例分别为 11.3%、7.7%、1.3%①。这些数合计为 20.3%，刚好低于 1995 年底不良贷款比例 2 个百分点。1994 年三家新组建的政策性银行中最大的中国农业发展银行不良贷款的比例上升极快，由 1995 年底的 20%，上升到 1996 年底的 26%，1997 年 2 月则为 27%②。不良贷款比例的上升对恢复中国银行业健康的金融体系提出了挑战。

因为戴相龙在 2002 年 3 月的“中国发展高层论坛”上宣布，2001 年末中国国有商业银行不良债权为贷款余额的 25.37%，所以我国的实际情况表明：中国四大国有银行的脆弱度均大于 0，高于美国银行体系的脆弱度的临界值。也高于哥伦比亚和墨西哥的脆弱度的临界值为 1.5%，按照银行体系的脆弱度的定义，中国四大国有银行的脆弱度应该为 10% 以上。

### 5.2.2　利用银行不良贷款率动态模型的分析结果解释中国金融体系的脆弱性

我国 1985 年以来不良贷款的变化趋势，如图 4.10（b），不良贷款的时间路径发生向上的跳跃，呈现波浪式上升。

$N$、$L$ 空间的均衡点变化如图 4.11 轨迹 1，代表不良贷款随贷款总额的增加呈现波浪式上升。

①② 尼古拉斯 · R. 拉迪：《中国未完成的经济改革》，中文版，112 页，北京，中国发展出版社，1999。

第 4 章得出的最优 $N$、$L$ 组合如下：

$$\begin{cases} N = [-\alpha L - \beta A + h|\Delta G| + \gamma(i - r) + fD + aS + b\Delta E]/\delta \\ N = (-\delta u\theta L^{\theta-1}/\alpha vm)^{\frac{1}{m-1}} = nL^{-\frac{1-\theta}{m-1}} > 0 \end{cases}$$

脆弱的银行体系是因为：

1. 银行内部管理的努力（第 4 章设计的模型用 $A$ 表示）在 1985 年以后 1995 年以前这一期间做得不好，经营粗放，即 $A$ 值较小，中国国有商业银行不良债权占贷款余额的比重不断上升。

1995 年以后，我国的金融监管部门已经注意到商业银行不良债权的严重性，故提出了许多处理银行不良贷款的方法，但是，因为银行与国有企业产权制度改革的滞后，导致中央银行、商业银行与企业经理从自身的利益出发进行博弈，恶化了银行不良贷款比率。

2. 当一个民族的动物精神增加时，会导致银行不良贷款的增加。我国 1992 年确立了社会主义市场经济的经济体制，但是我国是一个长期实行计划经济的国家，信用基础薄弱，债信文化没有形成，所以，当 1992—1995 年经济过热时，动物精神与经济过热的相互推动，导致银行与企业主体的短视行为，银行的盲目贷款增加，企业的投机借款增加。

3. 由于世界经济的格局发生了巨大的变化，信息技术迅猛发展，产业结构的升级，20 世纪 80 年代、90 年代企业借款投资形成的项目大部分已经不具有比较优势，即上面的方程的企业收益 $r$ 下降，企业无力还贷，银行为了使企业将来有可能还贷，企业也通过各种方法诱惑银行贷款，于是向企业追加贷款，使企业的负债越来越高，① 部分企业倒闭破产。

---

① 要区分两个概念，企业的高负债不一定意味着银行的高不良贷款比率，关键看企业的盈利能力。例如：一个企业无任何其他的资本金，这个企业从银行借 1 万元钱，借期为 5 年，5 年后用所借来的 1 万元钱赚到了 5 万元，则贷款银行并不会因为这个企业 100% 的高负债而产生不良贷款。

4. 中国金融体制改革（影响$\beta$的大小）的努力程度也影响银行不良债权占贷款余额的比重。中国金融体制本身存在的弊病使得银行内部管理的努力（$A$）的效果不明显，即$\beta$值较小。中国金融体制的改革包括银行产权制度的改革、现代公司治理等。

上面的原因使得银行的不良贷款在20世纪90年代大幅上升，这正是我们的模型所能解释的。我们的模型包含了制度原因（隐含担保所导致的道德风险）、信息非对称所导致的监管成本增加（也即监管的努力$A$必须增加）。

通过加强银行产权制度的改革努力，主要是从银行的公司治理、现代企业制度在银行中的运用，可以解释目前我国股份制商业银行的不良贷款率普遍较低的现实。

5. 对外开放的程度$D$影响银行不良债权占贷款余额的比重。我国自1978年开放以来，对外开放的程度（第4章设计的模型用$D$表示）不断提高，因为对外开放的程度$D$越高，对于像中国这样一个市场经济是一个建立不久的存在很多弊端的市场经济，法规制度不完善，企业容易受冲击和面对国外的竞争，企业受冲击和面对国外的竞争越大，不确定性因素越多，企业亏损越大，不良贷款$N$随时间的变化率$\dot{N}$越大。

6. 国际比较。日本的不良贷款与总贷款的比率在1997财政年（1998年3月）是6%。[①] 韩国官方报道不良贷款与总贷款的比率在1997财政年11.8%[②]，部分管制较松的非银行金融机构（merchant banks, securities firms, leasing firms, and regional institutions）不良贷款与总贷款的比率在20世纪90年代末期从12%上升到18.6%。部分管

---

① Joe Peek, Eric S. Rosengren, "Japanese Banking Problems: Implications for Lending in the United States"（Industry Overview）, New England Economic Review, Jan-Feb 1999 p25 (1).

② Nonperforming Loans Surge 11.8% in Korea.（South Korea's Office of Bank Supervision Reports）, New York Times, Sept 3, 1998 v147 pC2 (N) pC2 (L) col 4 (2 col in).

制较严的银行不良贷款与总贷款的比率在20世纪90年代末期为6%（这部分大银行占韩国贷款总额的70%），保险公司的不良贷款与总贷款的比率要低得多。[①]

从上面的数据可知，我国的不良贷款与总贷款的比率远比上述国家高，我国银行体系，特别是国有商业银行已经十分脆弱。所以我国要在相当长的一段时间之后实行资本项目的全部开放，否则，脆弱的商业银行体系容易演化为银行危机与金融危机。当国外的货币危机发生时，容易造成国内的银行危机，比如，国内银行借钱给国内以出口为主的公司，外国货币的贬值相当于本币的升值，影响了国内以出口为主的公司的出口能力和还款能力，这里暗含的假设是马歇尔条件满足。[②]

### 5.2.3 利用银行不良贷款率动态模型预测中国金融体系的脆弱性

我们可以从以下几方面来分析预测中国的银行体系均衡不良贷款将如何变化。

第一，分析预测中国的经济波动对银行不良贷款率的影响。从第4章的模型求出的最优均衡解可知，当中国的经济波动幅度的绝对值$|\Delta G|$增加将使不良贷款$N$增加，增加了中国金融体系的脆弱性。

第二，分析预测中国加入世贸组织对银行不良贷款率的影响。中国加入世贸组织可能使外资银行吸引优秀的管理人才与优质的客户，国内的银行只能吸引次优的管理人才与次优的客户，无疑使银行的有效监管努力下降（同样的监管努力，但是因为监管者知识的缺乏与次优和劣质客户使监管质量的降低），所以使不良贷款$N$增加。同时，

① Alice H. Amsden, "Takashi Hikino, East Asia's Financial Woes: What Can an Activist Government do?" World Policy Journal, Fall 1998 v15 n3 p43 (4).

② Victoria Miller, "Banking Crises, and Macroeconomic Uncertaity", aer, 1998 Vol. 88 No. 2. p441.

次优和劣质企业的实际收益 $r$ 降低，也使不良贷款 $N$ 增加，增加了中国金融体系的脆弱性。

第三，分析预测中国公务员涨工资对银行不良贷款的影响。一方面，中国公务员涨工资加剧了企业职工的心理不平衡（传统的计划经济的惯性作用），使企业借款者的动物精神 $S$ 增加，企业赖账的概率增加，所以使不良贷款 $N$ 增加，增加了中国金融体系的脆弱性。另一方面，中国公务员涨工资增加了消费支出，能使一部分企业的产出增加，还贷能力加强，所以使不良贷款 $N$ 降低，降低了中国金融体系的脆弱性。

第四，分析预测解决银行不良贷款的几种方法和后果对银行不良贷款的影响。动用财政经费成立资产管理公司、发国债注资银行、直接动用财政注资银行是解决银行不良贷款的几种方法，这三种方法都要增加财政的负担，当财政长期面临困难时，可能会逼迫财政赤字货币化，一方面造成老百姓的财富降低，财富效应使消费支出降低，企业生产下降，所以使企业的还贷能力降低，增加了中国金融体系的脆弱性。另一方面造成通货膨胀，使得企业的还贷能力增加，降低了中国金融体系的脆弱性。

第五，分析预测产权制度的改革和软预算约束（林毅夫认为我国的软预算约束难以消除①）对银行不良贷款的影响。一方面，我国银行与企业产权制度的改革如果彻底，可以使企业软预算约束的情况改变，即 $A$ 增加，降低不良贷款，降低了中国金融体系的脆弱性。另一方面，如果我国产权制度的改革过急，可能使经济处于混乱之中，经济增长下降，即中国的经济波动幅度的绝对值 $|\Delta G|$ 增加，使不良贷款 $N$ 增加，增加了中国金融体系的脆弱性。

第六，分析预测企业的比较优势对银行不良贷款的影响。如果企

① Justin Yifu, Fang Cai, and Zhou Li, "Competition, Policy Burdens, and State - Owned Enterprise Reform", aer, 1998 Vol. 88 No. 2. p425.

业在具有比较优势的专业进行生产，企业的实际收益 $r$ 增加，企业的还债能力加强，降低不良贷款，降低了中国金融体系的脆弱性。

第七，分析预测利率市场化对银行不良贷款的影响。如果利率市场化使银行的贷款利率增加，一方面使银行的收益增加，另一方面使企业的借款成本增加，加重了企业的负担，使不良贷款 $N$ 增加，增加了中国金融体系的脆弱性，反之则相反。

第八，分析预测资本账户开放对银行不良贷款的影响。资本账户开放使我国经济面对更多的不确定性，我国经济的开放度 $D$ 将增加，货币贬值的可能性比资本管制时期增大，即汇率的变化 $\Delta E$ 的增加，所以使不良贷款 $N$ 增加，增加了中国金融体系的脆弱性。

第九，系数 $\alpha$、$\beta$、$h$、$\gamma$、$f$、$a$、$b$ 也可以称为 $\dot{N}$ 对变量 $L$、$A$、$N$、$D$、$|\Delta G|$、$\Delta E$、$(i-r)$ 的敏感度，由人文历史环境决定，① 由第 4 章的分析可知，也会影响不良贷款 $N$。

从上述 9 个方面的分析可以知道，既有使银行不良贷款 $N$ 增加的因素，也有使银行不良贷款 $N$ 降低的因素，上述 9 个方面的合力决定了均衡的银行不良贷款 $N$ 的大小。当然也还有我们没有讨论到的因素，我们有理由认为，我们的模型包含了第 3 章所研究的微观行为变量 $A$（$A$ 为通过加强银行内部管理的努力、$S$ 为企业家的动物精神）和宏观经济变量（$\Delta E$ 为汇率的变化、$D$ 为对外开放的程度、$i-r$ 为名义贷款利率 $i$ 与企业实际收益 $r$ 之差、$|\Delta G|$代表经济增长率 $G$ 的变动幅度的绝对值、总贷款余额 $L$）。

---

① 例如：当一个国家的债信文化随着市场经济的深入而渐渐形成，则可以使 $\dot{N}$ 对变量 $A$ 的敏感度 $\beta$ 降低，降低不良贷款。

## 5.3 利用银行不良贷款率动态模型解释与预测日本金融体系的脆弱性

### 5.3.1 日本银行机构在20世纪80年代的扩张与具有高不良贷款比例的事实

日本银行业在20世纪80年代后半期经历了强劲的增长，日本银行的总资产占到世界银行业总资产的33%，同时，日本银行机构的不良贷款达到6 000亿美元。

尽管日本银行机构的利润没有美国与欧洲国家高，但是因为日本在20世纪80年代经历了强劲的经济增长与日益提高的资产价格，日本银行业在20世纪80年代后半期迅速扩张，1980年，《银行家》杂志统计的世界10大银行中日本只有1家，1998年世界10大银行中全部都是日本的。[①] 1990年，因为资产价格的下降，导致世界10大银行中日本只有6家，但是世界最大的4家银行还是日本的银行。[②] 值得注意的是：迅速扩张的日本银行受到国内市场的约束。

在20世纪80年代早期，日本银行机构的贷款份额不到世界贷款总额的20%，到了1990年，日本银行机构的贷款份额占世界贷款总额的33%。

日本在20世纪80年代后期将日本的银行业推向了世界银行业的顶峰的同时，也遭遇到了巨大的隐患。当日本股票、房地产的价格突然大幅下降，持有大量股票与抵押贷款的银行的资产值和资产排名也

---

① Joe Peek, Eric S. Rosengren, "Japanese Banking Problems: Implications for Lending in the United States" (Industry Overview), New England Economic Review, Jan-Feb 1999 p25 (1).

② Hesna Genay, "Assessing the Condition of Japanese Banks: How Informative are Accounting Earnings?" Economic Perspectives, Winter 1998 v22 i4 p12 (2).

大幅下降，美国在1990—1991年经济的衰退①也给日本的银行业产生了巨大的压力，比如，日本银行机构在美国有很大的投资，当美国经济衰退时，不得不把投资转向东南亚新兴市场，1997—1999年的亚洲金融危机使日本银行机构雪上加霜。

1998年10月，官方报道日本银行机构的不良贷款达到6 000亿美元，部分分析家认为日本银行机构的不良贷款达到10 000亿美元，占未回收贷款的20%。部分分析家认为：即使日本银行机构在获得10万亿日元到25万亿日元的资本金注入后，日本银行机构的资产净值还是亏损8万亿日元。②

为了保证日本政府注入资本金后能提高日本银行机构的质量，1998年3月，日本银行机构不得不制订关闭它们的海外分支机构的计划（包括重构计划），日本银行机构大幅降低海外分支机构的数量，从1997年的313个海外分支机构降为2000年的250个。

随着日本银行机构形势的恶化，长期信贷银行（Long - Term Credit Bank）计划关闭6个海外分支机构，后来，长期信贷银行宣布关闭全部海外分支机构，随之又宣布将银行国有化，接着，Daiwa、Yasuda Trust、Mitsui Trust和Nippon Credit Bank计划取消了国际业务。

因为取消了国际业务，所以可以使日本银行机构只需维持4%的以风险为基础的资本化率，而不是8%。日本银行机构的海外分支机构的计划数量的变化情况如下（FY代表财政年）。③

① 美国在20世纪80年代末，90年代初有1 142个储蓄贷款机构和1 395个商业银行关闭。数据来源于：Hesna Genay，“Assessing the Condition of Japanese Banks：How Informative are Accounting Earnings?” Economic Perspectives，Winter 1998 v22 i4 p12（2）.

② Hesna Genay，Assessing the Condition of Japanese Banks：How Informative are Accounting Earnings? Economic Perspectives，Winter 1998 v22 i4 p12（2）.

③ Joe Peek，Eric S. Rosengren，“Japanese Banking Problems：Implications for Lending in the United States”（Industry Overview），New England Economic Review，Jan - Feb 1999 p25（1）.

**Planned International Retrenchment by Japanese Banks**

**(as of March 1998) Overseas Bee**

| Banks | FY 1997 | FY 2000 | Change |
|---|---|---|---|
| Industrial Bank of Japan | 22 | 18 | -4 |
| Long-Term Credit Bank | 13 | 7 | -6 |
| Nippon Credit Bank | 1 | 1 | 0 |
| Dai-Ichi Kangyo Bank | 25 | 18 | -7 |
| Sakura Bank | 23 | 19 | -4 |
| Fuji Bank | 25 | 24 | -1 |
| Bank of Tokyo-Mistubishi | 50 | 48 | -2 |
| Asahi Bank | 12 | 9 | -3 |
| Sanwa Bank | 25 | 20 | -5 |
| Sumitomo Bank | 40 | 23 | -17 |
| Daiwa Bank | 6 | 6 | 0 |
| Tokai Bank | 36 | 32 | -4 |
| Mitsui Trust & Banking Co. | 4 | 3 | -1 |
| Mitsubishi Trust& Banking Corp. | 8 | 8 | 0 |
| Sumitomo Trust & Banking Co. | 7 | 7 | 0 |
| Yasuda Trust & Banking Co. | 7 | 0 | -7 |
| Toyo Trust &Banking Co. | 6 | 4 | -2 |
| Chou Trust & Banking Co. | 3 | 3 | 0 |
| Total | 313 | 250 | -63 |

### 5.3.2 利用银行不良贷款率动态模型解释日本金融体系的脆弱性

第 4 章得出的最优 $N$、$L$ 组合如下：

$$\begin{cases} N = [-\alpha L - \beta A + h|\Delta G| + \gamma(i-r) + fD + aS + b\Delta E]/\delta \\ N = (-\delta u\theta L^{\theta-1}/\alpha vm)^{\frac{1}{m-1}} = nL^{-\frac{1-\theta}{m-1}} > 0 \end{cases}$$

日本脆弱的银行体系是因为：

1. 在 1985 年以后 1991 年以前这一期间日本银行内部管理的努力

（第4章设计的模型用$A$表示）做得不够，经营粗放，银行不良债权占贷款余额的比重不断上升。

王洛林、余永定、李薇（1996）对日本金融纪律松弛的论述是：日本银行法明文限制银行介入证券业和房地产。但是，由银行出资建立的8家住宅金融专业公司（简称“住专”）可以不受银行法限制融资给不动产公司。因此，在泡沫经济时期，银行参与房地产投机多数是通过“住专”进行的，于是就形成了一条金融机构——“住专”——不动产公司的债务链。随着泡沫经济破灭，房地产价格暴跌，不动产公司无力归还“住专”提供的贷款，因而“住专”也无力归还向银行筹措的资金，形成呆账、坏账。在8家“住专”中间，有7家存在着严重的呆账、坏账问题，它们的坏账总额达12万亿日元。①

按照第4章设计的模型，因为日本银行内部管理的努力不够，所以$A$值较小，在其他条件不变的情况下，日本银行体系不良债权的最优均衡数量增加，这一不良债权的最优均衡数量的增加是通过我们的模型求解出来的。

2. 日本金融体制的改革（影响$\beta$的大小）的努力也影响银行不良债权占贷款余额的比重。日本金融体制本身存在的弊病使得银行内部管理的努力（$A$）的效果不明显，即$\beta$值较小。关于日本金融体制本身存在的弊病，王洛林、余永定、李薇等（1996）论述道：战后日本的金融体制，是以金融机构在较大程度上依靠政府的扶植和保护为主要特点的。这种体制在资金短缺、企业主要依靠间接融资的情况下，对于促进经济的高速增长起过积极作用。但进入70年代以后，资金由不足变为充裕，各金融机构之间的竞争加剧了。于是，原有的依靠政府保护的“温床式”金融体制就暴露出一系列弊病，如不利于

① 对日本金融纪律松弛的论述见：王洛林、余永定、李薇：《当前日本的金融危机及启示》，载王洛林等：《日本金融考察报告》，3页，北京，社会科学文献出版社，2001。

自由竞争、优胜劣汰，缺乏透明度，搞幕后交易，容易滋长腐败现象，等等。正是这些体制上的弊端使日本政府在处理不良债权问题时处处受到掣肘，行动迟缓，以至于呆账、坏账越滚越大。[①] 1998 年 6 月 22 日，日本金融监督厅成立之前，大藏省有至高无上的权力，集金融计划立案与监督检查职能于一身，是造成金融机构高不良贷款的主要原因之一。

按照第 4 章设计的模型，因为日本金融体制本身存在的弊病使得银行内部管理的努力（$A$）的效果不明显，即$\beta$值较小。因为$\beta$值较小，所以即使银行内部管理的努力（$A$）程度很高，降低不良债权的效果有限，换一句话说，在其他条件不变的情况下，如果日本金融体制本身存在的弊病越来越严重，即日本金融体制本身存在的弊病恶化，就导致$\beta$值越来越小，则日本银行体系不良债权的最优均衡数量增加。日本金融体制的特点在第 4 章设计的模型中得到了反映。

3. 当一个民族的动物精神增加时，会导致银行不良贷款的增加。日本 1986—1990 年的资产价格猛涨，房地产公司等部门大量举债，日本的金融机构也认为有利可图，于是对利润的追求使得日本整个民

---

① 关于日本金融体制本身存在的弊病的举例见：王洛林、余永定、李薇：《当前日本的金融危机及启示》，载王洛林等：《日本金融考察报告》，3 页，北京，社会科学文献出版社，2001。《当前日本的金融危机及启示》一文的举例是：例如，在 70 年代末 80 年代初，大藏省曾经一再发出通知，放宽银行对“住专”的贷款审查和担保条件，而大藏省之所以如此热衷于帮助“住专”获取银行贷款，是因为“住专”有着特殊的人事背景，7 家背上了巨额呆账的“住专”总经理、董事长都是由大藏省的退休官员担任。又如，在泡沫经济时期直接参与房地产投机的不动产公司同黑社会势力的关系很密切，也就是说，黑社会势力是贷款搞房地产投机的主要债务人。因此，泡沫经济破灭之后，金融机构慑于黑社会势力而不敢坚决讨回不动产公司的欠款，政府也由于政界同黑社会势力有着千丝万缕的联系，在处理不良债权问题时受到多方面牵制。据日本报刊揭露，80% ~90% 无法追回的贷款上有着黑社会的阴影。再如，由于经营缺乏透明度，许多金融机构长时间不公布自己的呆账、坏账，总想用自己的盈利把坏账冲销。直到情况十分严重、有的金融机构由于背不动坏账而破产了，大藏省才不得不公布不良债权的数额，这种遮遮盖盖的做法也不利于问题的及早解决。因此，有日本学者认为，不良债权问题之所以不易解决，不是由于经济原因，而是由于政治原因。也有学者认为，不良债权问题集中暴露了日本整个政治经济体制的缺陷。

族的动物精神被激发，日本的金融机构与房地产公司等部门因经济过热相互推动，动物精神与经济过热的相互推动，导致银行与企业主体的短视行为，银行的盲目贷款增加，企业的投机借款增加。按照第4章设计的模型，动物精神（$S$值）与银行不良贷款的增长率对动物精神（$S$值）的敏感度（$a$值）增加，则日本银行体系不良债权的最优均衡数量增加。

4. 由于1990年日本资产价格的大幅下降，日本的房地产公司等部门的收益（按照第4章设计的模型，用$r$表示）下降，企业无力还贷，银行为了使企业将来有可能还贷，企业也通过各种方法诱惑银行贷款，于是向企业追加贷款，使企业的负债越来越高，加上资产价格长期不见好转，部分房地产公司等企业倒闭破产，使得日本金融机构的不良贷款雪上加霜。

5. 由于1990年日本资产价格的大幅下降，泡沫经济的破灭，经济增长速度大大降低，部分年份是经济增长率是负值，比如，1998年经济增长率为－2.5%，日本1990年以来，经历通货收缩（通货紧缩）和高失业率的痛苦，1990年经济增长率与1992—1999年经济增长率的平均值相差约4%。按照第4章设计的模型，日本1990年经济增长率与1992—1999年经济增长率的平均值的波动幅度$|\Delta G|$达到约4%。[①] 显然，在其他条件不变的情况下，日本银行不良债权的变化率（用$\dot{N}$表示）增加，从而导致日本银行不良债权的比重增加。

6. 日本汇率的上升（货币贬值）对日本银行机构不良债权的影响。

下面是日本银行网站公布的汇率数据（我们只选择了部分数据，汇率是1美元兑换日元的数量）：

① 王洛林、余永定、李薇：《90年代的日本宏观经济和结构改革》，载王洛林等：《日本金融考察报告》，310页，北京，社会科学文献出版社，2001。

| 时间 | 汇率 | 时间 | 汇率 | 时间 | 汇率 | 时间 | 汇率 |
|---|---|---|---|---|---|---|---|
| 1995.04 | 83.7 | 1996.04 | 104.29 | 1997.04 | 126.92 | 1998.04 | 131.95 |
| 1999.04 | 119.59 | 2000.04 | 106.44 | 2001.04 | 124.06 | 2002.01 | 132.9 |

日本银行网站公布的汇率数据表明：日本的汇率从1995—2002年是上升（日本货币贬值）的，日本货币贬值约59%（2002年1月1美元兑132.9日元，1995年4月1美元兑83.7日元，两者之差约为50日元，50日元除以83.7）。按照第4章设计的模型，在其他条件不变的情况下，日本货币贬值的幅度（用$\Delta E$表示）越大，则日本银行机构不良债权的变化率越大，使日本银行机构不良债权占贷款余额的比重不断上升。

7. 日本是一个开放度很高的国家。因为自然资源缺乏，日本国内市场与其国内生产总值相比显得狭小，所以，日本不断地开拓世界市场，包括发达国家与发展中国家，日本的开放度（一般以经常项目的总值与资本项目的总值之和除以国内生产总值来衡量）与世界其他国家相比可以说是很高的。

按照第4章设计的模型，在其他条件不变的情况下，日本的开放度（用$D$表示）越大，则日本银行机构不良债权的变化率越大，使日本银行机构不良债权占贷款余额的比重不断上升。

比如美国在20世纪80年代末90年代初经济下滑，东南亚国家1997—1999年的金融危机、经济增长速度的大幅下降，2001年世界经济的疲软都直接影响到日本的出口，从而影响日本企业的效益和还款能力，进一步使日本银行机构不良债权占贷款余额的比重不断上升。

上面的原因使得日本银行机构的不良贷款在20世纪90年代后半期大幅上升，这正是我们的模型所能解释的。我们的模型包含了制度原因（隐含担保所导致的道德风险）、信息非对称所导致的监管成本增加（也即监管的努力$A$必须增加）。日本1990年以来不良贷款的变化趋势，如图4.10（b），不良贷款的时间路径发生向上的跳跃，呈现波浪式上升。$N$、$L$空间的均衡点变化如图4.11轨迹1，代表不良贷款随贷款总额的增加呈现波浪式上升。

### 5.3.3 利用银行不良贷款率动态模型预测日本金融体系的脆弱性

我们可以从以下几方面来分析预测日本银行体系均衡不良贷款将如何变化。

第一，分析预测日本的经济波动对银行不良贷款率的影响。日本经济如果出现大起大落，增加了经济增长的波动幅度，从第4章的模型求出的最优均衡解可知，当日本的经济波动幅度的绝对值$|\Delta G|$增加将使不良贷款$N$增加，增加了日本金融体系的脆弱性。

第二，分析预测解决银行不良贷款的几种方法和后果对银行不良贷款的影响。动用财政经费成立资产管理公司、发国债注资银行、直接动用财政注资银行是解决银行不良贷款的几种方法，这三种方法都要增加财政的负担，当财政长期面临困难时，可能会逼迫财政赤字货币化，一方面造成老百姓的财富降低，财富效应使消费支出降低，企业收益（第4章的模型用$r$表示）下降，所以使企业的还贷能力降低，从第4章的模型求出的最优均衡解可知，在其他条件不变的情况下，日本银行机构不良贷款增加，增加了日本金融体系的脆弱性。另一方面造成通货膨胀，使得企业的还贷能力增加，降低了日本金融体系的脆弱性，最终的结果要看两方面合力的大小。

第三，分析预测日本金融体制的改革对日本银行机构不良贷款的影响。如前所述，日本金融体制是日本生成不良贷款的原因之一，制度原因（隐含担保所导致的道德风险）如果能部分克服，则日本金融机构不良贷款将降低。日本金融体制的改革包括加快金融机构业务自由化与资产交易自由化，增强金融机构的竞争力，降低日本金融机构贷款占总资产的比例；强化金融监管，增加透明度，使日本的金融机构独立性增强，减少日本政府的干预。上述措施可以使第 4 章模型中的 $\beta$ 值降低，因而可以使日本金融机构不良贷款将降低。

第四，日本二元经济结构与二元的政治结构对日本银行机构不良贷款的影响。日本的出口部门和内销产品生产部门构成了日本的二元经济结构。日本的出口部门生产效率很高，可参与全球的竞争。国内产品生产部门与服务业效率很低。日本二元的政治结构是指日本的政党与政府，日本政党的各种委员会在决策中比其他发达国家起到更重要的作用。二元经济结构与二元政治结构的相互作用造成官商结合，效率低下。

因为日本二元经济结构与二元政治结构的相互作用造成官商结合，由于惯性的作用，难在短时间内改观，国内产品生产部门与服务业效率低下将持续，即企业的效益（用 $r$ 表示）难在短时间内改观，所以从第 4 章的模型求出的最优均衡解可知，在其他条件不变的情况下，日本银行机构不良贷款难在短时间内改观。

第五，分析日本公司治理的改革对日本银行机构不良贷款的影响。王洛林、余永定、李薇等（2000）[①] 对日本公司治理结构改革目标做了综述："日本公司治理结构改革的目标之一就是把公司由一个关乎雇员终生的包罗万象的小社会变成仅仅是雇员根据契约在一定时间内在其中从事工作的地方。大量裁减冗员是难以避免的。由于信息技术的迅速发展，公司管理的许多中间层次已变得十分多余，精简管理层更是势在必行。此外，为了降低成本，创造更强的激励机制，公司的年金制度将由规定年金提取额型改变成规定年金贡献额型。工资

① 王洛林、余永定、李薇等：《90 年代的日本宏观经济和结构改革》，载王洛林等：《日本金融考察报告》，334 页，北京，社会科学文献出版社，2001。

制度也将从注重年资型改变成注重与岗位相联系的能力型。”①

从日本公司治理的改革的实践来看，一方面，日本公司治理的改革可以提高公司的效益（第4章的模型用$r$表示，即$r$提高），另一方面，日本公司治理的改革进展缓慢，短时间内难以提高$r$，并且可能造成改革进程中的混乱，所以从第4章的模型求出的最优均衡解可知，在其他条件不变的情况下，日本银行机构不良贷款难于短时间内改观。

第六，分析预测经济全球化对日本银行不良贷款的影响。日本经济对外的开放度本身就很高，加上经济全球化对日本经济的影响，日本经济将面对更多的不确定性，日本经济的开放度$D$将增加，从第4章的模型求出的最优均衡解可知，在其他条件不变的情况下，日本银行机构不良贷款$N$增加，增加了日本金融体系的脆弱性。

第七，系数$\alpha$、$\beta$、$h$、$\gamma$、$f$、$a$、$b$也可以称为$\dot{N}$对变量$L$、$A$、$N$、$D$、$|\Delta G|$、$\Delta E$、$(i-r)$的敏感度，由人文历史环境、经济体制与政治体制决定，② 由第4章的分析可知，也会影响不良贷款$N$。

从上述7个方面的分析可以知道，既有使银行不良贷款$N$增加的因素，也有使银行不良贷款$N$降低的因素，上述7个方面的合力决定

---

① 但是日本公司治理结构的改革将是缓慢的：“在90年代，日本公众已认识到对公司治理结构进行改革势在必行。但是，由于担心导致社会不安定，日本公司治理结构和其他相应改革的步伐十分缓慢。然而，与这种犹豫不决相伴随的各种不确定性对投资需求和消费需求产生了严重消极影响，成为通货收缩的重要原因。例如，工人知道终生雇佣制度不可能继续维持下去了。但是，改革并未真正展开。工人并不知道选择将是什么。不确定性使工人对未来充满疑虑和不安全感。这就导致了消费需求的减少。工人需要知道未来等待着他们的是什么。日本的结构问题越拖越严重。”资料来源于：

王洛林、余永定、李薇等：《90年代的日本宏观经济和结构改革》，载王洛林等：《日本金融考察报告》，334页，北京，社会科学文献出版社，2001。

Stephen S. Roach, “Global Restructuring: Lessons, Myths, and Challenges”, Morgan Stanley Dean Witter International Investment Research, June 12, 1998.

② 例如：当一个国家的债信文化随着市场经济的深入而渐渐形成，则可以使 对变量的敏感度降低，降低不良贷款。

了均衡的银行不良贷款 $N$ 的大小。当然也还有我们没有讨论到的因素，我们有理由认为，我们的模型包含了第 3 章所研究的微观行为变量 $A$（$A$ 为通过加强银行内部管理的努力或产权制度的改革努力、$S$ 为企业家的动物精神、企业实际收益 $r$）和宏观经济变量（$\Delta E$ 为汇率的变化、$D$ 为对外开放的程度、$i$ 为名义贷款利率、$|\Delta G|$代表经济增长率 $G$ 的变动幅度的绝对值、总贷款余额 $L$）。

总之，用银行不良贷款率动态模型对日本银行不良贷款的成因的解释是比较成功的。

## 5.4 本章小结

本章从中国高不良贷款比例的严重性与隐蔽性事实出发，利用第 4 章开发的模型对中国与日本高不良贷款比例进行了解释，同时利用银行不良贷款率动态模型预测了在不同条件下中国与日本金融体系的脆弱性。

# 6　总结与进一步的研究方向

为了使人们懂得本书与其他文献的不同及学术贡献和进一步的研究方向，本章有必要总结上面5章的分析，指出本书不同之处、创新之处和贡献。

## 6.1　本书与其他文献的不同之处

马克思主要是从资本主义的生产方式来论述经济危机造成的信用危机，从而造成银行不良贷款。

明斯基、金德尔伯格等的理论是以欧文·费雪的“债务——通货紧缩理论”为理论的核心思想，是从经济周期的角度来研究的。

以克鲁格曼、奥伯斯菲尔德等人提出的四代危机模型：克鲁格曼提出的第一代危机模型以“赤字论”为核心；第二代危机模型以“博弈论”为核心，由奥伯斯菲尔德等人提出；克鲁格曼等人的第三代危机模型以“脆弱论”为核心；克鲁格曼等人的第四代危机模型也是以“脆弱论”为核心。

斯蒂格利茨和魏茨（Weiss）（1981）、Bernanke 和 Gertler

(1990)、Mankiw (1986) 关于金融体系脆弱性的理论：后两篇文献，内容是有关经济出现严重信贷紧缩及作为其结果出现的经济紧缩的状况。这种现象在每种情况下都与不对称信息相联系。Mankiw (1986) 模型中，由于逆向选择，信贷市场可能在货币市场利率（银行的再融资成本）小幅升高之后出现崩溃。Bernanke 和 Gertler (1990) 模型表明由于道德风险的存在，总体金融状况（借款人的信贷价值，或银行的支付能力）能够影响宏观经济运行。

上面的克鲁格曼等的第三代危机模型与 Bernanke 和 Gertler (1990) 模型有很多相似的地方，都涉及由于道德风险的存在，总体金融状况（借款人的信贷价值，或银行的支付能力）能够影响宏观经济运行。

羊群行为（herd behavior）理论与由奥伯斯菲尔德等人提出的第二代危机模型有很多相似的地方，即都是由于部分人先失去信心，然后出现的从众行为，实际的宏观经济状况和微观经济主体（如银行等金融机构）可能是健康的。

羊群行为理论与由奥伯斯菲尔德等人提出的第二代危机模型差别是：

奥伯斯菲尔德等人提出的第二代危机模型主要是针对汇率的。

羊群行为理论主要是针对资产市场价格与收益波动的。即是说，奥伯斯菲尔德等人提出的第二代危机模型是羊群行为理论的一种特殊情况。

有效银行挤兑理论认为引发银行挤兑的原因是银行贷款组合的不良运营所导致的漏损，银行挤兑的经验证据似乎也标明了这一方向。因此，银行挤兑又有一个基本起因，即来自于对银行经营状况的悲观预期，直接与不良贷款息息相关。

《巴塞尔新资本协议》强调如何测算风险，缺少对银行不良贷款生成机理的分析。

国内的文献主要从经济制度、金融市场风险、信贷风险、银行不良资产的处理等方面讨论金融体系的脆弱性，对银行不良资产的生成机制论述不够。

国内外的文献对银行不良资产与金融脆弱性的关系阐述不够，银行不良资产生成的金融监管部门、商业银行、企业（以企业代表所有的借款人）的行为分析不够，银行不良资产的最优动态路径没有讨论。

本书对金融监管部门、商业银行、企业（以企业代表所有的借款人）的行为作了分析，对银行不良贷款的最优动态路径作了研究，并且利用银行不良贷款的最优动态路径模型解释了中国和日本高不良贷款的现实，面对中国和日本未来的发展和可能出现的国内国际经济环境，在不同条件下，对中国和日本未来的最优均衡的银行不良贷款作了分析预测，这是本书的中心内容，也是与现有文献不同的地方。

本书在建立银行不良贷款的最优动态路径模型之前，详细分析了不良贷款产生的行为主体的行为［对金融监管部门、商业银行、企业（以企业代表所有的借款人）的行为作了分析］。第 3 章和第 4 章均从效用最大化出发，分析问题有坚实的微观基础。

银行不良贷款的最优动态路径模型含有微观与宏观两方面的因素，现有文献或者只简单讨论两者之一，或者没有给出严格的证明。

## 6.2 本书的学术贡献、政策建议与进一步的研究方向

### 6.2.1 本书的学术贡献

1. 本书第 2 章系统地总结了现有的金融脆弱性理论，梳理了国内外关于金融脆弱性与银行不良贷款的文献。

2. 本书第 3 章证明了一个假说（论点）：在不考虑市场风险和预算软约束的情况下，银行不良贷款的产生是委托人监督检查不严格和

代理人（借款人）有逃债的动机造成的。

第3章对金融监管部门、商业银行、企业（以企业代表所有的借款人）的行为作了分析，得出了有用的推论，特别地：当金融监管部门、商业银行、企业的行为参数的不同组合会造成截然不同的结论。例如，假设国有商业银行将贷的一笔款已知是不良贷款的情况下，对商业银行违规行为罚款可能降低银行不良贷款，也可能增加银行不良贷款，关键看金融监管部门、商业银行、企业的行为参数如何组合，推导出“假设国有商业银行将贷的一笔款已知是不良贷款，在不考虑市场风险和预算软约束的情况下，企图将对商业银行违规行为罚款作为降低银行不良贷款的手段并不是总是有效的”论断。

同时发现，企业的公关活动也未必能降低商业银行检查的概率，关键看商业银行对企业逃债的罚款是否成功（如图3.5所示）。

同时，也发现：企业（借款者）与商业银行在合作与不合作两种情况下企业经理逃避债务的概率可能相等，也可能不相等（包括可能大于和可能小于两种情况），关键看商业银行、企业的行为参数如何组合。推导出“企图从企业（借款者）与商业银行在合作与不合作两种情况下选择其一作为降低银行不良贷款的手段并不是总是有效的”论断。

3. 本书第4章建立了银行不良贷款的最优动态路径模型，得出了许多有用的推论（见附录）。例如：

银行不良贷款是一种“金融污染”，会对一个国家的福利产生负面的影响，本章建立了一个含有贷款、银行不良贷款的社会福利函数（效用函数）。

通过数学技巧发现（挖掘出）在本章的模型中的哈密尔顿乘子（影子价格）是银行不良贷款的边际负效用的倍数，倍数是由参数决定的，因为在不同的模型中，影子价格的经济学意义是不完全一样的。

从最优控制论的角度研究银行不良贷款对社会福利的影响；求出银行不良贷款的鞍点均衡值与鞍径；求出银行不良贷款的鞍点均衡值的变化轨迹。

这一章证明了假说：均衡银行不良贷款是在宏观环境下由监管机制与微观经济因素决定的。

4. 本书第5章利用银行不良贷款的最优动态路径模型解释了中国和日本高不良贷款的现实，并且预测了在不同条件下中国和日本的银行体系未来的最优均衡的银行不良贷款。

5. 银行不良贷款的最优动态路径模型具有普适性，可以利用此模型解释与预测其他国家银行的不良贷款。

用一句话来概括本书的贡献：

本书证明了“均衡银行不良贷款是在宏观环境下由监管机制与微观经济因素决定的”① 假说，并利用这一假说来解释中国和日本的银行具有高不良贷款率的现实，可以利用此模型解释与预测其他国家的银行不良贷款。

### 6.2.2 政策建议

通过对上述问题的研究我们可以提出降低新增银行不良贷款的政策建议：

1. 因为推导出“假设国有商业银行将贷的一笔款已知是不良贷款，在不考虑市场风险和预算软约束的情况下，国有商业银行可以选择贷款，也可以选择不贷款，企图将对商业银行违规行为罚款作为降低银行不良贷款的手段并不是总是有效的”论断，所以降低银行不良贷款不仅要法制而且要防止道德危害的产生。

---

① 尽管微观经济因素相同，但是如果宏观环境不同，会造成均衡的银行不良贷款 $N$ 的不同。反之，尽管宏观环境相同，但是如果微观机制与微观经济因素不同，会造成均衡的银行不良贷款 $N$ 的不同。

2. 银行不良贷款是一种“金融污染”，会对一个国家的福利产生负面的影响，所以不仅要从微观机制（比如加强监管与加强企业的投资决策研究）入手，而且也要从宏观政策入手，防止经济大幅波动，使一个国家的经济对内、对外都达到平衡，降低银行不良贷款这种“金融污染”，增进社会总福利。

### 6.2.3 不足之处与进一步的研究方向

不足之处：

1. 由于我国与日本银行不良贷款的准确数字难于考证，所以无法从计量上去检验模型，只能用强有力的事实去定性分析。

2. 模型是对现实的抽象，有部分因素没有包含在模型中。

进一步的研究方向：

1. 待银行不良贷款的准确数据可获得之后，可以利用不良贷款的最优动态路径模型从计量上去检验。

2. 可以进一步改变假设条件，推导出新的结论。

## 6.3 本章小结

本章对本书的不同之处、学术贡献、政策建议、不足之处和进一步的研究方向作了总结。

# 附录：其他参数对 $N$、$L$ 空间相图的影响，从而对银行不良贷款均衡值的影响的讨论（参数 $\theta$、$m$ 等对银行不良贷款均衡值的影响的讨论）

1. 从影响 $\dot{L}=0$ 中 $\frac{1-\theta}{m-1}$ 的因素分析使不良贷款 $N$ 变化的原因

因为 $\dot{L}=0$ 曲线等同于：

$$N = (-\delta u\theta L^{\theta-1}/\alpha vm)^{\frac{1}{m-1}} = nL^{-\frac{1-\theta}{m-1}} > 0 \qquad (4.11)'''$$

$N = (-\delta u\theta L^{\theta-1}/\alpha vm)^{\frac{1}{m-1}} = nL^{-\frac{1-\theta}{m-1}}$ 实际上是一个指数函数。其中 $n$ 为

$$n = (-\delta u\theta/\alpha vm)^{\frac{1}{m-1}} > 0(因为\delta > 0, u > 0, \theta > 0, v > 0, m > 0, \alpha < 0)$$

（1）当 $\frac{1-\theta}{m-1}$ 降低，意味着 $\theta$ 降低，或 $m$ 增加。比如 $\frac{1-\theta}{m-1}$ 从 2 降为 1，在 $N$、$L$ 空间 $\dot{L}=0$ 曲线，即 $N = (-\delta u\theta L^{\theta-1}/\alpha vm)^{\frac{1}{m-1}} = nL^{-\frac{1-\theta}{m-1}}$ 曲线的斜率 $\left(\frac{dN}{dL}\right)$ 降低（在相同的 $L$ 值处）。

（2）当 $\frac{1-\theta}{m-1}$ 增加，意味着 $\theta$ 增加，或 $m$ 降低。比如 $\frac{1-\theta}{m-1}$ 从 1 增加到 2，在 $N$、$L$ 空间 $\dot{L}=0$ 曲线的斜率 $\left(\frac{dN}{dL}\right)$ 增加（在相同的 $L$ 值处）。

为了清晰地理解 $\theta$、$m$ 的意义，有必要回顾第 4 章效用函数的讨论。

社会的总效用函数为 $U = C^{\eta} - vN^{m} = uL^{\theta} - vN^{m}$，$L$ 代表总贷款，$N$ 代表不良贷款。即效用 $U$ 是通过贷款 $L$ 进行生产转化为消费或直接的消费信贷等活动形成的，总消费简化为 $C^{\eta} = uL^{\theta}$，其中，$0 < \theta < 1, 0 < \eta < 1, v > 0$，总贷款 $L$ 产生正效用 $uL^{\theta}$，不良贷款 $N$ 产生负效用 $-vN^{m}$。

其中，$u > 0, L > 0$，则 $\dfrac{\partial U}{\partial L} = u\theta L^{\theta-1} > 0, \dfrac{\partial^2 U}{\partial L^2} = u\theta(\theta - 1)L^{\theta-1} < 0$。含义为：总贷款 $L$ 的边际效用大于 0，总贷款 $L$ 的边际效用递减，即社会的效用 $U$ 是总贷款 $L$ 的凹函数。

其中，$m > 1, N > 0$，则 $\dfrac{\partial U}{\partial N} = -vmN^{m-1} < 0, \dfrac{\partial^2 U}{\partial N^2} = -vm(m - 1)N^{m-2} < 0$，不良贷款 $N$ 的边际效用小于 0，不良贷款 $N$ 的边际效用递减，即社会的总效用 $U$ 是不良贷款 $N$ 的凹函数。下面分别分析 $\dfrac{1-\theta}{m-1}$ 降低与增加两种情况。

（1）当 $\dfrac{1-\theta}{m-1}$ 降低，意味着 $\theta$ 降低，或 $m$ 增加。比如 $\dfrac{1-\theta}{m-1}$ 从 2 降为 1，在 $N$、$L$ 空间 $\dot{L} = 0$ 曲线，即 $N = (-\delta u\theta L^{\theta-1}/\alpha vm)^{\frac{1}{m-1}} = nL^{-\frac{1-\theta}{m-1}}$ 曲线的斜率 $\left(\dfrac{\mathrm{d}N}{\mathrm{d}L}\right)$ 降低（在相同的 $L$ 值处）。$\theta$、$m$ 的大小由人文历史及世界经济的变化等因素决定，比如，因为

$$U = C^{\eta} - vN^{m} = uL^{\theta} - vN^{m}$$

所以，$\theta$ 值降低，意味着社会的总效用 $U$ 在相同的贷款 $L$ 的情况下，获得的社会的总效用 $U$ 降低。$m$ 增加，意味着社会的总效用 $U$ 在相同的不良贷款 $N$ 的情况下，获得的社会总效用 $U$ 降低。$\dot{L} = 0$ 中 $n = (-\delta u\theta/\alpha vm)^{\frac{1}{m-1}}$ 的值也降低，即

$$N = (-\delta u\theta L^{\theta-1}/\alpha vm)^{\frac{1}{m-1}} = nL^{-\frac{1-\theta}{m-1}}$$

发生了两方面的变化。一方面

$$N = (-\delta u\theta L^{\theta-1}/\alpha vm)^{\frac{1}{m-1}} = nL^{-\frac{1-\theta}{m-1}}$$

曲线的斜率$\left(\frac{\mathrm{d}N}{\mathrm{d}L}\right)$降低，另一方面

$$N = (-\delta u\theta L^{\theta-1}/\alpha vm)^{\frac{1}{m-1}} = nL^{-\frac{1-\theta}{m-1}}$$

下移，图 4.3 演变为图附录 1.1（a）。

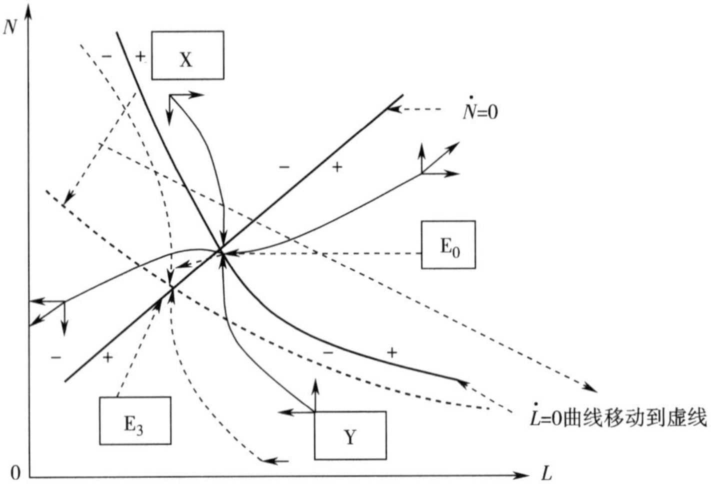


**图附录 1.1（a）　$\theta$ 降低，或 $m$ 增加是永久性的，$N$、$L$ 空间的相图**

从图附录 1.1（a）可知，如果 $\theta$ 降低，或 $m$ 值增加是永久性的[①]，$N$、$L$ 空间的均衡点将由 $E_0$ 移动到 $E_3$，$N$、$L$ 的值都降低。[②]

① $\theta$、$m$ 的大小由人文历史、国内与世界经济的变化等因素决定，比如，一个国家的股权融资大幅度地增加，则同样大小的贷款余额所起的效用降低，即 $\theta$ 降低。同理，一个国家的股权融资大幅度地增加，则同样大小的不良贷款余额 $N$ 所起的负效用增加，所以 $m$ 增加。

② 从这个角度来看，张维迎（1995）的观点（加大股票市场分流储蓄，降低信贷与不良贷款）是正确的。见张维迎：《企业的企业家——契约理论》，309 页，上海，上海人民出版社，1995。

如果 $\theta$ 降低，或 $m$ 增加是暂时性的，$N$、$L$ 空间的均衡点将先由 $E_0$ 趋向点 $E_3$，$N$、$L$ 的值都降低，然后 $N$、$L$ 空间的均衡点又回到旧的鞍径上（实线），再回到 $E_0$。总的贷款余额 $L$，不良贷款 $N$ 不变，图附录 1.1（a）演变为图附录 1.1（b）。

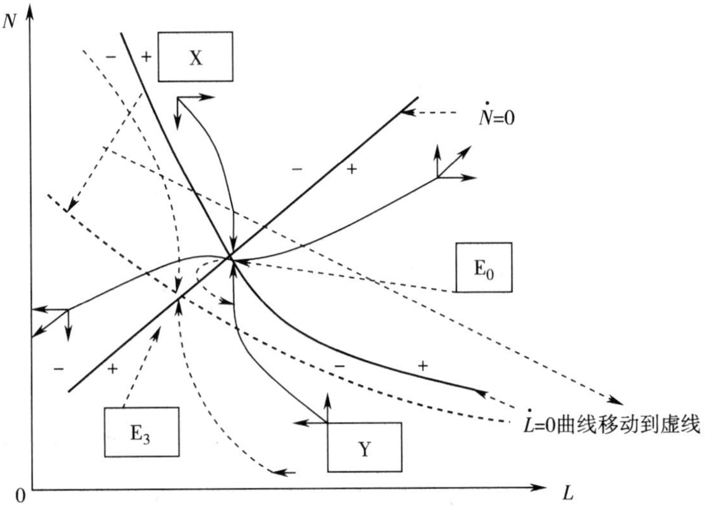


**图附录 1.1（b）　$\theta$ 降低，或 $m$ 增加是暂时性的，$N$、$L$ 空间的相图**

（2）当 $\frac{1-\theta}{m-1}$ 增加，意味着 $\theta$ 增加，或 $m$ 降低。比如 $\frac{1-\theta}{m-1}$ 从 1 增加到 2，在 $N$、$L$ 空间 $\dot{L}=0$ 曲线，即 $N=(-\delta u\theta L^{\theta-1}/\alpha vm)^{\frac{1}{m-1}}=nL^{-\frac{1-\theta}{m-1}}$ 曲线的斜率 $\left(\frac{\mathrm{d}N}{\mathrm{d}L}\right)$ 增加（在相同的 $L$ 值处）。$\theta$、$m$ 的大小是由人文历史、国内与世界经济的变化等因素决定，比如，如果一个国家的股权融资大幅度萎缩，则同样大小的贷款余额所起的效用增加，即 $\theta$ 增加。同理，如果一个国家的股权融资大幅度地萎缩，则同样大小的不良贷款余额 $N$ 所起的负效用降低，所以 $m$ 降低。

因为

$$U = C^{\eta} - vN^{m} = uL^{\theta} - vN^{m}$$

所以，$\theta$ 增加，意味着社会的总效用 $U$ 在相同的贷款 $L$ 的情况下，获得的社会的总效用 $U$ 增加。$m$ 降低，意味着社会的总效用 $U$ 在相同的不良贷款 $N$ 的情况下，获得的社会的总效用 $U$ 值增加。$\dot{L}=0$ 中 $n=(-\delta u\theta/\alpha vm)^{\frac{1}{m-1}}$ 的值也增加，即

$$N=(-\delta u\theta L^{\theta-1}/\alpha vm)^{\frac{1}{m-1}}=nL^{-\frac{1-\theta}{m-1}}$$

发生了两方面的变化。一方面

$$N=(-\delta u\theta L^{\theta-1}/\alpha vm)^{\frac{1}{m-1}}=nL^{-\frac{1-\theta}{m-1}}$$

曲线的斜率$\left(\frac{\mathrm{d}N}{\mathrm{d}L}\right)$增加，另一方面

$$N=(-\delta u\theta L^{\theta-1}/\alpha vm)^{\frac{1}{m-1}}=nL^{-\frac{1-\theta}{m-1}}$$

上移，图 4.3 演变为图附录 1.2（a）。

从图附录 1.2（a）可知，如果 $\theta$ 增加，或 $m$ 降低是永久性的，$N$、$L$ 空间的均衡点将由 $E_0$ 移动到 $E_4$，$N$、$L$ 的值都增加。①

如果 $\theta$ 增加，或 $m$ 降低是暂时性的，$N$、$L$ 空间的均衡点将先由 $E_0$ 趋向点 $E_4$，$N$、$L$ 的值都增加，然后 $N$、$L$ 空间的均衡点又回到旧的鞍径上（实线），再回到 $E_0$。总的贷款余额 $L$，不良贷款 $N$ 不变，图附录 1.2（a）演变为图附录 1.2（b）。

2. 从影响 $\dot{L}=0$ 中 $n=(-\delta u\theta/\alpha vm)^{\frac{1}{m-1}}>0$ 的因素分析使不良贷款 $N$ 变化的原因

$$n=(-\delta u\theta/\alpha vm)^{\frac{1}{m-1}}>0(\text{因为}\ \delta>0,u>0,\theta>0,v>0,m>0,\alpha<0)$$

① 从这个角度来看，张维迎（1995）的观点（加大股票市场分流储蓄，降低信贷与不良贷款）是正确的。见张维迎：《企业的企业家——契约理论》，309 页，上海，上海人民出版社，1995。

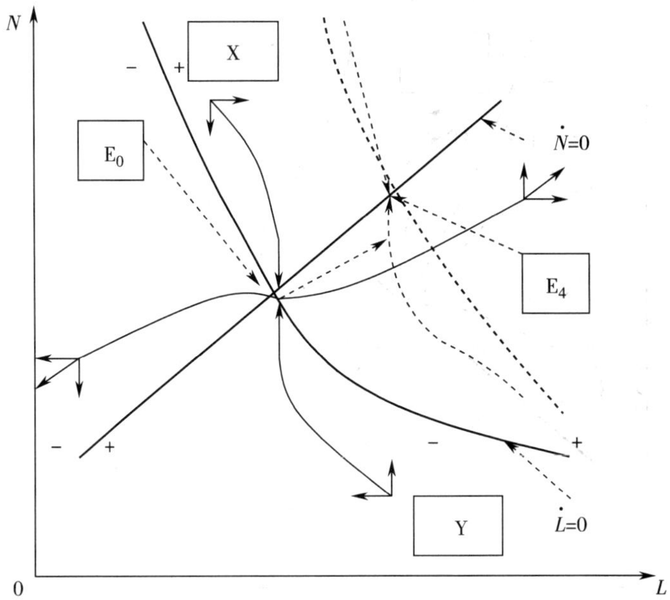


**图附录 1.2（a）　$\theta$ 增加，或 $m$ 降低是永久性的，$N$、$L$ 空间的相图**

其中，$\theta$ 或 $m$ 的变化对 $n = (-\delta u\theta/\alpha v m)^{\frac{1}{m-1}} > 0$ 的影响已经讨论，现在仅仅讨论 $\delta$、$u$、$\alpha$ 对 $n = (-\delta u\theta/\alpha v m)^{\frac{1}{m-1}} > 0$，进而对因为 $\dot{L} = 0$ 曲线的影响，$\dot{L} = 0$ 等同于：

$$N = (-\delta u\theta L^{\theta-1}/\alpha v m)^{\frac{1}{m-1}} = nL^{-\frac{1-\theta}{m-1}} > 0 \qquad (4.11)'''$$

$N = (-\delta u\theta L^{\theta-1}/\alpha v m)^{\frac{1}{m-1}} = nL^{-\frac{1-\theta}{m-1}}$ 实际上是一个指数函数。

（1）$\delta$ 对不良贷款 $N$ 的影响

$\delta$ 对不良贷款 $N$ 的影响从两方面产生，一方面对 $\dot{L} = 0$ 曲线的影响，另一方面对 $\dot{N} = 0$ 曲线的影响。

假设 $\delta$ 降低是永久性的，则 $\dot{L} = 0$ 曲线，即曲线

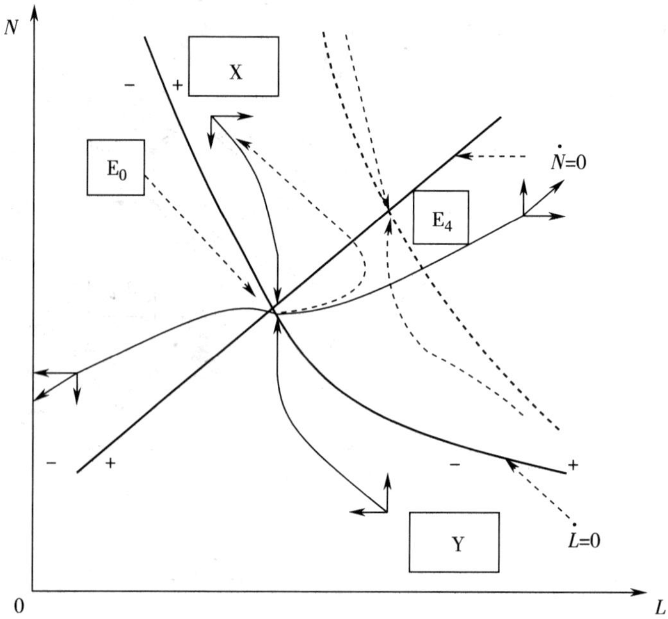


**图附录 1.2（b） *θ* 增加，或 *m* 降低是暂时性的，*N*、*L* 空间的相图**

$$N = (-\delta u\theta L^{\theta-1}/\alpha vm)^{\frac{1}{m-1}} = nL^{-\frac{1-\theta}{m-1}}$$

则下移，与此同时，$\dot{N}=0$ 曲线，即曲线

$$N = [-\alpha L - \beta A + h|\Delta G| + \gamma(i-r) + fD + aS + b\Delta E]/\delta$$

上移，且斜率增加。

由上面的分析图 4.3 演变为图附录 1.3（a）。

因为 $\delta$ 在

$$\dot{N} = -\alpha L - \beta A - \delta N + h|\Delta G| + \gamma(i-r) + fD + aS + b\Delta E$$

中其实是一个负反馈系数，当负反馈系数 $\delta$ 降低，当然增加了不良贷款 $N$，$\delta$ 的降低使 $\dot{L}=0$ 曲线，即

$$N = (-\delta u\theta L^{\theta-1}/\alpha vm)^{\frac{1}{m-1}} = nL^{-\frac{1-\theta}{m-1}} > 0$$

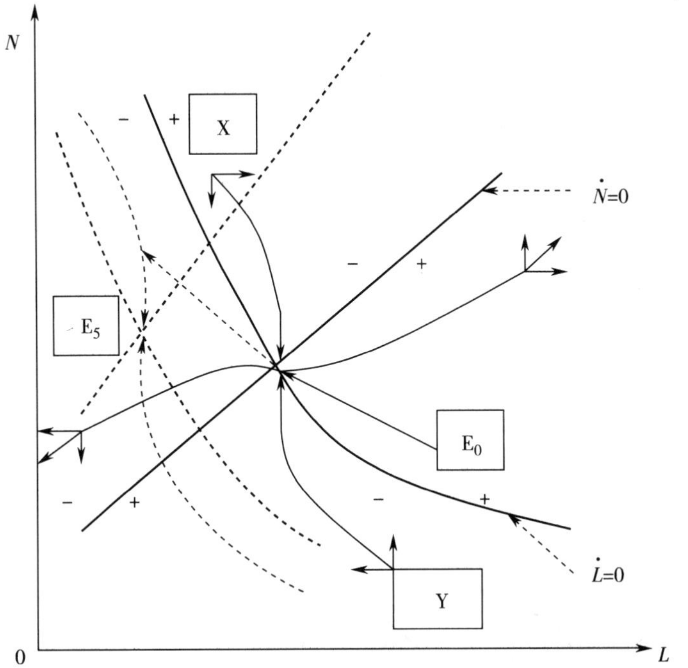


**图附录 1.3（a）　δ 降低是永久性的，N、L 空间的相图**

曲线下移。

从图附录 1.3（a）中可以看出，假设 $\delta$ 降低是永久性的，均衡点从点 $E_0$ 移动到 $E_5$，总的贷款余额 $L$ 下降，但是不良贷款 $N$ 在均衡点 $E_5$ 是否下降依赖于 $\dot{L}=0$ 曲线，即

$$N = (-\delta u\theta L^{\theta-1}/\alpha vm)^{\frac{1}{m-1}} = nL^{-\frac{1-\theta}{m-1}} > 0$$

下降的幅度。因为 $n = (-\delta u\theta/\alpha vm)^{\frac{1}{m-1}} > 0$，所以 $\dot{L}=0$ 曲线下降的幅度依赖于 $m$ 的大小，$m$ 的经济学意义从社会总效用函数 $U = C^{\eta} - vN^{m} = uL^{\theta} - vN^{m}$ 易知，$m$ 反映不良贷款 $N$ 对负效用影响的大小。

假设 $\delta$ 降低是暂时性的，则 $\dot{L}=0$ 曲线，即曲线

$$N = (-\delta u\theta L^{\theta-1}/\alpha vm)^{\frac{1}{m-1}} = nL^{-\frac{1-\theta}{m-1}}$$

则暂时下移，与此同时，$\dot{N}=0$ 曲线，即曲线

$$N = [-\alpha L - \beta A + h|\Delta G| + \gamma(i-r) + fD + aS + b\Delta E]/\delta$$

暂时上移，且斜率暂时增加，由上面的分析图附录 1.3（a）演变为图附录 1.3（b）

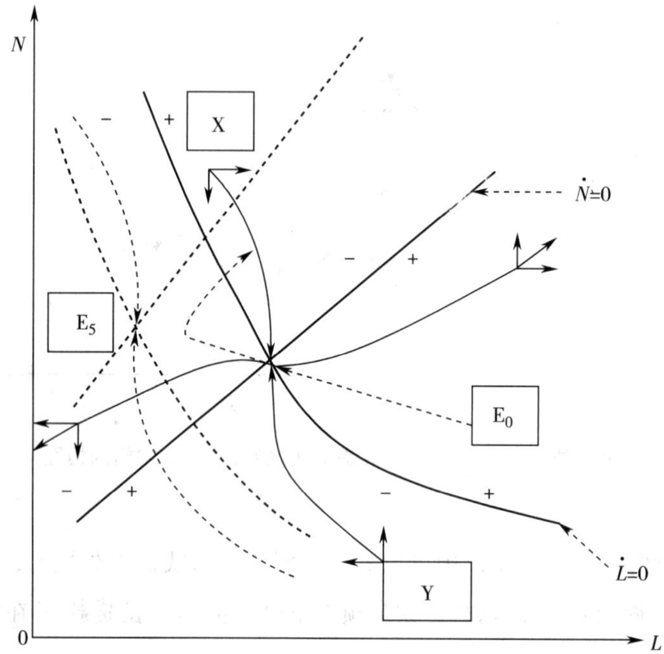


**图附录 1.3（b） δ 降低是暂时性的，N、L 空间的相图**

从图附录 1.3（b）中可以看出，均衡点开始从点 $E_0$ 趋向到 $E_5$，总的贷款余额 $L$ 趋于下降，然后又回到旧的鞍径上（实线），最终均衡点回到点 $E_0$。总的贷款余额 $L$，不良贷款 $N$ 不变。

假设 $\delta$ 增加是永久性的，则 $\dot{L}=0$ 曲线，即曲线

$$N = (-\delta u\theta L^{\theta-1}/\alpha vm)^{\frac{1}{m-1}} = nL^{-\frac{1-\theta}{m-1}}$$

上移。

与此同时，$\dot{N}=0$ 曲线，即曲线

$$N = [-\alpha L - \beta A + h|\Delta G| + \gamma(i-r) + fD + aS + b\Delta E]/\delta$$

下移，且斜率降低，此时总的贷款余额 $L$ 增加，但是不良贷款 $N$ 在新的均衡点是否下降依赖于 $\dot{L}=0$ 曲线，即

$$N = (-\delta u\theta L^{\theta-1}/\alpha vm)^{\frac{1}{m-1}} = nL^{-\frac{1-\theta}{m-1}} > 0$$

上移的幅度，由上面的分析图 4.3 演变为图附录 1.4（a）。

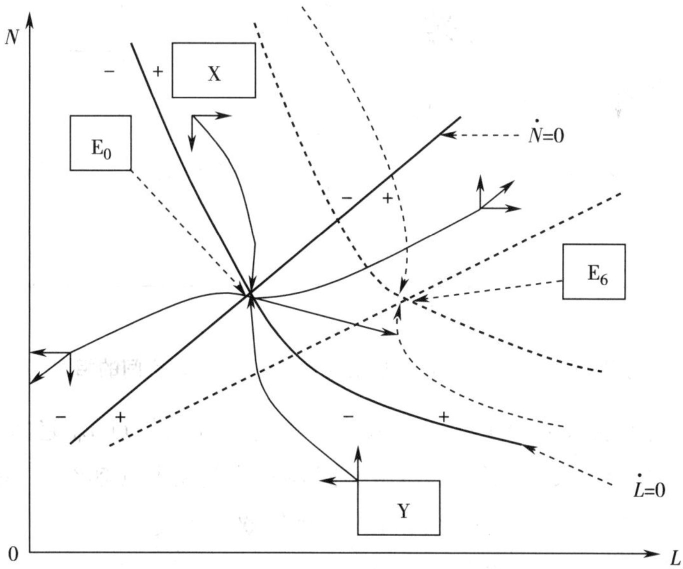


**图附录 1.4（a）　$\delta$ 增加是永久性的，$N$、$L$ 空间的相图**

假设 $\delta$ 增加是暂时性的，则 $\dot{L}=0$ 曲线，即 $N = (-\delta u\theta L^{\theta-1}/\alpha vm)^{\frac{1}{m-1}} = nL^{-\frac{1-\theta}{m-1}}$ 则暂时上移，与此同时，$\dot{N}=0$ 曲线，即曲线

$$N = [-\alpha L - \beta A + h|\Delta G| + \gamma(i-r) + fD + aS + b\Delta E]/\delta$$

暂时下移，且斜率暂时降低，此时总的贷款余额 $L$ 暂时增加，由上面的分析图附录 1.4（a）演变为图附录 1.4（b）。

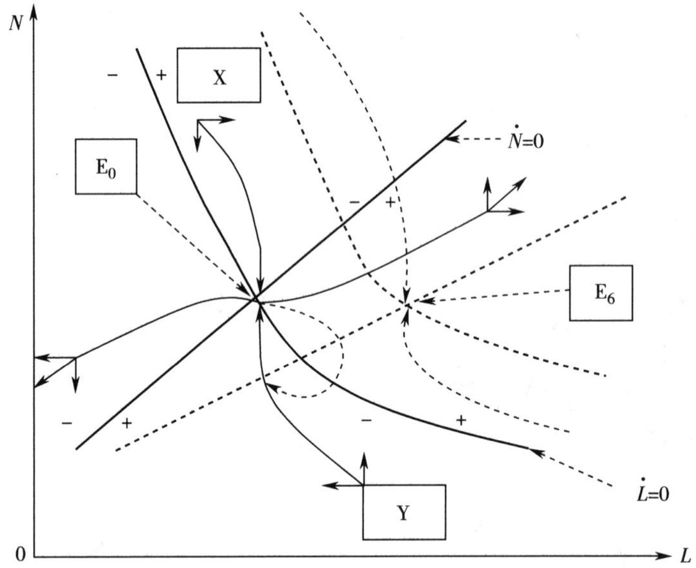


**图附录 1.4（b） $\delta$ 增加是暂时性的，$N$、$L$ 空间的相图**

从图附录 1.4（b）中可以看出，均衡点开始从点 $E_0$ 趋向到 $E_6$，总的贷款余额 $L$ 趋于下降，然后又回到旧的鞍径上（实线），最终均衡点回到点 $E_0$。总的贷款余额 $L$，不良贷款 $N$ 不变。

（2）$u$ 对不良贷款 $N$ 的影响

因为 $\dot{L}=0$ 曲线等同于：

$$N = (-\delta u\theta L^{\theta-1}/\alpha vm)^{\frac{1}{m-1}} = nL^{-\frac{1-\theta}{m-1}} > 0 \qquad (4.11)'''$$

$N = (-\delta u\theta L^{\theta-1}/\alpha vm)^{\frac{1}{m-1}} = nL^{-\frac{1-\theta}{m-1}}$ 实际上是一个指数函数。其中，

$$n = (-\delta u\theta/\alpha vm)^{\frac{1}{m-1}} > 0(\text{因为}\ \delta > 0, u > 0,$$
$$\theta > 0, v > 0, m > 0, \alpha < 0)$$

所以，假设 $u$ 增加是永久性的，意味着 $n = (-\delta u\theta/\alpha vm)^{\frac{1}{m-1}} > 0$ 增加，即 $\dot{L}=0$ 曲线，即曲线

$$N = (-\delta u\theta L^{\theta-1}/\alpha vm)^{\frac{1}{m-1}} = nL^{-\frac{1-\theta}{m-1}} > 0$$

上移。与此同时，$\dot{N}=0$ 曲线，即曲线

$$N = [-\alpha L - \beta A + h|\Delta G| + \gamma(i-r) + fD + aS + b\Delta E]/\delta$$

不发生移动，由上面的分析图 4.3 演变为图附录 1.5（a）。

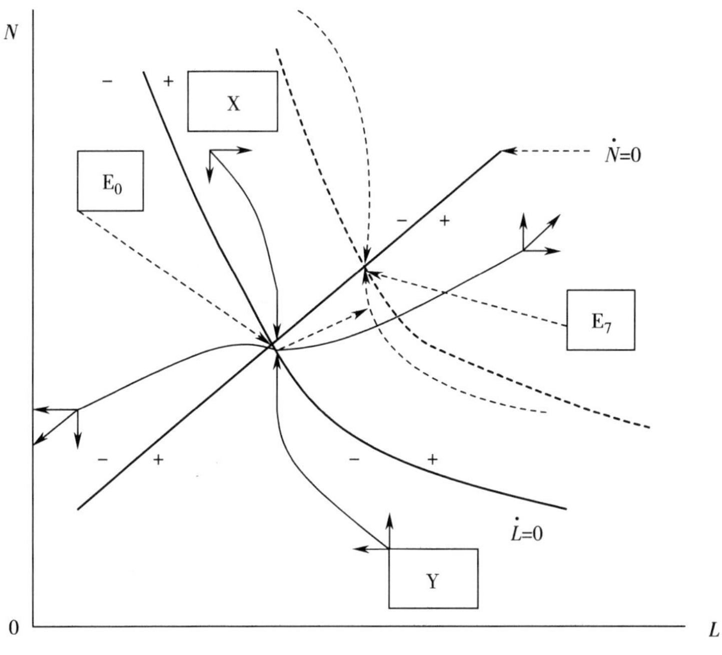


**图附录 1.5（a）　$u$ 增加是永久性的，$N$、$L$ 空间的相图**

从图附录 1.5（a）中可以看出，假设 $u$ 增加是永久性的，均衡点从 $E_0$ 移动到 $E_7$，总的贷款余额 $L$ 增加，不良贷款 $N$ 在均衡点 $E_7$ 增加。$u$ 的经济学意义从社会总效用函数 $U = C^{\eta} - vN^{m} = uL^{\theta} - vN^{m}$ 易知，$u$ 反映贷款余额 $L$ 对效用影响的调整系数。

假设 $u$ 增加是暂时性的，意味着 $n=\left(-\delta u\theta/\alpha vm\right)^{\frac{1}{m-1}}>0$ 暂时增加，即 $\dot{L}=0$ 曲线，即曲线

$$N=\left(-\delta u\theta L^{\theta-1}/\alpha vm\right)^{\frac{1}{m-1}}=nL^{-\frac{1-\theta}{m-1}}>0$$

暂时上移。与此同时，$\dot{N}=0$ 曲线，即曲线

$$N=\left[-\alpha L-\beta A+h\left|\Delta G\right|+\gamma(i-r)+fD+aS+b\Delta E\right]/\delta$$

不发生移动，由上面的分析图附录 1.5（a）演变为图附录 1.5（b）。

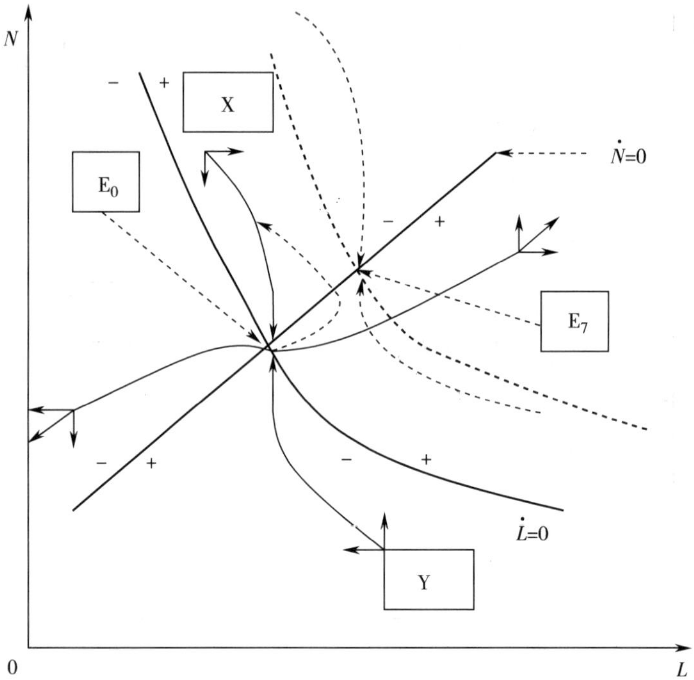


**图附录 1.5（b） *u* 增加是暂时性的，*N*、*L* 空间的相图**

从图附录 1.5（b）中可以看出，均衡位置从点 $E_0$ 趋向点 $E_7$，总的贷款余额 $L$ 暂时增加，不良贷款 $N$ 暂时增加，然后均衡点先移向旧的鞍径上（实线），最后回到 $E_0$。总的贷款余额 $L$，不良贷款 $N$ 不变。

假设 $u$ 减少是永久性的，意味着 $n=(-\delta u\theta/\alpha vm)^{\frac{1}{m-1}}>0$ 减少，即 $\dot{L}=0$ 曲线，即曲线

$$N=(-\delta u\theta L^{\theta-1}/\alpha vm)^{\frac{1}{m-1}}=nL^{-\frac{1-\theta}{m-1}}>0$$

下移。与此同时，$\dot{N}=0$ 曲线，即曲线

$$N=[-\alpha L-\beta A+h|\Delta G|+\gamma(i-r)+fD+aS+b\Delta E]/\delta$$

不发生移动。

均衡点沿 $\dot{N}=0$ 曲线下移，总的贷款余额 $L$ 降低，不良贷款 $N$ 在新的均衡点比初始均衡点降低。

假设 $u$ 减少是暂时性的，意味着 $n=(-\delta u\theta/\alpha vm)^{\frac{1}{m-1}}>0$ 暂时减少，$\dot{L}=0$ 曲线，即曲线

$$N=(-\delta u\theta L^{\theta-1}/\alpha vm)^{\frac{1}{m-1}}=nL^{-\frac{1-\theta}{m-1}}>0$$

暂时下移。与此同时，$\dot{N}=0$ 曲线，即曲线

$$N=[-\alpha L-\beta A+h|\Delta G|+\gamma(i-r)+fD+aS+b\Delta E]/\delta$$

不发生移动。

均衡点沿 $\dot{N}=0$ 曲线暂时下移，总的贷款余额 $L$ 暂时降低，不良贷款 $N$ 在新的均衡点比初始均衡点暂时降低，然后均衡点先移向旧的鞍径上，最后回到 $E_0$。总的贷款余额 $L$，不良贷款 $N$ 不变。

(3) $\alpha$ 对不良贷款 $N$ 的影响

假设 $\alpha$ 永久增加，如从 $-0.2$ 增加到 $-0.1$，则意味着 $n=(-\delta u\theta/\alpha vm)^{\frac{1}{m-1}}>0$ 减少，$\dot{L}=0$ 曲线，即曲线

$$N=(-\delta u\theta L^{\theta-1}/\alpha vm)^{\frac{1}{m-1}}=nL^{-\frac{1-\theta}{m-1}}>0$$

上移，与此同时，$\dot{N}=0$ 曲线，即曲线

$$N = [-\alpha L - \beta A + h|\Delta G| + \gamma(i-r) + fD + aS + b\Delta E]/\delta$$

发生顺时针转动，换一句话说，$\dot{N}=0$ 曲线，即曲线

$$N = [-\alpha L - \beta A + h|\Delta G| + \gamma(i-r) + fD + aS + b\Delta E]/\delta$$

的斜率降低，由上面的分析图 4.3 演变为图附录 1.6（a）。

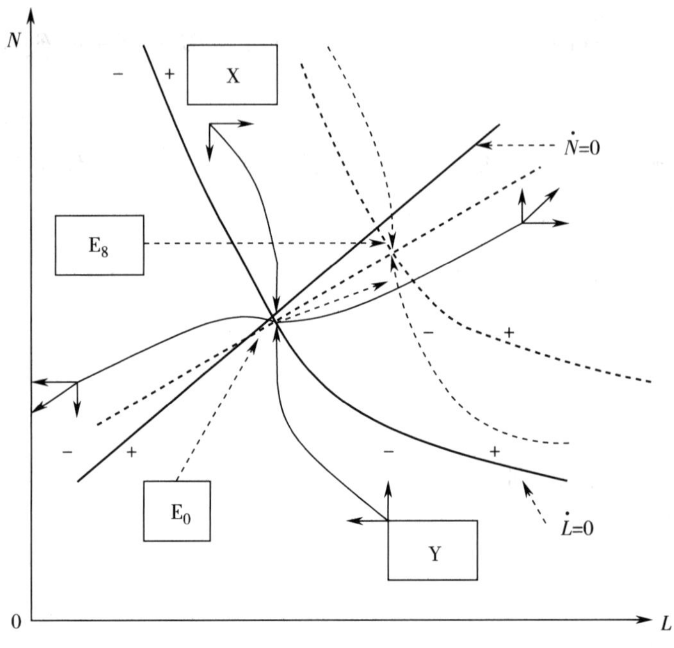


**图附录 1.6（a） 假设 $\alpha$ 永久性增加，N、L 空间的相图**

从图附录 1.6（a）中可以看出，假设 $\alpha$ 永久增加，均衡点从点 $E_0$ 先移向新的鞍径，然后移动到 $E_8$，总的贷款余额 $L$ 增加，不良贷款 $N$ 在均衡点 $E_8$ 增加。

假设 $\alpha$ 暂时性增加，则意味着 $n=(-\delta u\theta/\alpha vm)^{\frac{1}{m-1}}>0$ 暂时增加，$\dot{L}=0$ 曲线，即曲线

$$N=(-\delta u\theta L^{\theta-1}/\alpha vm)^{\frac{1}{m-1}}=nL^{-\frac{1-\theta}{m-1}}>0$$

暂时上移，与此同时，$\dot{N}=0$ 曲线，即曲线

$$N=[-\alpha L-\beta A+h|\Delta G|+\gamma(i-r)+fD+aS+b\Delta E]/\delta$$

暂时发生顺时针转动，换一句话说，$\dot{N}=0$ 曲线，即曲线

$$N=[-\alpha L-\beta A+h|\Delta G|+\gamma(i-r)+fD+aS+b\Delta E]/\delta$$

的斜率暂时降低，由上面的分析图 4.3 演变为图附录 1.6（b）。

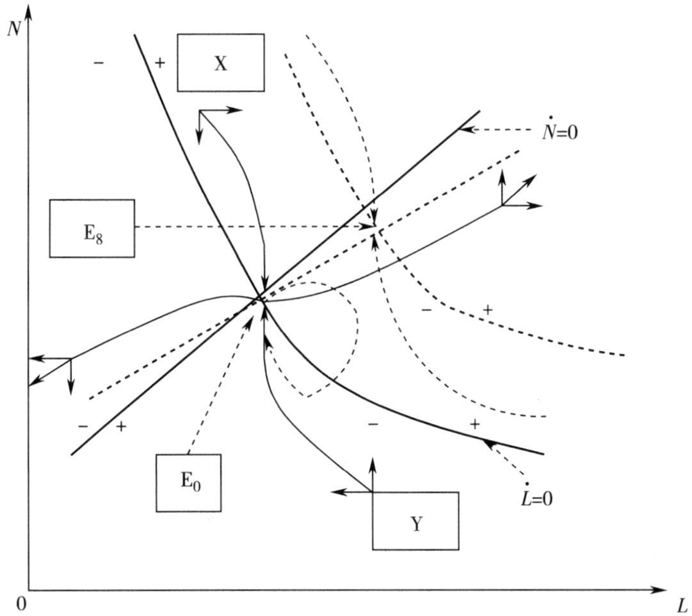


**图附录 1.6（b）　假设 $\alpha$ 暂时性增加，N、L 空间的相图**

从图附录 1.6（b）中可以看出，均衡点从点 $E_0$ 先趋向新的鞍点 $E_8$，然后移向旧的鞍径，最后回到旧的均衡点 $E_0$。总的贷款余额 $L$，不良贷款 $N$ 不变。

（4）$v$ 对不良贷款 $N$ 的影响

$v$ 的经济学意义从社会总效用函数 $U=C^{\eta}-vN^{m}=uL^{\theta}-vN^{m}$ 易知，$v$ 反映不良贷款 $N$ 所产生的负效用的调整系数。

假设 $v$ 永久增加，则意味着 $n = (-\delta u\theta/\alpha vm)^{\frac{1}{m-1}} > 0$ 减少，$\dot{L} = 0$ 曲线，即曲线

$$N = (-\delta u\theta L^{\theta-1}/\alpha vm)^{\frac{1}{m-1}} = nL^{-\frac{1-\theta}{m-1}} > 0$$

下移，与此同时，$\dot{N} = 0$ 曲线，即曲线

$$N = [-\alpha L - \beta A + h|\Delta G| + \gamma(i-r) + fD + aS + b\Delta E]/\delta$$

不发生移动，由上面的分析图 4.3 演变为图附录 1.7（a）。

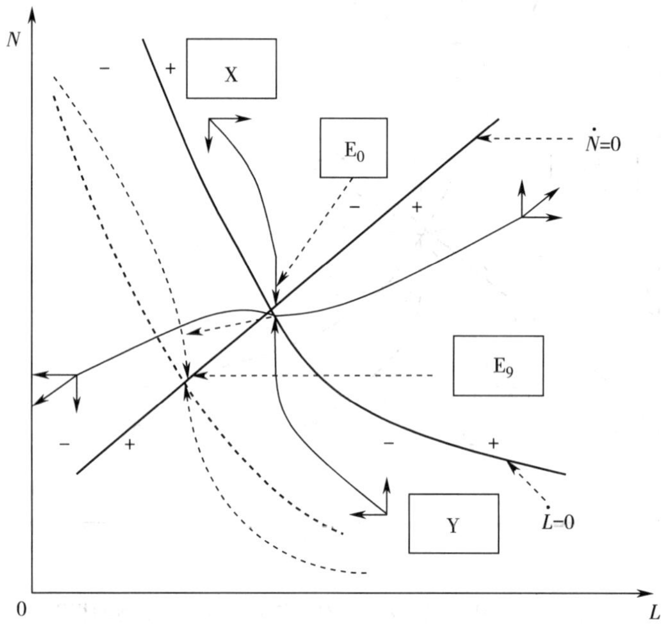


**图附录 1.7（a） 假设 $v$ 永久增加，$N$、$L$ 空间的相图**

从图附录 1.7（a）中可以看出，假设 $v$ 永久增加，均衡点从点 $E_0$ 先移向新的鞍径，然后移动到 $E_9$，总的贷款余额 $L$ 降低，不良贷款 $N$ 在均衡点 $E_9$ 降低。

假设 $v$ 暂时增加，则意味着 $n = (-\delta u\theta/\alpha vm)^{\frac{1}{m-1}} > 0$ 暂时减少，$\dot{L}=0$曲线，即曲线

$$N = (-\delta u\theta L^{\theta-1}/\alpha vm)^{\frac{1}{m-1}} = nL^{-\frac{1-\theta}{m-1}} > 0$$

暂时下移，与此同时，$\dot{N}=0$ 曲线不发生移动，由上面的分析图 4.3 演变为图附录 1.7（b）。

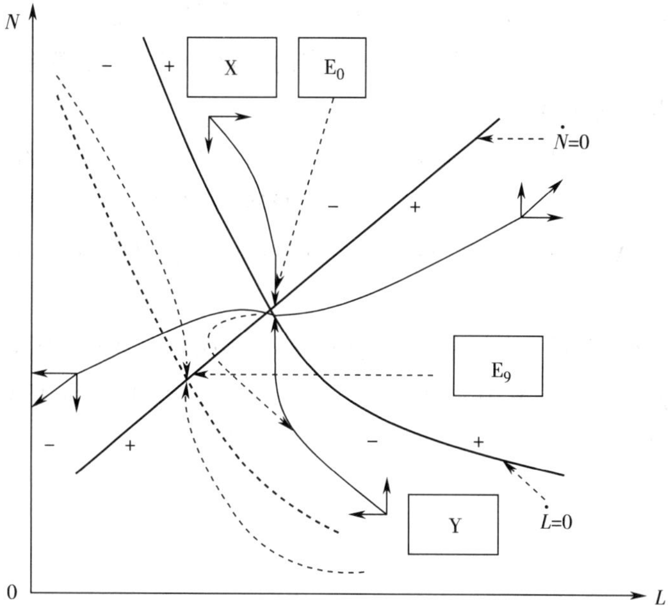


**图附录 1.7（b）　假设 $v$ 暂时增加，$N$、$L$ 空间的相图**

从图附录 1.7（b）中可以看出，假设 $v$ 暂时增加，均衡点从点 $E_0$ 先趋向新的鞍径，然后回移到旧的鞍径（实线），最后回到 $E_0$。总的贷款余额 $L$ 降低，不良贷款 $N$ 不发生变化。

3. 小结

从第 4 章第 2 节和本附录的分析证明可得如下推论：

推论 1：如果 $\theta$ 降低，或 $m$ 增加是永久性的，[①] $N$、$L$ 空间的均衡点变化表明 $N$、$L$ 的值都降低。

推论 2：如果 $\theta$ 降低，或 $m$ 增加是暂时性的，$N$、$L$ 空间的总的贷款余额 $L$，不良贷款 $N$ 不变。

推论 3：假设 $\delta$ 降低是永久性的，均衡点的变化表明总的贷款余额 $L$ 下降，但是不良贷款 $N$ 在新的均衡点是否下降依赖于 $\dot{L}=0$ 曲线，$N=(-\delta u\theta L^{\theta-1}/\alpha vm)^{\frac{1}{m-1}}=nL^{-\frac{1-\theta}{m-1}}>0$ 下降的幅度。

推论 4：假设 $\alpha$ 永久增加，均衡点的变化表明总的贷款余额 $L$ 降低，不良贷款 $N$ 降低。

推论 5：假设 $u$ 增加是永久性的，均衡点的变化表明总的贷款余额 $L$ 增加，不良贷款 $N$ 增加（其中 $u$ 的经济学意义从社会总效用函数 $U=C^{\eta}-vN^{m}=uL^{\theta}-vN^{m}$ 易知，$u$ 反映贷款余额 $L$ 对效用影响的调整系数)。

推论 6：假设 $v$ 永久增加，均衡点变化表明总的贷款余额 $L$ 降低，不良贷款 $N$ 降低（其中 $v$ 的经济学意义从社会总效用函数 $U=C^{\eta}-vN^{m}=uL^{\theta}-vN^{m}$ 易知，$v$ 反映不良贷款 $N$ 所产生的负效用的调整系数)。

---

① $\theta$、$m$ 的大小由人文历史、国内与世界经济的变化等因素决定，比如，一个国家的股权融资大幅度地增加，则同样大小的贷款余额所起的效用降低，即 $\theta$ 降低。同理，一个国家的股权融资大幅度地增加，则同样大小的不良贷款余额 $N$ 所起的负效用增加，所以 $m$ 增加。

# 参 考 文 献

## 一、中文部分

1. ［美］ Gerard CaPrio，Jr.，William. C. Hunter，George G Kaufman，Danny M. Leipziger：《银行危机的防范：近期全球银行倒闭风潮的教训》，中文版，北京，中国财政经济出版社，1999。

2. ［美］彼得・S. 罗斯：《商业银行管理》，中文版，北京，经济科学出版社，1996。

3. ［美］法博齐、莫迪利亚尼：《资本市场：机构与工具》，中文版，北京，经济科学出版社，1998。

4. ［美］蒋中一：《数理经济学的基本方法》，中文版，北京，商务印书馆，1999。

5. ［美］蒋中一：《动态最优化基础》，中文版，北京，商务印书馆，1999。

6. ［美］威斯通等：《兼并、重组与公司控制》，中文版，北京，经济科学出版社，1998。

7. 尼古拉斯・R. 拉迪：《中国未完成的经济改革》，中文版，北京，中国发展出版社，1999。

8. 爱德华・肖：《经济发展中的金融深化》，中文版，上海，上海三联书店，1988。

9. 陈虹:《日本金融机构的不良债权问题——泡沫经济的后遗症》，载《日本学刊》，1995（6）。

10. 陈虹:《日本的金融政策与泡沫经济》，载《世界经济》，1995（9）。

11. 陈虹:《评析日本金融机构的不良债权》，载《国际经济评论》，1996（5）。

12. 陈虹:《日本金融行政的改革》，载《世界经济》，1997（4）。

13. 陈虹:《日本经济政策的两难选择——“三月决算危机”前的紧急措施》，载《世界经济与政治》，1998（4）。

14. 陈虹:《日元汇率急剧波动的理论分析》，载《世界经济》，1998（10）。

15. 陈虹:《消除三大过剩，构筑新型风险管理秩序——〈1999 年度日本经济白皮书〉述评》，载《世界经济》，1999（11）。

16. 陈虹:《美日两国的货币政策与日元汇率变动》，载《国际经济评论》，1999（6）。

17. 陈学彬:《银行不良资产与金融风险、通货膨胀间的博弈分析》，载《经济研究》，1997（7）。

18. 戴相龙主编:《商业银行经营管理》，北京，中国金融出版社，1998。

19. 杜佳:《新兴市场国家金融不稳定性研究》，中国国家图书馆学位论文库，索书号: 2001/F831/61。

20. 樊纲:《企业间债务与宏观经济波动》，载《经济研究》，1996（3－4）。

21. 樊纲:《论“国家综合负债”——兼论如何处理不良资产》，载《经济研究》，1999（5）。

22. 樊会文:《金融风险及其管理》，中国国家图书馆学位论文库，索书号: Z/F830.9/33。

23. 高海红:《从东亚货币危机看汇率制度的选择》，载《管理世界》，1998（6）。

24. 韩平:《国有商业银行的信贷风险生成机理与管理系统研究》，中国国家图书馆学位论文库，索书号: 2001/F832.3/8。

25. 何仕彬:《银行不良资产重组的国际比较》，北京，中国金融出版社，1998。

26. 胡庆康:《现代货币银行学教程》，上海，复旦大学出版社，2001。

27. 黄达：《金融、金融学及其学科建设（金融覆盖范围、金融学科体系设计、金融专业办学方向）》，载《当代经济科学》，2001（4）。

28. 黄金老：《亚洲金融危机与人民币自由兑换改革》，载《国际金融研究》，1998（6）。

29. 黄金老：《美国解决储贷协会危机中各类中介机构行为之研究》，载《国际金融研究》，1998（11）。

30. 黄金老：《论金融脆弱性》，载《金融研究》，2001（3）。

31. 黄金老：《金融自由化与金融脆弱性》，北京，中国城市出版社，2001。

32. 李向阳：《美国的企业并购与泡沫经济》，载《国际经济评论》，1999（3）。

33. 李扬：《韩国金融危机的微观基础：大企业发展战略的影响》，载《改革》，1998（6）。

34. 厉以宁主编：《中国资本市场发展的理论与实践》，北京，北京大学出版社，1998。

35. 林义相：《金融资产管理》，北京，北京大学出版社，1996。

36. 林毅夫：《按照比较优势调整产业结构、减少金融风险》，北京大学中国经济研究中心讨论稿系列（CEER Working Paper Series），No. C2000017。

37. 林毅夫、蔡方、李周：《比较优势与发展战略——对东亚奇迹的再解释》，北京大学中国经济研究中心工作论文，No. C1999006。

38. 刘澄：《俄罗斯金融危机与经济安全的脆弱性》，载《华南金融研究》，2001（2）。

39. 刘海啸：《基于宏观视角的金融风险研究》，中国国家图书馆学位论文库，索书号：Z/F830./32。

40. 刘明心、罗俊伟：《金融危机理论综述》，载《经济科学》，2000（4）。

41. 刘明心、罗俊伟：《东亚国家企业和银行部门的脆弱性》，载《亚太经济》，2000（6）。

42. 刘明兴：《东亚金融危机的拯救及其宏观经济效果》，载《东南亚研究》，2001（1）。

43. 刘明兴：《亚洲金融危机的拯救及其宏观经济效果》，载《江西财经大学学报》，2001（3）。

44. 马克思、恩格斯:《共产党宣言》，中文版，北京，人民出版社，1997。

45. 马克思、恩格斯:《马克思恩格斯全集》，中文版，第37卷，北京，人民出版社，1971。

46. 马克思:《剩余价值理论》，中文版，第2册，北京，人民出版社，1975。

47. 马克思:《资本论》，中文2版，第1卷，北京，人民出版社，2004。

48. 马克思:《资本论》，中文2版，第3卷，北京，人民出版社，2004。

49. 马文秀、王祯军:《金融体系的脆弱性与东亚金融危机》，载《河北大学学报（哲学社会科学版）》，1999（3）。

50. 钱颖一:《加入世界贸易组织后中国金融的稳定与发展》，载《经济社会体制比较》，2001（5）。

51. 史建平:《宏观经济运行中的金融风险》，北京，中央财经大学学位论文，2000. [2001/F830.9/74]。

52. 宋逢明:《金融工程与总体金融风险防范》，载《中国外汇管理》，1998（1）。

53. 宋逢明:《风险、收益、套利和估价》，载《系统工程学报》，2000（4）。

54. 宋逢明:《风险套利和资产定价第一基本定理》，载《系统工程理论与实践》，2001（11）。

55. 宋逢明:《对金融风险管理的几点认识》，载《国际金融研究》，2001（12）。

56. 宋清华:《银行危机论》，北京，经济科学出版社，2001。

57. 苏同华:《银行危机论》，中国国家图书馆学位论文库，索书号：Z/F830./38。

58. 孙杰:《从东亚金融危机看国际货币基金组织和国际货币合作》，载《世界经济与政治》，1998（4）。

59. 孙伍琴:《金融脆弱性及启示》，载《中国统计》，2001（8）。

60. 王德祥:《论马克思的金融危机理论》，载《经济评论》，2000（3）。

61. 王广谦:《亚洲金融危机的深层原因及防范思考》，载《杭州金融管理干部学院学报》，1999（1）。

62. 王开国等编:《资产证券化论》，上海，上海财经大学出版社，1999。

63. 王洛林、李扬、余永定、王国刚:《泰国：经济恢复过程与金融机构不良资产的处理》，载《经济研究》，2000（3）。

64. 王洛林等：《日本金融考察报告》，北京，社会科学文献出版社，2001。

65. 吴德礼：《银行不良资产化解方式方法》，北京，中国金融出版社，2001。

66. 谢平：《中国金融资产结构分析》，载《经济研究》，1992。

67. 邢福俊、成吉：《日本金融危机的成因分析——兼谈我国目前金融体制的脆弱性》，载《青海金融》，1998（5）。

68. 易纲：《中国金融资产结构分析及政策含义》，载《经济研究》，1996。

69. 易纲：《东南亚国家和墨西哥金融危机对中国的启示》，载《财贸经济》，1998（1）。

70. 易纲：《东南亚国家和墨西哥金融危机对中国的启示》，载《国际经济评论》，1998（1）。

71. 易纲：《中国经济可持续增长的五大空间》，载《瞭望》，1998（50）。

72. 易纲：《对冲基金·金融风险·金融监管》，载《国际经济评论》，1999（1）。

73. 易纲等：《货币银行学》，上海，上海人民出版社，1999。

74. 殷孟波：《中国信用基础脆弱性分析》，载《四川金融》，1999（3）。

75. 于为群：《中国金融不良资产生成的制度因素分析》，中国国家图书馆学位论文库，索书号：2001/F832./88。

76. 余永定：《股票市场过热可能会导致通货膨胀的死灰复燃》，载《改革》，1997（4）。

77. 余永定：《泰国的金融自由化与货币危机》，载《改革》，1997（6）。

78. 余永定：《泰国的金融危机及其启示》，载《国际经济评论》，1997（9－10）。

79. 余永定：《日本的财政危机》，载《世界经济》，1997（10）。

80. 余永定：《90年代国际金融发展和国际金融风险防范》，载《经济改革与发展》，1997（11）。

81. 余永定：《打破通货收缩的恶性循环——中国经济发展的新挑战》，载《经济研究》，1999（7）。

82. 余永定：《香港股灾发展过程的经济分析》，载《国际经济评论》，1998

（4-5）。

83. 余永定：《泡沫经济与通货收缩》，载《国际金融研究》，1998（6）。

84. 余永定：《财政稳定性问题研究的一个理论框架》，载《世界经济》，2000（6）。

85. 余永定：《诺奖得主与余永定教授笔谈：发展中国家不应匆忙将其国内金融市场与世界金融市场一体化》，载《国际经济评论》，1997（9-10）。

86. 余永定：《世界金融变革的五大趋势》，载《国际经济评论》，1997（3-4）。

87. 余永定：《中国从亚洲金融危机中汲取教训》，载《金融研究》，2000（12）。

88. 袁钢明：《中国国有企业负债的实证分析》，载《经济研究》，2000（5）。

89. 张礼卿：《亚洲金融危机的教训》，载《国际金融研究》，1998（1）。

90. 张荔：《论过度的金融自由化与金融体系脆弱性》，载《城市金融论坛》，2000（6）。

91. 张荔：《论过度的金融自由化对金融体系脆弱性的助推作用》，载《经济评论》，2001（1）。

92. 张陶伟：《现代金融不稳定论》，中国国家图书馆学位论文库，索书号：2001/F830./109。

93. 张亦春、佘运九：《制度变迁中的银行风险分析及内部控制》，载《经济研究》，1998（4）。

94. 赵旭：《银行体系脆弱性理论及其预算约束理论的评析》，载《南京经济学院学报》，2000（1）。

95. 张维迎：《企业的企业家——契约理论》，上海，上海人民出版社，1995。

96. 张曙光：《市场化与宏观稳定》，北京，社会科学文献出版社，2002。

97. 张宇燕：《国家放松管制的博弈》，载《经济研究》，1995（6）。

98. 钟伟：《从亚洲金融危机看当代国际金融体系的内在脆弱性》，载《北京师范大学学报（社会科学版）》，1998（5）。

99. 周小川主编：《重建与再生：化解银行不良资产的国际经验》，北京，中国金融出版社，1999。

100. Makoto Itoh and Costas Lapavitsas:《货币金融政治经济学》，中文版，北京，经济科学出版社，2001。

## 二、英文部分

Alice H. Amsden, Takashi Hikino (1998), East Asia's Financial Woes: What Can an Activist Government Do? World Policy Journal, Fall 1998 v. 15 No. 3 p43 (4).

Alonso L. (1991), On Informationally Based Bank Runs: The Jacklin and Bhattacharya Paper Revis Ited, University of Minnesota, Minneapolis. Mimeograph.

Altman, Edward I., Hukawala, Naeem, Kishore, Vellore (2000), Defaults and Returns on High-yield Bonds: Lessons From 1999 and Outlook for 2000 - 2002, Business Economics v 35 No. 2 (Apr. 2000) pp27 - 38.

Anderini, L, (1989), Theoretical Modelling of Banks and Bank Runs, In the Economics of Missing Markets, Informtion and Games, Edited by F. Hahn, Oxford: Oxford University Press.

Benston G., R. Eisenbeis, P. Horvitz, E. Kane, and G. Kaufman (1986), Perspectives on Safe and Sound Banking: Past Present and Future, Cambridge, Mass: American Bankers Association in cooperation with MIT Press.

Benston, G., and G. Kaufman (1986), Risks and Failures in Banking: Overview, History, and Evaluation, In Deregulating Financial Services: Public Policy in Fluxy Edited by G. Kaufman and R. Kornandi, Mid America Institute for Public Policy Research Book Series, Cambridge, Mass: Harper and Row.

Bernank B., and M. Gertler (1990), Financial Fragility and Economic Performance, Quarterly Journal of Economics 105 (1): 87 - 114.

Boyd, J., and E. Prescott (1986), Financial Intermediary Coalitions, Journal of Economic Theory 38 (2): 211 - 232.

Brenda Gonzales-Hermosillo (1999), Developing Indicators to Provide Early Warnings of Banking Crises (Financial Markets), Finance & Development, June 1999 v. 36 i2 p36 (4).

Calvo, Guillenn O., and Enrique G. Mendoza (1999), Rational

Herd Behavior and the Globalization of Securites Markets? Mimeo, University of Maryland, November.

Charri, V. V., and R. Jagannathan (1988), Banking Panics, Information and Rational Expectations Equilibrium, Journal of Finance 43 (3): 749 -761.

Chick, Victoria (1997), Some Reflections on Financial Fragility in Banking and Finance, Journal of Economic Issues v. 31 (June 1997) pp535 -541.

Cypher, James M. (1996), Mexico: Financial Fragility or Structural Crisis? Journal of Economic Issues v 30 (June 1996) pp451 -461.

Devenow & Welch (1996), Rational Herding in Financial Economics, European Economic Review, p40.

Edwards, Sebasstian (1995), Comments and Discussion, Brooking Papers on Economic Activity 2, 27178.

Eric Nasica (2000), Translated by C. Dangel With a Foreword by Jan A. Kregel, Finance, Investment, and Economic Fluctuations: An Analysis in the Tradition of Hyman P. Minsky—Cheltenhan, UK Northampton, MA Edward Elgar Pub., c2000. —xiii, p 223.

Flood R., and Garber P. (1984), Collapsing Exchange Rate Regimes: Some Linear Example, Journal of International Economics 171: 13.

Flood, R. and Nancy Marison (1998), Perspectives On The Recent Currency Crisis Literature, NBER Working Paper No. 6380.

Flood, Robert and Nancy Marion (1997), The Size and Timing of Devaluations in Capital-Controlled Economics? Journal of Development Economics, 54: 123 -147.

Gary Dymski and Robert Pollin (1994), New Perspectives in Monetary Macroeconomics: Explorations in the Tradition of Hyman P. Minsky / edited by Gary Dymski and Robert Pollin. —Ann Arbor : University of Michigan Press, c1994. — vii, p414.

Gavin, Francis J. (2000), Economists to the Rescue, Orbis (Philadelphia, Pa.) v. 44 no2 (Spring 2000) pp324 - 330.

Gorton, G. (1985), Banks' Suspension of Convertibility, Journal of Monetary Economics 15: 177 - 193.

Gorton, G., and G. Pennacchi (1990), Financial Intermediaries and Liquidity Creation, Journal of Finance 45 (1): 49 - 71.

Hesna Genay (1998), Assessing the Condition of Japanese Banks: how Informative are Accounting Earnings? Economic Perspectives, Winter 1998 v. 22 i4 p12 (2).

Hyman P. Minsky (1986), Stabilizing an Unstable Economy, New Haven : Yale University Press, c1986. — xiv, p353.

Hyman P. Minsky (1975), John Maynard Keynes, London : Macmillan, 1975. — xv, p181.

Hyman P. Minsky (1982), Can "it" Happen Again?: Essays on Instability and Finance. — Armonk, N. Y. : M. E. Sharpe, c1982. — xxiv, p301.

International Monetary Fund Staff Papers, v 44 (Sept. 1997) pp295 - 314 15.

International Money Fund (1992), Asset Price Deflation, Balance Sheet Adjustment, and Financial Fragility, World Economic Outlook, Oct. 1992, p 57 (12).

Jacklin, C. J. (1987), Demand Deposits, Trading Restrichons and Risk Sharing, In Contractual Arrangements for Intertemporal Trade-edited by E. Prescott and N. Wallace, Minneapolis: University of Minnesota Press.

Jacklin, C. J. , and S. Bhattachalya (1988), Distinguishing Panics and Information-based Bank Runs: Welfare and Policy Implications, Journal of Political Economy 96 (3): 568—592.

Jenny Corbett, Janet Mitchell, Andrew Winton (2000), Banking Crises and Bank Rescues: The Effect of Reputation, Journal of Money, Credit & Banking, August 2000 v. 32 i3 p 474.

Joe Peek, Eric S. Rosengren (1999), Japanese Banking Problems: implications for Lending in the United States (Industry Overview), New England Economic Review, Jan. -Feb. 1999, p 25 (1).

Julio Lopez (1998), External Financial Fragility and Capital Flight in Mexico, International Review of Applied Economics, May 1998 v. 12 No. 2, p257 (14).

Justin Yifu, Fang Cai, and Zhou Li (1998), Competition, Policy Burdens, and State-Owned Enterprise Reform, AER, 1998 Vol. 88 No. 2, p425.

Kautsky K. (1911), Finanzkapital unf Krisen, Neue Zeit, xxix -2.

Keynes J. M. (1936, 1973), The General Theory of Employment, Interest, and Money (London; Macmillian).

Kocherlakota Narayana (1999), Comment on Financial Fragility with Rational and Irrational Exuberance, Journal of Money, Credit and Banking v 31 No. 3 pt2 (Aug. 1999) pp561 -563.

Kregel J. A. (1997), Margins of Safety and Weight of the Argument in Generating Financial Fragility, Journal of Economic Issues v 31 (June 1997) pp543 -548.

Kroll Karen M. (2000), Valuing Asia's bargains: Though Sometimes Risky, Investments Promise Solid Payoffs, Industry Week v249 No. 1 (Jan. 10 2000) pp49 -50.

Krugman Paul R. (1991), Target Zone and Exchange Rate Dynamics, Q. J. E. 116 (August): 669 -682.

Krugman P. (1979) A Model of Balance of Payment Crises, Journal of Money, Credit and Banking Ⅱ: 311 - 325.

Krugman P. (1997), Currency Crisis, http: //web. mit. edu/krugman/www/crises. html.

Krugman P. (1998), Bubble, Boom, Crash: Theoretical Notes on asias's Crisis, Mimeo.

Krugman Paul R. (1998), Fire-Sale FDI, Mimeo, Cambridge, MA, MIT.

Krugman P. (1999), Balance sheets, the Transfer Problem, and Financial crises, http: //Web. mit. edu/ krugman/www /crises. html.

Kutan, Ali M. Brada, Josef C. (2000), The Evolution of Monetary Policy in Transition Economies, Federal Reserve Bank of St. Louis Review v82 No. 2 (Mar. /Apr. 2000) pp31 -40.

Lagunoff, Roger Schreft, Stacey L. (1999), Financial Fragility with Rational and Irrational Exuberance, Journal of Money, Credit and Banking v31 No. 3 pt2 (Aug. 1999) pp531 -560.

Lane Timothy (1999), The Asian Financial Crisis: What Have We Learned? Finance & Development v36 No. 3 (Sept. 1999) pp44 -47.

Luizfernando R. De Paula, Antonio Jose Alves Jr. (2000), External Financial Fragility and the 1998—1999 Brazilian Currency Crisis, Journal of Post Keynesian Economics, Summer 2000 v22 i4, p589 .

Luxemburg R. (1913, 1951), The Accumulation of Capital (London: Routledge and Kegan Paul ).

Mankiw G. (1986), The Allocation of Credit and Financial ColLaPse, QuarterIy Journal Of Economics 101 (3): 455 -470.

Martinez Peria, Maria Soledad (2000), Comment on Financial Stability and Mexico's 1994 Peso Crisis: an Event-window Analysis of Market-valuation Effects, Journal of Money, Credit and Banking v32 No. 3 pt2 (Aug. 2000), pp469 – 473.

Marx K. (1867), Capital, vol. Ⅰ (London: Penguin/NLR).

Marx K. (1894), Capital, vol. Ⅲ (London: Penguin/NLR).

Mckinnon R. I. and Pill H. (1998), International Overborrowing: A Decomposition of Credit and Currency Crises, Working Paper, 1998, Staford Universtity.

Mckinnon R. I. and Pill H. (1997), Credible Economic Liberalizations and Overborrowings, American Economic Review Papers and Proceedings, 1997, Vol. 87, No. 2, pp189 – 193.

Mehrling Perry (2000), Minsky and Modern Finance, Journal of Portfolio Management v26 No. 2 (Winter 2000) pp81 – 88.

Minsky Hyman P. (1964), Longer Waves in Financial Relations: Financial Factors in the More Severe Depressions AER May 1995, pp324 – 335.

Minsky Hyman P. (1995), Longer Waves in Financial Relations: Financial Factors in the More Severe Depressions Ⅱ, Journal of Economic Issues v29 (Mar. 1995), pp83 – 96.

Minsky H. (1985), The Financial Instability Hypothesis, in Post Keynesian Economic Theory P. Arestis and T. Skouras (eds) (Armonk, NY: Sharpe).

Mundell (1997), The European Monetary System 50 Years after Bretton Woods: A Comparison Between Two Systems, Siena: Monte dei Paschi di Siena, 1997.

Obstfeld Maurice (1996), Models of Currency Crises with Self-Fulfilling Features, European Economic Review 40 (April): 1037 - 1048.

Obstfeld Maurice and Rogoff Kenneth (1996), Foundations Of International Macroeconomics, Cambridge, Mass. MIT Press.

Papadimitriou Dimitri B., Wray L. Randall, A Tribute to Hyman P. Minsky (1997), Journal of Economic Issues v31 (June 1997), pp491 - 492.

Paula, Luiz Fernando R. de., Alves, Antonio Jos (2000), External Financial Fragility and the 1998 - 1999 Brazilian Currency Crisis, Journal of Post Keynesian Economics v22 No. 4 (Summer 2000), pp589 - 617.

Pazarbsioglu Ceyla, Billings Robert (1997), Determinants of Banking System Fragility: A Case Study of Mexico.

Peter S. Rose (1996), Commercial Bank Management, McGraw - Hill Companies. Inc. pp3 - 7.

Phillips Ronnie J. (1997), Rethinking Bank Examinations: a Minsky Approach, Journal of Economic Issues v31 (June 1997), pp509 - 516.

Postlewalte A., and X. Vives (1987), Banks Runs as an Equilibrium Phenomenon, Journal of Politic Economy 95 (3): 485 - 491.

Rajan (1994), Why Credit Policies Fluctuate: A Theory and some Evidence, Quaterly Journal of Economics, 436.

Riccardo Bellofiore and Piero Ferri (2001), Financial Keynesianism and Market Instability: the Economic Legacy of Hyman Minsky, volume Ⅰ/ edited by Riccardo Bellofiore and Piero Ferri. — Cheltenham, UK; Northampton, MA: Edward Elgar, c2001. — xii, p222.

Riccardo Bellofiore and Piero Ferri (2001), Financial Fragility and Investment in the Capitalist Economy: the Economic Legacy of Hyman Minsky, volume Ⅱ/Edited by Riccardo Bellofiore and Piero Ferri. — Cheltenham, UK ; Northampton, MA : Edward Elgar, c2001. — xii, p210.

Sachs J. and Radelets (1998), The Onset of The East Asian Financial Crisis, NBER, Working Paper 6680.

Steven Fazzari and Dimitri B. Papadimitriou (1992), Financial Conditions and Macroeconomic Performance: Essays in Honor of Hyman P. Minsky/Steven Fazzari and Dimitri B. Papadimitriou, editors — Armonk, N. Y. : M. E. Sharpe, c1992. — xi, p195.

Stiglitz J. and L. Weiss (1981), Credit Rationing in Markets with Imperfect Information, American Economic Review 71 (June): 393 – 410.

Sweezy P. (1942, 1968), The Theory of Capitalist Development (New York: Monthly Review Press).

Tugan-Baranowsky M. (1913), Les Crises Industrielles en Angleterre (Paris: Jiard and Brieve).

Varga E. (1937 – 1938), World Economic Crises, 2 vols (Japanese translation) (Tokyo: Keio-Shobo).

Victoria Miller (1998), Banking Crises, and Macroeconomic Uncertaity, AER, 1998 Vol. 88 No. 2. p441.

Von Thadden, E. L. (1995), Optimal Liquidity Provision and Dynamic Incentive Compatibility, Working Paper, Centre for Economic Policy Research, European Science Foundation, London.

Weinberg John (1999), Comment on Financial Fragility with Rational and Irrational Exuberance, Journal of Money, Credit and Banking v31 No. 3 pt2 (Aug. 1999) pp563 – 567.

Wicksell K. (1898, 1965), Interest and Prices (New York : Augustus Kelley).

Wilson Berry, Saunders, Anthony, Caprio, Gerard (2000), Financial Fragility and Mexico's 1994 Peso Crisis: an Event-window Analysis of

Market-valuation Effects, Journal of Money, Credit and Banking v32 no3 pt2 (Aug. 2000) pp450 – 468.

Yongding Yu (1994), Macroeconomic Analysis and The Design of Stabilization Policy In China, D. phil. Thesis, The University of Oxford.

# 后　记

通过二十多年的持续努力，完成了博士研究生的学业，论文也写完了，虽有疲倦和劳累的感觉，总算松了一口气。和大多数博士论文一样，总要写一个后记，作一个阶段性的总结，利于以后的进一步学习和提高。

（一）大学毕业后的短暂宁静期

1991 年 7 月从四川师范大学物理系毕业（曾用名：曾斌，因重名太多，1996 年 4 月更名为曾诗鸿），分配到中央企业冶金部中国第十九冶金建设公司，主要从事职工培训。刚工作时，还对物理学依依不舍，还在中国科学院高能物理研究所办的《现代物理知识》上发表文章，当时教学任务不重，教学之余可以读书、看报、思考，认为是一种宁静、理想的生活，因为伟大的物理学家爱因斯坦说过，只有在最安静的地方才可以做最深入的思考。

（二）邓小平同志南方谈话引起的思考

1992 年，中国的一代伟人邓小平同志发表了南方谈话，全国各地的经济快速发展，并出现了过热的情况。1994 年，物价涨得很快。为何物价会涨？为何有的人因物价上涨变富了？为何有的人因物价上涨变穷了？为何有的人能成为企业家？为何有钱人能优先成为企业家？为何有钱人能雇佣劳动？为何有的人能贷款？为何有的人不能贷款？上面看似简单的问题（如：为何 1 + 1 = 2？）总难以证明。于是开始研究经济问题，首先从《经济日报》、《光明日报》、一些经济年鉴开始，阅读著名经济学家刘国光等的文章，关注点也从著名物理学家转到了著名经济学家的文章上。

（三）1996 年开始系统地学习经济学

1995 年当我把我写的物理学论文寄给中国原子能研究院（北京房山区）方锦清教授（当时是国际原子能委员会成员）后，接到方锦清教授的来信，让我攻读他的研究生，但后来还是选择了在中国社会科学院研究生院攻读经济学硕士学位课程。1996 年，余永定教授为我们讲授西方经济学，虽然他比我大二十来岁，并且在牛津大学获得经济学博士学位，但是下课后和我们讨论问题时他是相当的和蔼可亲，没有架子。当有人问余永定教授问题时，余永定教授就让我帮他回答，因为他讲课之后太累了，于是就对他产生了好感，准备继续向他学习，攻读博士学位。

2000 年终于实现了我的愿望，在余永定教授的指导下攻读博士学位，主攻国际金融学、货币银行学、西方经济学，余永定教授在培养研究生时特别注重基本功的训练，让我们认真研究许多国外流行的教科书，多做题。2000 年第一学年，除了看书学习外，一次大街也没有去过，认真研究了他指定的参考书，收获不小，虽然很累，但心里很高兴。

从 2000 年起，我就开始思考写博士论文，问了余永定教授很多关于选题的问题，直到 2001 年底，我准备的许多题目都被他否定了。2002 年春天开题报告后终于敲定了题目，余永定教授对西方国家的博士论文的写作了如指掌，即一篇论文要有明确的主题，或肯定（证明）一个命题（假说），或否定一个命题（假说），或是读博士期间写的论文集，是写论文，不是编写教科书，写博士论文一定要有创造、兴奋与喜悦的感觉，每演绎一步都要有明确的经济与政策意义。我在写作这篇博士论文时，有创造、兴奋与喜悦的感觉，学会了从假设开始演绎出新的结论。之所以有创造、兴奋与喜悦的感觉，是因为演绎出新的自己未曾预知的结论。例如，第3章推导出“企图将对商业银行违规行为罚款作为降低银行不良贷款的手段并不是总是有效的”论断。

在第4章中，我通过数学技巧发现（挖掘出）在我的模型中的哈密尔顿乘子（影子价格）是银行不良贷款的边际负效用的倍数，倍数是由参数决定的，因为在不同的模型中，影子价格的经济学意义是不一样的。

2002年9月论文初稿写完后，在征求了余永定教授、孙杰研究员、张志超教授、李向阳研究员和王逸舟主任等意见后进行了长达7个月的修改工作。

（四）难以掩饰的感谢语

时间匆匆，弹指一挥间，虽还记得儿时与小朋友的嬉戏打闹，但是我现在已经是一个老头子了，在成长的过程中，有许多人为我付出了汗水，在此特别表示感谢：

首先感谢我的导师余永定教授，如果没有余永定教授的指导与“训导”，如果没有余永定教授学贯中西的学术思想的陶冶，我敢肯定我写出来的论文完全是另外一种格调（可能是编教科书或完全是文献资料的堆积，不是去演绎推理；可能是大题小做，而不是小题大做）。打开电脑中的文件夹，阅读起余永定教授的电子邮件，不得不感谢他的认真负责，仅仅是开题报告，就用电子邮件指导了8次，有时还打电话指导，因为他白天忙于研究所事务和学术交流活动，用于指导的电子邮件一般是晚上12点发来的。当我的论文的初稿（一稿）快完成时，他病了，就在他生病的前几天，他的儿子高考前几天，还收到他 2 封电子邮件，教育我应该谦虚。当初稿写完后，虽然余老师身体十分虚弱，并且公务繁忙，但是他坚持阅读了我的论文，并且提出了宝贵的修改意见。

他在身体十分虚弱的条件下还这样认真负责使我的热泪夺眶而出，这是我攻读博士期间的第一次流泪，地点是研究生院研究生宿舍 3 号楼 217 房间，原因是愧对余教授的教诲，以前他批评我时，我不仅不流泪，反而还想坚持己见。一次，他牛津大学的同学来所里讲学，为了不影响余老师，到了北京也未给余老师打电话，一想起平时我总问他问题而影响他，心里的内疚感倍增。可惜，有的电子邮件未保存，我相信，还保存的电子邮件不仅我将终身受益，其他研究生也将受益。感谢师母燕学红老师，对待我们像对待自己的孩子一样，当我想去看望生病的导师余永定教授时，总是电话嘱咐我："把论文写好是对余老师最好的问候。"这正是父母对孩子的期盼。

感谢牛津大学经济学博士张志超教授和秦朵女士多次到中国社会科学院世界经济与政治研究所讲学、指导。特别感谢张志超教授对论文的阅读与指导。

感谢中国社会科学院和各研究所、研究生院的领导、专家教授，是他们为研究生的研究与学习不断创造好的条件，这几年每年都有世界级的学术大师来院、所讲学指导。感谢培养我的中国社会科学院世界经济与政治研究所，这几年每年都有拔尖的学术大师来世界经济与政治研究所讲学、指导。过去几年的学习与研究中，感谢与何帆、李婧、徐卫宇、张斌等的有益的讨论。

感谢中国社会科学院世界经济与政治研究所国际金融与贸易研究室、世界经济统计室、国际金融研究中心、办公室的老师与朋友，感谢研究生院的同学，不断地向他们请教和与他们的讨论，使我学到了许多东西。感谢北京大学中国经济研究中心的博士研究生段辰菊同学帮我查找了许多有价值的文献。

感谢中国社会科学院世界经济与政治研究所的系秘书娄慧荣老师，她为世界经济与政治系的研究生提供了周到而又严肃的服务，同时感谢王逸舟主任对全系学生的严格要求。

感谢全世界的科学家与经济学家，从他们那里学到了许多知识与思考问题的方法。

感谢父母的养育之恩，家庭的全力相助，亲朋的大力支持，中国的改革开放政策。

感谢2003年4月三位匿名评阅人的意见。

感谢下列专家的学问，对自己的学习也有较大的帮助：于光远、刘国光、吴敬琏、王洛林、董辅礽、李京文、黄达、杜厚文、厉以宁、海闻、易纲、樊纲、谢平、贺力平、左大培、钱颖一、邹恒甫、林毅夫、张维迎、刘伟、李翀、华民、朱民、李扬、林岗、陈雨露、宋逢明、汪同三、李子奈、刘树成、张平、江小涓、杨瑞龙、邹东涛、沈利生、郑秉文、姜波克、陈漓高、宋则行、周茂荣、张宇燕、王逸舟、王广谦、张礼卿，等等。

（五）博士学位论文进一步努力的方向

2003年4月，虽然三位匿名评阅人同意答辩，但是也提出了不同的意见，本人只能兼收并蓄，求同存异，部分意见希望在以后的工作和科研课题中深入。为了细化部分内容，准备将部分内容改写成论文，利于以后参加国际与国内学术交流。尽管得益于许多老前辈的教诲，由于本人水平有限，论文的不足与缺陷均由作者本人负责。最后，希望专家学者进一步地提出合理建议，我将虚心接受，以便进一步改进和提高。

最后特别感谢清华大学经济管理学院李子奈教授，中国社会科学院数量与技术经济研究所汪同三研究员，中国社会科学院世界经济与政治研究所孙杰研究员、李向阳研究员及经济研究所张平研究员在答辩会上的宝贵意见。

曾诗鸿
**2003 年春夏**
于中国社会科学院研究生院．北京
zengshihong0681@ sina. com

# “黄达一蒙代尔经济学奖”历届获奖作品

**第一届（2003 年 3 月）**

1. 北京大学卜永祥博士，论文题目《人民币汇率的决定及汇率变动的宏观经济效应》，导师秦宛顺教授

2. 西南财经大学尹龙博士，论文题目《网络银行与电子货币——网络金融理论初探》，导师谢平教授

3. 中国人民大学张晓朴博士，论文题目《人民币均衡汇率研究》，导师袁卫教授

4. 厦门大学袁星侯博士，论文题目《中西政府预算比较研究》，导师张馨教授

**第二届（2005 年 11 月）**

1. 北京大学郑志刚博士，论文题目《投资者之间的利益冲突和公司治理机制的整合》，导师张维迎教授

2. 北京大学祝丹涛博士，论文题目《论货币同盟形成的条件》，导师王梦奎教授

3. 中国社会科学院研究生院曾诗鸿博士，论文题目《金融脆弱性理论——银行不良贷款生成的监管机制与动态路径》，导师余永定教授

4. 北京大学张晏博士，论文题目《分权体制下的财政政策与经济增长》，导师邹恒甫教授

5. 中南财经政法大学廖楚晖博士，论文题目《政府教育支出的经济分析》，导师杨灿明教授

**第三届（2007 年 9 月）**

1. 中国人民大学周晴博士，论文题目《"三元悖论"原则：理论与实证研究》，导师陈雨露教授

2. 南京大学卞志村博士，论文题目《转型期货币政策规则研究》，导师范从来教授

3. 中国人民大学贾俊雪博士，论文题目《中国经济周期波动特征及原因研究》，导师郭庆旺教授

4. 财政部财政科学研究所冯俏彬博士，获奖论文题目《私人产权与公共财政》，导师贾康教授

5. 上海交通大学朱云博士，论文题目《基于因果链分析的再发行"圈钱"研究——再发行"圈钱"：从动机到行为到后果》，导师吴冲锋教授

6. 南京大学付文林博士，论文题目《财政分权、财政竞争的经济绩效研究》，导师沈坤荣教授